KB119397

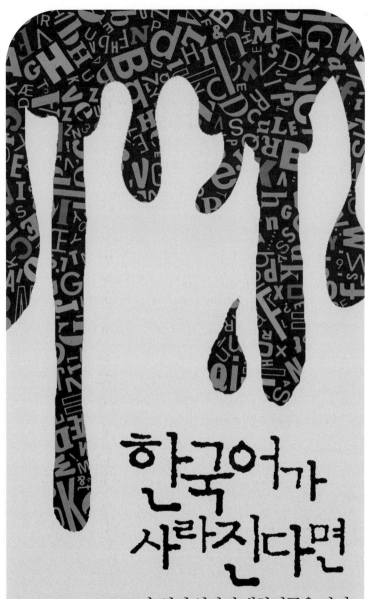

한국어가 사라진다면

2023년, 영어 식민지 대한민국을 가다

시정곤 · 정주리 · 장영준 · 박영준 · 최경봉 공저

한겨레출판

한국어가 사라진다면

© 시정곤 정주리 장영준 박영준 최경봉 2003

초판 1쇄 발행 2003년 8월 30일
초판 15쇄 발행 2017년 1월 25일

지은이 시정곤 정주리 장영준 박영준 최경봉
펴낸이 이기섭
편집인 김수영
기획편집 정회엽 김남희
마케팅 조재성 정윤성 한성진 정영은 박신영
경영지원 김미란 장혜정

펴낸곳 한겨레출판(주) www.hanibook.co.kr
등록 2006년 1월 4일 제313-2006-00003호
주소 서울시 마포구 효창목길6(공덕동) 한겨레신문사 4층
전화 02-6383-1602~3 **팩스** 02-6383-1610
대표메일 book@hanibook.co.kr

ISBN 978-89-8431-105-3 03710

"슬픈 모국어를 위하여"

■ 머리말

이 책은 영어 공용화 이후에 벌어질 일들을 가상으로 꾸며 본 것으로, 영어 공용화 폐해의 심각성을 일반 대중들에게 좀더 명확하고 쉽게 전달하기 위한 목적으로 기획하였다.

『한국어가 사라진다면』이라는 제목에서 알 수 있듯이, 필자들의 견해는 종국적으로 영어 공용화로 인해 한국어가 사라질 것이라는 점이다. 이 책에서는 영어 공용화 이후 30년 만에 영어가 사회에 자리잡고, 60년 후에는 영어의 파라다이스가 되며, 그 이후에는 자연스럽게 한국어가 소멸되는 것으로 이야기를 설정하였다. 그러나 과연 몇 년 만에 한국어가 사라질 것인가 하는 점이 논의의 초점은 아니라는 점을 말해 두고 싶다. 몇 년 안에 한국어가 사라지는가 하는 점보다는 영어 공용화가 한국어 소멸을 필연적으로 가져올 것이라는 사실이 중요하다고 하겠다.

그러나 현실은 영어 공용화 문제를 냉정하고도 구체적으로 파악하기 어려운 상황이다. 이에 따라 영어 공용화를 찬성하는 쪽이나 반대하는 쪽의 주장 모두 합리성과 현실성이 결여되어 있는 것으로 보인다.

"영어를 잘하면야 좋지!"
"이 각박한 세상에 영어라도 좀 해야 먹고살 수 있지 않겠나?"
"영어를 잘해야 세계화 시대를 앞서 갈 수 있지 않을까?"
"왜 우리말을 놓아 두고 외국말인 영어를 배워?"
"온 국민이 다 영어를 잘할 필요가 있을까?"

"나는 혀 꼬부라진 소리는 듣기 싫어!"

위의 말들이 대략 일반 대중들이 영어에 대해 갖고 있는 생각의 단편이 아닐까? 영어를 너무 경제적인 논리로만 바라보고 있어 '영어=돈'이라는 시각이 팽배한 것이 아닌지 생각해 본다. 필자들의 견해는 영어 공용화 문제를 좀더 객관적이고도 거시적으로, 그리고 그것이 가져올 변화와 그 결과에 대해서도 좀더 찬찬히 생각해 보자는 것이다. 그리고 최종 판단은 그 다음에 해도 늦지 않다는 것이다. 영어라는 달콤한 솜사탕이 우리에게 가져다주는 것이 적지 않겠지만, 그로 인해 우리가 감당하고 또 잃어야 하는 것 또한 적지 않다는 점을 냉정히 따져보자는 것이다.

영어 공용화를 반대하는 사람들조차도 영어 공용화가 실시되면 종국에는 한국어가 소멸될 것이라고 말하면 한결같이 "에이, 진짜 그럴까?"라고 말한다. 종국에는 한국 문화와 전통의 소멸뿐만 아니라 민족성의 상실로 귀결될 것이라는 주장에도 "설마…… 영어를 공용화했다고 그렇게 되기야……." 하고 말한다.

이러한 상황에서 필자들은 영어 공용화의 본질과 그것이 가져올 폐해를 올바로 전달하기 위해서는 좀더 적극적이고 충격적인 요법이 절실히 필요하다는 데 의견을 모았다. 이를 위해 영어 공용화 이후 벌어지게 될 상황을 객관적이고도 사실적으로 보여줌으로써 그 폐해의 심각성을 대중들이 올바로 이해하고 판단할 수 있도록 해야 할 필요가 있다고 생각했다.

물론, 영어 공용화와 관련한 책들은 이미 여러 종이 출판된 상태이다. 그러나 이러한 책들이 출간되었음에도 불구하고 영어 공용화에 대한 대중들의 생각이 피상적인 수준에 머물러 있는 이유는 무엇일까? 그것은 이전 책들이 대중들에게 쉽게 다가가지 못한 때문이라고 생각한다. 아래는 영어 공용화 문제를 다룬 대표적인 책들이다.

복거일(1998), 『국제어시대의 민족어』, 문학과지성사

김영명(2000), 『나는 고발한다』, 한겨레신문사

정시호(2000), 『21세기의 세계 언어전쟁』, 경북대학교 출판부

한학성(2000), 『영어 공용어화, 과연 가능한가』, 책세상

김경일(2001), 『나는 오랑캐가 그립다』, 바다출판사

조동일(2001), 『영어를 공용어로 하자는 망상 – 민족문화가 경쟁력
  이다』, 나남출판

위에서 영어 공용화를 찬성하는 책은 영어의 중요성과 세계성을 일
방적으로 강조하고 있을 뿐이고, 영어 공용화를 반대하는 책이라고 하
더라도 그 문제점을 단순히 지적하는 수준에서 벗어나지 못하고 있다.
바로 이러한 점이 영어 공용화에 대해 대중들이 올바로 이해하지 못하
고 합리적이고 객관적인 판단을 내리지 못하게 하는 이유가 아닐까 생
각해 본다. 특히, 영어 공용화의 문제점을 지적한 대부분의 책들은 기본
입장이 언어 이론적 관점에 치우쳐 있거나, 또는 언어 정책적 관점을 기
반으로 하고 있으며, 모두 지나치게 학술적으로만 접근하고 있어 일반
인들에게 쉽게 다가갈 수 없는 한계가 있다. 이러한 학술적 논조와 접근
방법으로는 일반 대중들이 영어 공용화의 진정한 실체와 그 결과를 진
지하게 고민하고 판단하기가 어려울 수밖에 없는 것이다. 필자들이 한
국어가 사라진 뒤의 상황을 가상으로 꾸며 본 것도 독자들이 그 실상을
몸소 체험해 볼 수 있도록 하기 위한 것이다.

이 책은 이렇게 짜여 있다

이 책은 필자 5명이 각 1장씩 집필하였고(1장: 시정곤, 2장: 정주리,
3장: 장영준, 4장: 박영준, 5장: 최경봉), 여기에 여는 글과 부록을 덧붙

였다.

필자들은 우선 영어 공용화가 시행될 경우 어떤 일들이 일어날 것인지 가정해 보았다. 그리고 영어 공용화 시행 이후 발생할 수 있는 일들을 시간순으로 나열해 보았다. 이 책의 내용을 5장으로 구분한 것도 영어 공용화 시행 이후 사회의 변화 과정을 크게 다섯 등분하여 살펴보았기 때문이다.

1장은 영어 공용화가 지금으로부터 20년 뒤에 시행된다고 가정하고 이야기를 시작하였다. 지금 태어난 아이가 성인이 될 때이다. 지금의 언어 현실을 감안할 때 20년 후의 한국 사회에서 영어는 어떤 위치에 있을 것이며, 20년 후의 한국인들은 영어 공용화 정책을 어떻게 받아들일 것인가를 생각해 보았다.

2장은 영어 공용화가 시행되고 30년이 흐른 뒤의 이야기이다. 한 세대가 지난 것이다. 지금 태어난 아이가 50대 중년으로 접어들 때이고, 영어 공용화가 시행될 때 태어난 아이가 30대 장년이 되었을 때이다. 그렇다면 지금 아이를 낳아 기르는 젊은 신혼부부들은 80대 노인이 되었을 때이다. 영어 능력이 천양지차일 사람들이 함께 살아가야 할 때인 것이다. 영어 공용화로 인한 사회적 갈등이 없을 수 없다. 그럼 그 갈등은 어떤 식으로 표출될 것인가. 세대 간, 계층 간, 지역 간 갈등의 양상을 생각해 보았다.

3장은 영어 공용화가 시행되고 60년이 흐른 뒤의 이야기이다. 두 세대가 지난 것이다. 지금 태어난 아이가 80대 노인이 되어 사회에서 은퇴해 있을 때이다. 그리고 영어 공용화 시행 때 태어난 아이가 사회의 원로로 대접받는 60대에 접어들 때이다. 필자가 영어의 파라다이스라고 명명할 정도로 영어가 한국 사회의 명실상부한 공용어로 자리잡을 수밖에 없는 시기, 한국어는 과연 어떤 위치를 차지하고 있을 것인가를 생각해 보았다.

4장은 영어 공용화가 시행되고 1세기가 지난 뒤의 이야기이다. 세 세대가 지나고 난 뒤이다. 영어가 한국인의 모국어로 될 만큼 시간이 흘렀다. 이때 사람들의 언어관은 어떻게 바뀔까? 필자는 중국어를 공용화하자는 주장이 강력하게 대두되는 한국 사회를 가정해 보았다. 이는 미래에 대한 예측이기도 하지만, 현재 영어 공용화 논의를 에둘러 살펴본 것이다. 중국어 공용화에 대한 우리 후손들의 논쟁을 살펴보면서 현재 영어 공용화 논의의 허와 실을 되짚어 보자는 의도에서 4장의 내용을 구성했다.

5장은 시간을 한참 건너뛰어 500여 년이 흐른 뒤의 한국의 미래를 예측해 본 것이다. 이 장에서는 2010년에 매설된 타임 캡슐을 발견하는 것에서부터 이야기를 풀어 나간다. 필자는 한국어가 사라져 버린 상태를 가정했다. 그 일이 어떻게 가능할까 의문을 가질 수도 있지만, 가능하지 않을 것 같은 일이 일어난 원인을 밝혀 가는 미래 한국인의 이야기를 통해 한국어의 소멸과 함께 우리가 잃게 되는 것을 생각해 보았다.

아직 일어나지 않은 일을 이야기 대상으로 삼아 논쟁적인 주제를 다루는 것은 상당한 위험 부담이 있는 일이다. 자칫 아무것도 아닌 이야기를 지껄인 것으로 치부될 수도 있으니 말이다. 이런 부담감 때문에 필자들은 최대한 사실에 근거하여 미래의 일을 가정하려고 노력했다. 필자들은 역사적으로 이미 경험했던 사건들에서 문제의 단서들을 뽑아냈고, 여기에 미래의 상황을 첨부하여 이야기를 꾸몄다.

이런 이유로 이 책에서는 영어 공용화 후 발생할 수 있는 일들을 기술하면서 이에 대응하는 역사적 사실이나 학자들의 견해를 함께 배치하였다. 영어 공용화가 실시된 후 모국어를 상실해 가는 과정을 일제시대 모국어가 쇠퇴하는 과정과 대응시키거나, 대다수 언어의 소멸을 주장하는 미래학자나 언어학자들의 주장과 대응시킨 것이 그것이다. 이는 미래의 일을 가상하여 서술하되, 가상의 내용과 대응될 수 있는 역사적 사실을 함께 제시함으로써 영어 공용화 이후 발생할 수 있는 사실을 설득력 있게 전달하고자 하는 의도에서 채택한 서술 방법이다. 이때 역사적 사실이나 학자들의 견해가 이 책의 내용과 정확히 맞아떨어지지 않을 수 있으나, 독자들은 제시된 사실을 통해 언어 현상이나 사회 현상의 일반적 원리에 대한 이해의 폭을 넓힘으로써 영어 공용화가 가져올 결과를 객관적인 입장에서 예측할 수 있을 것이다.

필자들은 영어 공용화를 실시하는 것을 원칙적으로 반대하지만, 영어 공용화가 좋으냐 나쁘냐라는 가치 판단은 일단 접어 두기로 했다. 대신 영어 공용화가 실시되고 나면 어떤 일들이 일어날 수 있을까 생각해 보기로 했다. 그리고 이야기 서술의 주체를 필자가 아닌 미래의 어떤 사람으로 설정함으로써, 미래 사람들의 눈으로 미래에 일어나는 일들을 관찰하는 서술 방법을 통해 필자들의 목소리를 최대한 낮추고자 했다. 미래에 일어날 수 있는 일들을 살펴보면서 영어 공용화의 문제점을 독자 스스로 판단할 수 있도록 하기 위해서.

그래도 일어날 수 있는 일들을 선정하는 과정에는 필자의 관점이 상당 부분 개입할 수밖에 없었다. 그러나 이 부분에서는 필자의 개성을 최대한 존중해주는 선에서 의견을 조율해 나갔다.

벌써 책을 쓰기 시작한 지 1년이 다 되어 간다. 그동안 자료를 모으고 함께 모여 토론하면서 영어 공용화에 대해 진지한 고민을 하게 되었고, 무엇보다도 모국어가 갖는 의미에 대해 반추할 수 있었다는 점이 기억에 남는다. 언어가 문화와 어떤 생태학적인 관계를 가지는지, 다시 말해 평범한 우리의 일상이 이 언어라는 것에 얼마나 질기게 연결되어 있는지, 그래서 영어를 그러한 우리의 모든 일상에 들여 놓는 일이 어떤 의미를 가지는 것인지를 진지하게 생각해 보았다.

영어 공용화 논의가 언론매체에서 벌어지고, 이에 대한 논문과 단행본이 쏟아져 나올 때마다 필자들은 언어학자로서 이에 대해 정리하고 답해야 할 책임감을 느껴 왔다. 그러나 우리 스스로 내린 답은 영어에 대한 엄청난 학습 욕구 앞에 초라하기 그지없었다. 현실적으로 예민하고 중요한 문제임에도 불구하고, 이를 쳐다본 사람도 적었고, 혹 눈이 마주친 사람도 곧바로 눈길을 거두는 게 현실이었다. 그러나 우리의 답이 맞는 것이라면, 그리고 보다 많은 사람들이 그 답에 대해 생각해 봐야만 한다면…….

우리는 그 답에 반짝이는 새 옷을 입혀 사람들의 눈을 끌 필요가 있다는 데 의견을 모았다. 『한국어가 사라진다면』이라는 책은 영어 공용화에 대해 우리가 정리하고 답한 내용들이다. 새 옷은 시정곤 교수가 본을 떴고, 다섯 명의 필자가 함께 마름질을 했다. 그러나 전문적인 디자이너들의 조언과 손질이 없었다면, 우리 아마추어들의 마름질은 우스꽝스러웠을 것이다. 그런 의미에서 한겨레신문사를 만난 것은 행운이었다. 한겨레 출판부의 깔끔한 손길에 고마움을 전하고 싶다.

2003년 8월
5명의 필자가 함께 씀.

차례

■여는 글

영어 공용화 논쟁은 왜 일어나게 되었나?

　　1998년 6월에 소설가 복거일이 쓴 책『국제어시대의 민족어』가 같은 해 7월 2일 〈조선일보〉 출판 면에 소개되면서 우리 사회에 영어 공용화 논쟁이 촉발되었다. 그리고 복거일의 주장에 대한 찬반 논쟁이 신문 지상을 통해 지속되면서 영어 공용화에 대한 우려와 관심이 고조되었다.

　　국내에서 영어 공용화에 대한 찬성과 반대 주장이 격돌하는 즈음에 일본에서도 2000년 1월 무렵, 일본 총리 자문기관인 '21세기 일본구상위원회'가 '영어를 제2공용어로 삼을 것을 제안하였다'는 소식이 국내 언론에도 보도되었다.* 또 대만이 중국어 외에 영어를 적극적으로 도입

---

* 일본에서는 역사상 언어 교체 주장이 주기적으로 있었다. 이미 명치 초기부터 한자 폐지론과 로마자로 표기하자는 운동, 영어를 모국어로 하자는 '영어위방어지론(英語爲邦語之論)' 운동이 있었다. 이러한 운동의 선두에 섰던 사람은 뒤에 초대 문부성 장관이 되었던 모리 아리노리(森有禮)였다. 그 후에도 계속하여 일본에서 영어 교육 논쟁은 극단(서구화)에서 극단(회귀)으로 주기적 변화를 보이고 있으며 제2차 세계대전 후에는 다시 일본어 교체론이 대두되어 저명한 작가 시가 나오야(志賀直哉)는 일본인의 문화를 발전시키기 위해서는 프랑스어로 교체해야 한다는 주장을 하기에 이른다. 그리고 국회에서는 오자키 유키오 의원이 영어를 일본의 국어로 채용하자고 주장한 바 있다. 이번에 오부치 총리의 자문기관에서 영어를 제2공용어로

하여 10년 이내에 공용어로 지정하는 계획을 추진하고 있다는 보도가 나오면서 영어 공용화 주장은 더욱 탄력을 얻게 되었다. 이러한 분위기에 편승하여 2001년 7월 포항공대가 영어 공용 캠퍼스를 선언하였고, 연세대학교가 9월부터 24시간 영어로만 의사소통이 가능한 공간을 구내에 설치한다고 발표하였다. 그리고 정부는 제주도를 국제자유도시로 만드는 계획안에 제주도 지역에 한해서 영어 공용화 정책을 추진하겠다고 밝힌 바 있다.

이러한 영어 강세 추세를 굳이 거론하지 않더라도 오늘날 거대한 지구촌 시대에 살아남기 위해서는 세계어 내지 국제 통용어가 된 영어를 습득하지 않을 수 없다는 논리는 이제 거부할 수 없는 논리가 되어 버렸다. 그리고 대학을 나온 사람도 외국인을 만나면 간단한 대화조차도 못하는 현실 속에 영어 능력 향상을 위한 근본적인 대책이 필요하다는 비판의 목소리가 높아지면서, 영어 공용화는 마치 모든 문제들을 일거에 해결할 수 있는 최선의 방법으로 비치게 되었다.

실제로 우리나라 국민들의 영어 공용화에 대한 반응을 보면, 1998년 7월의 1차 논쟁 당시 〈조선일보〉가 실시한 인터넷 찬반 투표 결과에서는 영어 공용화에 찬성하는 의견이 45%였다가, 1999년 〈교육방송〉에서 찬반 토론 후 실시한 시청자 여론 조사에서는 찬성 비율이 62%로 크게 증가한 것으로 나타났다. 이러한 조사 결과는 우리 사회가 표면적으로 영어 공용화 주장에 매우 호의적이라는 것을 나타낸다. 더구나 인터넷을 이용하는 세대가 주로 20~30대의 젊은층이라는 것을 생각하면 적어도 미래의 주역인 청년 세대에서 영어 공용화에 대한 지지도가 그 정도라는 것은 우려할 만하다. 그러나 한편으로는 과연 이들이 제대로 심사숙고한 결과인지에 대해서는 검증을 해볼 필요가 있을 것이다. 영어 교육을 위

하자는 논의가 나온 것이다. 그러나 이번 논의는 이전 주장보다는 강도가 약한 것이며 또한 영어를 선택하고 일본어를 버리자는 것이 아니므로 복거일처럼 모국어를 버리자는 주장으로 이어지는 것은 아니다.〔정시호(1998) 참조〕

해 막대한 사교육비 지출을 감내하고 영어 교육을 목적으로 출국하는 사람이 연간 12만 명이 넘는 현실을 볼 때, 우리나라에서 영어 공용화 논의는 올바른 언어 정책 수립을 위한 논의와는 관계없고, 우리 사회의 영어 교육 과열 양상을 그대로 반영할 뿐이라는 데 문제가 있다. 우리의 의식 속에는 영어 학습, 영어 교육에 대한 요구와 열망은 높은 반면에 영어 공용화의 정확한 개념과 범위에 대한 개념은 일천한 것이 현실이다.

영어 공용화 논쟁을 간추려 보면

여기에서는 지금까지 이루어진 영어 공용화 논의들의 주요 쟁점과 주장들을 중심으로 영어 공용화 논쟁을 일람해 보려고 한다. 이러한 고찰을 통해 영어 공용화에 대해 올바르게 인식하고 판단할 수 있을 것으로 기대한다.

영어 공용화에 대한 다양한 목소리는 두 가지 극단적인 입장으로 분명하게 대립된다. 한쪽 끝에는 실리와 경제원리에 따라 영어 공용화를 인정하고 받아들이자는 입장이, 다른 한쪽 끝에는 세계화의 비합리성을 지적하고 한국 문화와 언어의 가치를 보존하려는 영어 공용 반대의 입장이 팽팽하게 맞서고 있다. 각측의 입장을 나타내는 주요 논문들을 시기별로 비교 분석해 봄으로써* 영어 공용화 논의의 실상과 문제점들을 짚어 보기로 한다.

먼저, 영어 공용화 논쟁의 불을 댕긴 복거일의 논의부터 살펴보기로 하자. 복거일은 그의 저서와 논문에서(1998, 2000, 2003) 영어가 이미 국제어로서 절대적인 지위를 차지하고 있는 이상 이를 부정하는 것은

---

* 영어 공용화론에 대한 논쟁의 흐름은 백경숙(2000)의 논의를 기초 내용으로 삼고 여기에 내용을 덧붙였다.

시대착오적인 것이며, 앞으로는 영어가 우리 생활에서 더욱 중요한 도구가 될 것이므로 우리 민족도 영어 공용(公用)을 시작하여 점차적으로 영어를 모국어로 하는 정책이 필요하다고 주장하였다. 특히, 그의 최근 책(2003)에서는 영어가 경제원리에 따라 사용자들이 자연스럽게 선택하게 되는 것으로서 언어 제국주의와는 무관하다는 입장을 옹호하면서, 이제 영어는 지구촌 시대에 알맞은 표준안이라고까지 주장하고 있다. 그의 논리 안에서는 각 나라의 민족어는 한동안 민족주의자들에 의하여 명맥이 유지되겠지만 곧 사용자들이 더 이상 찾지 않는 언어가 되어 진화 · 발전하지 못하고 박물관 언어로 전락하게 되어 있다.

복거일의 이런 주장은 발표되자마자 지식인들로부터 거센 비난을 받았다. 주지하다시피 한국 문화의 정체성 형성에는 한국어의 역할과 중요성이 폭넓게 인지되고 있는 터에 경제논리에만 입각한 영어 공용화론, 한국어 사멸론 주장은 우리 사회에 커다란 충격을 주는 일이 아닐 수 없었다. 곧바로 남영신(1998년 7월 7일), 한영우(1998년 7월 10일), 최원식(1998년 7월 21일)은 신문을 통해 한 나라의 경제력이 영어만 잘한다고 해서 이루어지는 것도 아니고, 지구촌이 하나의 국가로 형성되리라고 보는 것은 강대국들의 논리일 뿐인데 우리가 이를 따르는 것은 정체성을 잃어버린 천박한 세계주의에 물든 것이라고 비판하였다.

이들의 논쟁은 영어 공용화 자체보다는 한국의 민족주의에 대한 성찰과 반성으로 이어지는 또 다른 이념 논쟁으로 이어지게 되었다. 정과리(1998년 7월 14일)나 박이문(1998년 7월 18일), 함재봉(1998년 7월 20일) 등은 영어 공용화 자체보다는 민족주의의 배타성과 폐쇄성을 지적하면서 복거일의 논의를 지지하고 나섰다. 그들은 민족 문화라는 것이 불변의 고정태가 아니므로 영어 공용이 한민족의 번영을 보장하는 방법이 될 수 있다면 적극 검토해 볼 가치가 있다며 열등의식에서 비롯된 배타적 민족주의를 오히려 경계해야 한다고 하였다. 김영환(1998)은 복거일의 미래의 언어 환경에 대한 견해, 민족주의의 폐해, 중장기적으로 영어를 상용어로 하자는 의견에 동조하였다. 고종석(1998) 또한 미래사회는 미국이 주도하는 상징적인 거대 지구 제국이 건설될 것이며, 이 사회는 국제어인 영어와 민족어를 공유하는 이중언어 사회의 성격을 띨 것으로 예측하였다.

백경숙(2000)은 그간의 영어 공용을 둘러싼 논쟁들을 정리하면서, 영어가 앞으로 확고부동하게 국제어로서 지위를 가질 것이며 영어 공용화가 한국인의 문화적 주체성을 말살하는 것도 아니고 한국어의 사멸을 초래하는 것도 아님을 지적하고 영어 공용화는 우리가 전향적으로 검토해 볼 만한 사안이라고 하였다.

그러나 정시호(2000), 김영명(2001)은 이러한 영어의 세계화는 초강대국인 미국이 주도하는 언어 제국주의의 일환으로 이루어지는 것이며 이를 통해 언어 생태계가 파괴될 것을 경고하였고, 진정한 세계화란 자국의 언어 문화를 세계 속으로 발달시키는 진정한 노력을 통해 이루어진다는 것을 역설하였다. 다분히 이념 논쟁으로 치닫는 영어 공용화 논의에서 중요한 것은 우리의 영어 교육뿐만 아니라 국어 교육을 둘러싼 언어 교육 정책 전반에 대한 철저한 반성과 비판이었다. 박붕배(2000), 김기섭(2000), 정준섭(2000), 한학성(2000), 정영근(2000) 등은 영어 공용화론이 등장하도록 만든 현재의 언어 교육과 정책의 문제점들을 통렬하게 비판하였다.

먼저, 국어 교육에 대한 반성으로써 문화의 자주성이나 주체성도 심어주지 못하는 국어 교육의 체제와 교육 이념을 비판하였고 현재의 교육 체제와 방법으로는 전혀 실효성을 거두지 못하는 부실한 영어 교육 실태를 꼬집었다. 무엇보다도 영어 공용화가 우리나라의 영어 교육 문제를 해결해주는 묘책이 될 수 없으며 현재의 부실한 영어 교육 실태를 확실하게 개선해 나가려는 의지가 필요하다고 하였다. 예를 들면, 영어 교사들의 자질과 능력을 키워야 하며, 현재의 입시 위주의 언어 능력 평가 제도를 바꾸고, 외국어 영재 양성 프로그램을 사회적 시스템으로 만들어야 한다고 하였다. 이들은 공통적으로 현재의 영어 교육을 포함한 언어 교육의 전반적인 제도와 방법의 문제점을 개선함으로써 효율적인 영어 교육이 이루어질 수 있다는 논의를 하였다.

한편, 박병수(2000)와 안정효(2000), 최인호(2000) 등은 전 국민이 영어 학습 병에 시달리고 있는 우리의 이상한 영어 과열 현상을 지적하고, 앞으로는 전문가 집단과 일반인들에게 영어 교육 목표를 달리해서 적용해 갈 것을 제안하였다. 즉, 완전한 의사소통 능력을 갖추어야 할 전문 직업에 종사하는 사람들을 위한 교육 내용과, 단지 영어 해독 정도의 능력을 갖추면 될 일반인들을 위한 교육 내용과 목표를 구분함으로써 국민들의 영어 강박관념을 해소할 수 있다고 하였다. 그들이 제시한 바를 보면, 영어에 능통해야만 하는 직업에 종사하는 사람들은 전 국민의 약 10% 정도에 지나지 않는 것으로 나타났다. 채희락(2000), 조동일(2001)은 언어가 단지 도구에 지나는 것이 아니라 한 나라의 문화와 역사와도 분명한 상관성을 가지고 있는 가치체계라는 점을 강조하면서, 효과적인 영어 교육과 기계 번역 시스템 연구 및 국제 전문가 양성에 관심을 기울여야 한다고 하였다.

나날이 영어의 가치와 위상이 높아지고 전 국민이 영어를 추종하는 심각한 병에 시달리고 있는 실정에서 영어 공용화를 둘러싼 지식인들의 이 같은 지상 논쟁은 영어 공용화가 곧 시행될 수 있다는 착각을 일으키게 만들었다. 그에 맞추어 몇몇 대학 캠퍼스에서는 학원 내에서 영어 전용화 방침을 발표하였고 영어 전용을 실시하겠다는 상업지역도 나타나면서 영어 공용화에 대한 사회적 분위기를 고조시켰다. 그렇다면 과연 영어 공용화가 우리의 운명인가? 이에 대한 진지한 대답을 객관적으로 비교하기 위하여 앞서 고찰한 영어 공용 주장들을 요점화하여 살펴보는 일이 필요할 것이다.*

---

* 공용어론의 쟁점에 대한 요약은 민현식(2000)을 요약, 참조하였다.

영어 공용어론 찬성

① 가속화되는 국제화 시대에 영어는 이미 세계 공용어로서 지위를 가진 지 오래이다. 이러한 국제화 시대에 영어를 모르면 개인이나 국가 경쟁 대열에서 낙오될 수밖에 없다.

② 미래사회는 장차 영어와 민족어가 공존해서 시민들이 함께 쓰는 이중언어 상태로 될 것이다.

③ 민족어들은 대중의 외면을 받고 박물관 언어가 될 것이지만 전문가들에 의해 쓰이고 보존되고 이어질 것이다.

④ 언어가 아무리 중요하다고 할지라도 언어가 도구라는 사실은 변화하지 않으므로 특정어를 우상으로 떠받드는 것은 비합리적이다.

⑤ 과학과 기술이 급속히 변화하고 정보를 실시간으로 처리해야 하는 사회 속에서 통역·번역은 한계가 있다.

⑥ 영어를 공용화한다고 해서 한국 문화가 쇠퇴하거나 사멸하는 것은 아니다. 오히려 우리 문화 역시 국제어로 구체화된다면 훨씬 많은 사람들이 향유하고 활력을 얻을 수 있다. 이는 시각의 차이일 뿐이다.

⑦ 영어 공용은 비용과 혜택이 여러 세대에 걸쳐 나오는 초장기적인 투자이며 그 혜택은 거의 모두가 수혜자이다. 따라서, 정책 결정은 우리 후손들의 이익을 최대한으로 하는 방법으로 해야 할 것이다. 영어의 모국어 선택권을 우리 후손들에게 주자는 것이다.

⑧ 민족주의적 시각으로 이 문제를 판단하는 것은 경계해야 한다. 민족주의는 본질적으로 개인의 이기주의이다.

영어 공용어론 반대

① 영어 공용어화는 민족 집단 자살 행위로 민족 정체성과 주체성 상실이 우려된다.

② 문화의 근본 원천인 모국어가 위축되어 결국은 한국 문화와 한민족이 말살될 것이 우려된다.

③ 영어 사용으로 새로운 계층 대립이 생겨 영어 사용 능력 계층만이 잘살고 영어 사용 무능력 계층은 못살 것이므로 영어는 상류어가 되고 토박이 국어는 하류어가 되어 모국어를 기반으로 한 창조적 문화 발달과 민족 공영적 경제 발전은 불가능해지고 계층 대립과 민족 분열이 심화될 것이다.

④ 영어 사용 능력은 무역, 학계, 관료 등의 해당 필요 전문 계층을 중심으로 자연스레 습득해 가면 되는 것이지 모든 국민에게 강요할 필요가 없다. 지금도 영어 스트레스가 심한데 공용어화하면 국민 모두가 영어 학습을 해야 하는 부담이 더욱 커져 국력이 크게 낭비될 것이다.

⑤ 영어 사용 능력이 국가 경쟁력이라는 것은 착각이다. 이미 영어 공용을 실시하고 있는 필리핀, 인도 등이 국제적 경쟁력이 우수한 나라라고 보기는 어려우며 우리와 영어 능력이 비슷한 일본이 세계 제2위의 경제 능력을 가지는 것을 보면 영어 능력과 국가 경쟁력이 무관함을 알 수 있다.

⑥ 영어를 잘하고 영어 경쟁력을 기르는 것은 영어 교육을 개선하면 되는 것이며 영어를 잘하도록 만드는 것과 영어를 공용어로 만드는 것은 차원이 다른 문제이므로 굳이 영어 공용을 할 필요가 없다.

공용화를 실시하는 나라들

오늘날 지구상에서 영어를 공용어로 사용하는 국가들은 수십 개 국이 넘는다. 이 중 자국의 고유어를 가지고 있음에도 불구하고 인위적으로 영어를 공용어로 사용하는 국가들은 식민지 관계 등 영어 사용 국가와 특수한 관계가 있다.

예를 들면, 영국의 지배를 받았던 싱가포르는 현재 영어, 중국어, 말레이어, 타밀어 등 공용어가 네 가지이다. 이를 좀더 자세히 살펴보자. 싱가포르가 공용어를 네 개씩 가지게 된 것은 특수한 인구 구성 및 역사적 배경과 관련이 있다. 인구를 보면, 중국계(77%), 말레이계(14%), 인도계(7%), 기타로 구성되어 있다. 1819년 영국인들이 이 섬에 도착한 이후 싱가포르는 오늘날 인구 300만의 중계무역 중심지가 되었다. 그과정에서 새로이 유입된 인구 중 타밀어를 사용하는 인도인들의 비중이 높아진 것이 이들의 공용어 결정에 영향을 끼치게 된 것이다.

싱가포르는 1956년 이중언어 교육 정책(Bilingual Education Policy)을 실시하였는데, 이 정책의 요점은 국민들이 영어와 다른 한 가지 공용어, 즉 중국어, 말레이어, 타밀어 중 하나를 유창하게 구사할 수 있게 하는 것이다. 모든 학교 교육은 영어로 수행되지만 민족에 따라 위의 세가지 중 한 언어를 제2언어(second language)로 사용하게 됨으로써, 이질적인 국민들을 통합하는 효과를 거둠과 동시에 영어를 유창하게 구사하는 국제 경쟁력이 높은 인력들을 배출하게 되었다.

그런가 하면 필리핀 역시 영어를 공용어이자 국어로 사용한다. 잘 알려져 있다시피 필리핀은 스페인의 지배를 받다가 19세기 말부터 미국의 지배를 받게 되면서 영어가 이식되었다. 그러나 남북한을 합한 규모와 인구가 비슷한 필리핀에서는 싱가포르와는 달리 대다수 국민들이 영어를 아무런 불편없이 유창하게 구사하는 상황이 아니다. 산간오지의 사람들이나 교육 혜택을 받지 못한 사람들은 대략 7가지의 필리핀 토착어를 사용하고 있다. 가령 어떤 사람은 타갈로그어를 유창하게 사용하지만 영어는 거의 구사하지 못하고, 어떤 사람은 영어를 구사할 수 있지만 타갈로그어는 구사하지 못한다. 인구 약 300만의 도시국가인 싱가포르와는 비교할 수 없을 정도로 판이한 상황에 직면해 있는 것이다.

영어 공용화와 관련하여 자주 언급되는 또 다른 국가는 인도이다. 인도의 경쟁력, 특히 정보기술(IT) 분야에서 인도의 뛰어난 경쟁력을 언급할 때 그들의 영어 구사 능력을 꼽는 일이 자주 있다. 그러나 통계를 보면 인도에서도 영어를 자유자재로 구사할 수 있는 사람들은 인구의 2%를 넘지 않는다고 한다. 물론 인구 10억 명 중 2%라면 대략 2천만~3천만 명이 자유자재로 영어를 구사하는 셈이니, 그 절대적인 숫자로 보자면 대단한 규모라고 할 수 있을 것이다. 그러나 2%라는 비율은 공용화라는 정책 결과가 아니더라도 외국어 교육으로도 충분히 양산해낼 수 있는 규모라는 사실이 중요하다. 영어를 유창하게 구사하고 전문 실력을 갖춤으로써 국제 경쟁력이 있는 사람들은 일반 외국어 교육으로도 충분히 양성할 수 있다는 것이다. 그런 면에서 인도의 사례는 영어 공용화의 사례가 될 수 없을 것이다.

영어 공용화와 관련하여 우리가 반드시 참고해야 할 사례는 캐나다의 퀘벡주일 것이다. 퀘벡주는 영어를 사용하는 절대 다수의 캐나다 사람들로 둘러싸인 채 프랑스어를 사용하는 일종의 언어적 섬을 이루고 있다. 프랑스계인 이들 퀘벡주 캐나다인들은 프랑스어를 유지하기 위해 1961년에는 문화부와 함께 프랑스어청(Office de la Langue Française)을 신설한 것을 비롯해서 각종 법안과 정책들을 쏟아냈다. 실무와 공공 게시에서 프랑스어를 우선적으로 사용할 것을 규정했으며 1977년에는 프랑스어 헌장(Charte de la Langue Française)을 제정하여 공공게시와 상업광고에서 프랑스어만을 사용하게 했다. 캐나다는 영어를 사용하는 국민과 프랑스어만을 사용하는 국민이 병존하는 언어정책을 실시하고 있는 셈이다. 그럼에도 불구하고 캐나다가 국가의 틀을 유지하고 국제 경쟁력을 확보하고 있다는 사실은 우리에게 많은 시사점을 던져준다.

1장

영어가 밀려오다

영어 공용화 원년

1998년	복거일 씨 『국제어시대의 민족어』라는 책에서 영어 공용화 주장
1998년	남영신 씨, 복거일 씨의 '영어 공용화' 비판
2000년	양수길 OECD(경제협력개발기구) 대사, 영어 공용화 적극 검토 필요성 제기
2000년	21세기 일본구상위원회, 영어의 제2공용어 제안해 논란
2001년	정부와 여당, 제주도를 국제자유도시로 육성하면서 제주 영어 공용화 추진 움직임
2005년	제주도 영어 공용화 실시
2008년	외국 대학의 국내 설립 허용
2010년	광역시별로 영어타운 조성 붐
2015년	외국 교육기관이 물밀듯이 들어옴
2020년	서울 강남 bilingual(이중언어) 붐, 아이에게 영어와 한국어를 동시에 가르치는 부모 80%
2023년	전면적인 영어 공용화 실시

속보! 영어 공용화* 시작!

"안녕하십니까, 시청자 여러분!"
"오늘은 2022년의 마지막 날입니다. 오늘 메인 뉴스는 영어와 달러의 공용화 뉴스입니다. 정부는 밝아 오는 뉴이어인 2023년부터 영어와 달러의 공용화를 실시한다고 오피셜 아나운스먼트를 했습니다. 인터내셔널리즘과 글로벌리즘이 대두된 지 실로 20년 만에 이루어진 센세이셔널한 이벤트가 아닐 수 없습니다. Today 뉴스에서는 스페셜로 영어 공용화 시대에 우리의 라이프가 어떻게 체인지될 것인지에 대해 디테일하게 리포트해 드리고자 합니다."

—Today 뉴스 스페셜

뉴스 앵커의 말이 끝나자마자 화면은 서울역 대합실 장면으로 옮겨 갔다. 카메라에 비친 시민들은 영어와 달러를 공식적으로 사용한다는 소식에 상당히 상기된 모습이었다. "드디어 올 것이 왔구나!" 하고 걱정스레 말하는 사람이 있는가 하면, "이제는 영어 못하면 사람 취급도 못

---

* 공용어(公用語, official language)
  한 국가나 공공단체에서 공식적으로 사용하는 언어를 말한다. 또한, 국제회의나 국제연합 같은 데에서 공식적으로 사용하는 언어를 지칭할 때 사용되기도 한다. 일반적으로 공용어는 공공기관의 문서를 비롯하여 정치, 경제, 사회, 문화, 교육 등 제 부문에서 공식적인 기록이나 의사소통을 위한 언어로서 쓰인다. 1국가 1공용어가 원칙이기는 하지만, 나라마다 여러 개의 공용어를 쓰는 경우도 있고, 식민지를 경험한 나라에서 복수의 공용어가 쓰이는 경우도 있다. 이때 어떤 언어를 공용어로 선택할 것인가가 문제가 된다.

* 공통어(共通語, common language)
  넓은 지역에서 공통으로 사용되는 언어를 말한다. 한 나라 안에서 공통어는 표준어와 방언을 가리키는 경우가 많은데, 표준어는 전국적인 공통어가 되고, 방언은 국부적 공통어가 된다. 나라와 나라 사이에서도 공통어라는 개념이 사용될 수 있는데, 중세시대의 라틴어나 현대의 영어처럼 한 언어가 다른 나라 사이에서 공통적으로 의사전달에 사용되기도 한다.

받겠네!"라고 푸념하는 사람도 있었다. 그런가 하면 다른 한편에선 "그 동안 영어 배우느라 들인 시간과 노력을 생각하면 감회가 새롭다."거나 "앞으로 달러를 쓰면 여러 가지 편한 점이 많을 거야!" 하면서 공용화를 반기는 이도 적지 않았다.

텔레비전을 보면서 신문기자 K는 눈을 지그시 감고 영어 공용화에 대해 기억을 더듬어 보았다. 영어 공용화 이야기는 어제오늘 처음 나온 것은 아니다. K의 기억으로는 약 20여 년 전쯤인 것 같다. 20세기와 21세기의 전환기에 거센 영어 공용화 논쟁에 휘말렸던 적이 있었다. 세계화와 국제화라는 시대적 대세를 따라야만 국가가 발전하고, 이를 위해서는 영어 공용화가 필요하다는 주장과 이에 반해 민족의 정신인 우리 말과 글을 사수해야 된다는 입장이 팽팽히 맞서 뜨거운 논쟁이 전개되었다.

국제화와 세계화를 주장하는 근거는 다양했지만, 당시 가장 우선하던 것은 무엇보다도 '경제'논리였다. 경제가 발전해야 나라가 부강해지는데, 이를 위해서는 국제화, 세계화의 흐름에 동참해야 하고, 그 방법으로 영어는 절대적으로 필요한 수단이라는 것이었다. '영어=돈'이라는 수식이 당시 한국 사회를 지배했다. 영어는 선진국인 미국의 문물을 받아들이고 발전시키기 위해서도 필요하고, 경쟁력 있는 국가를 만들기 위해서도 없어서는 안 된다는 주장이었다.

영어 공용화를 찬성하는 게시판의 글들

♡ 여신핑클 : "영어는 이제 영미권의 언어가 아닌 세계어" "지구촌에서 생존하기 위해서는 영어와 익숙해져야 하며 국 · 영어 공용이 그에 대한 해답"

🐚 2000c : "영어를 모르면 세계의 '사오정'이 된다" "세계화의 대열에서 낙오하지 않기 위해 영어 공용화를 실시할 필요가 있다"

☆ ringo : "영어 공용화는 세계라는 각축장에서 우리를 더욱 공고하

선진국의 문물을 받아들여 선진국이 되고, 세계의 대세에 동참한다
는 대의명분은 120여 년 전인 1910년의 한일합방* 당시를 떠올리게 한
다. "일본은 이미 먼저 세계 1등국의 줄에 들지 않았습니까. 그 옛날 독
일연방은 분열해서 프랑스에게 유린되었고, 통합해서 패권을 유럽대륙
에 떨쳤습니다. 오늘날에 있어서는 일한합방이란 것이 우리의 사직과
인민을 보전하며 그럼으로써 깊이 동방 안녕의 근거를 굳히고, 아시아
국면의 평화를 보장하며, 세계의 대세에 순응하는 소이인 것입니다."
이 말은 매국노로 알려진 일진회* 회장 이용구가 이완용에게 보낸 한일
합방 청원서의 일부이다. 한일합방을 빨리 추진해 달라는 간곡한 청이
담긴 편지를 이완용에게 올린 것이다. '세계의 대세에 순응'한다는 대목
이 불현듯 K의 뇌리를 스치는 것은 무슨 까닭일까?

---

* 한일합방 = 한일병합조약(韓日倂合條約)

　대한제국 융희 4년(1910) 8월 29일에 한일병합조약에 의거, 우리나라의 국권을 일제에 넘겨
　주고 일본에 합병된 일. 한일병합조약은 8월 22일 데라우치가 이완용과 조인을 완료하였으나,
　그 사실을 일주일 간 비밀에 부쳤다가 8월 29일에 이완용이 윤덕영을 시켜 황제의 어새(御璽)
　를 날인하고 병합조약을 반포(頒布)하여 이루어졌다. 이 조약으로 말미암아 조선왕조는 27대
　519년으로 그 명맥을 다하고 말았고, 한국은 일본의 식민지가 되었다.

* 일진회(一進會)

　조선 말기 대표적인 친일 단체 중 하나로 1904년 일본에 망명해 있던 송병준을 중심으로 만들
　어졌다. 일진회는 발족과 함께 회원 모두가 단발과 양복차림을 하는 등 문명의 개화를 급격히
　서둘렀다. 전국적 조직망이 없던 일진회는 1904년 12월에 이용구 등이 만든 진보회라는 단체
　를 매수·흡수하여 일진회에 통합했고, 이용구가 13도 지방총회장, 송병준이 평의원장에 취
　임했다. 특히, 기관지 〈국민신보〉를 통해 친일적인 망발을 퍼뜨렸으며, 매국 행위에 앞장 서
　한일합방안을 순종에게 올리기도 했다.

병합청원서

일진회장 이용구 등 1백만 회원은 2천만 국민을 대표하여 머리 숙여 재배(再拜)하면서 내각 총리대신 이완용 각하에게 삼가 말씀을 올립니다. 이용구 등이 삼가 살펴건대, 우리 대한국의 자리는 대일본제국의 도움과 보호에 의해서 그 안전을 보전하며, 또한 근심할 바가 없는 것 같습니다. 그러나 이것을 과거로써 미루어 장래를 생각할 때, 우리 대한국의 앞길은 멀고 아득하여, 또한 깊은 근심을 금할 수 없는 바가 있습니다. 근래 세계의 대세는 일변하여 국제경쟁은 점점 극렬하며 또한 매우 심해지고 있습니다. 여기에 이기는 자는 흥하고 지는 자가 망함은 하늘의 이치요 필연의 형세인 것입니다. 인도 버마 하와이 필리핀이 멸망하는 까닭도, 안남(安南) 섬라국(暹羅國)이 쓰러지는 까닭도, 청국이 쇠퇴하는 까닭도, 모두가 거기에 연유하지 않음이 없었습니다. 만일 청일전쟁 때 대일본제국이 의(義)로써 우리의 위급을 구하고, 노일전쟁 때 대일본제국이 용맹으로써 우리의 어려움을 배제함이 없었다면, 우리 대한 나라의 종묘 사직이 무슨 수로 오늘이 있었겠습니까. 우리 대한 나라에 오늘이 있음은 어느 하나도 대일본제국의 도움과 보호에 인하지 않음이 없습니다. 때문에 한일협약으로써 우리의 외교 군사 사법의 3대 권한을 모두 대일본제국에 위임한 것도 이 또한 우리 사직을 보전하고 그 대본(大本)을 부지(扶持)하려는 까닭입니다. 그렇지만 우리가 만일에 그 협약만을 믿고 무사태평을 만대에 유지할 수 있다고 말한다면, 그것은 곧 오늘이 있음을 알 뿐 내일이 있음을 모르는 자라 할 것입니다. 세계의 대세는 날로 움직이고 달로 변하여 잠시도 멈추지 않거늘, 어찌 알겠습니까. 만일 하루아침에 동아의 평화가 깨어지고, 열국의 세력균형이 무너져서, 우리 대한 나라의 위치를 뒤집음에 이른다면, 군신(君臣)은 유망(流亡)하고 사직은 폐허로 될 것임이 우(虞)나라나 상(商)나라가 망한 전철(前轍)과 다를 바 없을 것입니다. 근년에는 미얀마가, 안남(安南)이, 하와이가, 필리핀이 그러했던 바이라, 이것이 곧 이용구 등이 주야로 근심을 놓을 줄 몰라하는 까닭인 것입니다. 이용구 등이 위로는 천리(天理)에 비추어 살피고, 아래로는 인사(人事)에 비추어 살피며 대한 나라의 앞길을 생각할 때, 우리 사직과 백성을 보전하여 영원케 하는 길은 다만 일한합방을 실행함에 있을 뿐이라 하겠습니다. 만일 다른 계책이 있을지라도 간사하게 변하는 모책(謀策)이 시대적 급무(急務)에 부응해서 큰 도리에 맞을 까닭이 없는 것이라 하겠습니다. 이제 그것을 시론(試論)해 보려 하거니와, 이용구 등이 삼가 대일본제국이 우리를 대하는 참 뜻을 살펴볼 때, 청일전쟁에서나 노일전쟁에서나 아직껏 그 덕을 변동시킨 적이 없으며, 일정한 방침이 시종 변색(變色)된 바 없었습니다. 일본은 말하되 우리 한국의 사직과 인민을 보전하며, 동양의 대국적 평화를 담보한다 하였습니다. 그

엄정한 믿음성과 넘쳐흐르는 어질음, 또한 천황폐하께옵서 우리 황제폐하와 황태자전하를 예우(禮遇)하시는 넓고 두터운 은혜, 옥(玉)처럼 밝고 환한 은혜와 사랑을 보면 충분히 알 것입니다. 그러할진대 우리 대한 나라는 먼저 오늘에 있어서 우리측이 스스로 이것을 제언하고 군신 상하가 덕을 하나로 하여 의심하지 않으며, 이로써 대일본 천황에 의뢰(依賴)하여 합방을 조성(組成)하고 일한일가(日韓一家), 우리 황실로 하여금 길이 만대의 존영(尊榮)을 누리게 하고, 우리 인민으로 하여금 함께 1등국의 줄에 오르게 하며, 이리하여 우리의 신의와 맹서가 또한 해와 같이 밝은 바 있다면, 대일본 천황폐하의 성의를 미루어 살필 때 그와 같거늘, 우리의 사직에는 반드시 천지와 함께 다함이 없는 영화가 있을 것이요, 우리 인민에게는 반드시 동화(同化)로써 날로 더하는 은총이 있을 것입니다. 양쪽 날개로써 몸을 움직이고 양쪽 바퀴로써 수레를 끈다면 우리 국권이 어찌 떨치지 않을 것이며, 동아의 형세를 감당치 못하리라고 근심할 바 무엇이 있

겠습니까. 대체로 우리와 일본은 지리(地理)에서 서로 일치하며, 인종에서 서로 일치하며, 역사에서 서로 일치하며, 종교에서 서로 일치하며, 글자와 학문에서 서로 일치하며, 풍속에서 서로 일치하며, 경제에서 서로 일치하며, 정치에서 서로 일치합니다. 이것을 나누면 약한 나무로서 휘기 쉽고, 합치면 엄연한 일대 강국(强國)입니다. 하물며 일본은 이미 먼저 세계 1등국의 줄에 들지 않았습니까. 그 옛날 독일연방은 분열해서 프랑스에게 유린되었고, 통합해서 패권을 유럽대륙에 떨쳤습니다. 오늘날에 있어서는 일한합방이란 것이 우리의 사직과 인민을 보전하며 그럼으로써 깊이 동방(東方) 안녕의 근거를 굳히고, 아시아 국면(局面)의 평화를 보장하며, 세계의 대세에 순응하는 소이인 것입니다. 이제 우리 대한의 위치는 이미 정해졌으며, 대일본국의 성(誠)과 신(信)이 이미 2천만 민중에게 믿음을 주고 있습니다. 또한 세계열국도 일한 관계를 용인하여 결코 이의(異議)를 말하는 나라가 없는 것입니다. 역사상 미유(未有)의 홍업(鴻業)을 훈책(薰策)함은 오직 지금이라 할 것입니다. 삼가 2천만 민중을 대표하여 말씀을 각하에게 올리오니, 각하께서는 청하건대 백관(百官)을 대표하여 이를 천황폐하에게 주상(奏上)하소서. 각하는 또한 내각의 수반(首班)으로서 국권의 안정을 도맡고 있습니다. 우리나라의 안위를 결정함에 있어서는 반드시 이용구 등이 혈성(血誠)으로써 지지를 다하겠습니다. 이용구 등은 충성의 지극한 성심(誠心)을 미처 가누지 못하는 바입니다.

1909년 12월 4일
일진회장 이용구 등 1백만 인

"「지구제국」은 강대국 희망사항이다"

한영우교수, 복거일씨 「脫민족주의」論 비판

○한영우교수

민주주의 논쟁이 뜨겁게 이어지고 있다. 서울대 국사학과 한영우(韓永愚) 교수가 소설가 하기일(卜鉅一)씨의 저서 『국제어 시대의 민족어』(문학과지성사刊)에 비판하는 글을 기고했다.

복씨는 이 글에서 작금의 경제위기도 따지고 보면 우리 사회의 지나친 민족주의 탓이 크다며, 『영어

극단적 경제 논리 곤란

강자와 약자가 서로 같으다고 가정할 때, 약자가 싸우지 않고 망복한다는 것은 멀다(但리적인 선택이다. 질 것이 뻔한 싸움을 왜 하는가, 그러나 지고나서 계속 강자만 심긴다면 이미 노예다. 경제논리도 본다면 노예처럼 안정된 삶도 좋다. 깊한 주인의 만났으나 최소한의 삶은 보장된다. 또 주인님 흄내내리 보복 자기방도도 있다.

인간의 삶은 기본적으로 두 가지다. 노예로서 편안하게 사느냐, 경제력으로 어렵나라도 주인노릇을 하면서 제멋으로 사느냐이다. 어쨌든 보면, 대다수의 인간은 후자의 맘을 선택하면서 살아왔다. 그래서 사람은 합리적으로 요만 사는 것도 아니고, 빵으로만 사는 것도 아니라고 했는지 모른다.

公행어(公用語)...論까지 제기하며 탈(脫)민족주의의 필요성을 주장(요일자 12면 문화면)한 바 있었다. 그의 이같은 주장에 대해 국어연구가 남영신씨가 『파일 세계주의의 허망성』이라고 비판(7일자)하자, 복씨는 다시 이를 반박하는 글을 발표(9일)했었다.

〈편집자〉

우리 역사에서 경제논리와 극단적 합리주의가 나라를 망친 사례가 바로 대한제국의 범담이다. 사실 힘임파란 것은 스스로 패국논리다 생각하면 일이 없다. 경제와 기술을 발전시키려면 강자 앞선 나라와 하나가 뇌는 것이 가장 빠른 지름길이라고 믿었다. 이보다 합리적인 판단이 어디에 있는가, 문제는 대다수 사람들이 그것을 원하지 많은 데 있다. 그리고 합리를 모르는, 어리석게 보이는 사람들이 목숨을 걸고 싸워서 결과에 이바지하였다. 그 덕에 오늘 한국이 있다.

요즘 IMF시태가 되면서 경제논리와 경제적 합리주의가 우리 사회의 지표가 된 듯한 느낌이다. 경제와 관련이 있는 분야까지도 경제논리와 경제적 합리주의가 우리 사회의 지표가 될 등한 느낌이다. 경제와 관련이 없는 한까지도 경제논리를 춤박(忖度)하고,

그 기준에 맞춰 시비가 결정되고 있다. 사실, 시장경제 원리만이 합리적인 것은 아니다. 수한 지만이 살아남는 사회가 뇌어야 한다고 비판(日子)하지만, 복씨는 다시 이를 반박하는 글을 발표.

하지만 인간사회는 밥전만이 능사가 아니라, 합리주의만이 행복을 보장하는 것도 아니다. 합리주의의 광계일수 분무, 예술, 종교 따위는 경제를 일이 아니다. 오히려 합리주의가 극단으로 가면 사회가 위태롭다는 것도 기억해두어야 한다. 적자생존을 신봉하는 경정원리가 제국주의를 낳았고, 그것이 세계화를 완성한 것만은 아니다. 개체의 반전이 반드시 더 큰 공동체의 반전이라는 것은 아니기 때문이다.

시장경제는 무수한 약자의 희생틀 전제로 한다, 여기에 문화선쟁이 다른 강지의 시장원리가 적용될 때에는 엄서북 약만이 공급제는 급속도로 파괴될 수 있다.

저럼 세계가 하나될 듯싶어도, 「지구제국은 어느 것 갑은 예언은 하는 것은 환상이다. 그것은 일절 강대국의 가진 피망시항일 뿐이다. 역사를 거시

적으로 보면, 그렇게 되지도 않을 것이미, 또 그렇게 되는 것을 환영할 일도 아니다.

소설가 복거일씨의 책 『국제어시대의 민족어』는 각론 부분에서는 경청할 만한 대목이 많다. 지나친 베타라민족(주의)를 비판하고 합리주의대을 값조한 것도 기본적으로 옳다. 그러나 모든 사물을 경제논리로 보고, 인간이야 무엇인가, 한국인이란 무엇인가에 대한 성찰이 없는 점이 유감이다. 경제와 거리를 두어야 할 분화인의 시각이 그립다는 점이 더욱 놀랍다.

거시적 위기치방 우려워

영어를 공용어로 해야 한다는 주장은 국민을 혼란에 빠뜨리는 일이다. 영어가 철수어 우리 사회의 위기가 온 것은 아니다. 오히려 자기제체성도 모르고, 분수없이 세계화와 커다란 탓인 것이다.

지금 우리 사회의 위기는 총제적이다. 따라서 그 진단과 처방도 종제적이어야 하며, 지엽(枝葉)을 가지고 곤혹인 경치법 파대포장하며, 교각살우(矯角殺牛)의 우(愚)틀 범할 수 있다. 비단 뉴거일씨의 경우만이 아니라. 지유 무려운 것은 IMF 그 자체가 아니다, 오히려 이 체제의 단기적 처방에 만 급급하고, 인류의 마테를 문명사학인 곤혹에서 거시적으로 설계하는 안목의 부재가 가장 두렵다.

〈서울대 교수·한국사〉

〈조선일보〉 1998년 7월 9일

이런 맥락에서였을까, 20여 년 전(1998) 어느 역사학자는 영어 공용화 논란이 대두되던 당시 사회 분위기를 120여 년 전 한일합방 시기에 비유한 적이 있었다. '경제논리'로만 본다면, 그리고 합리적인 측면으로만 본다면, 한일합방이야말로 당시 정치가와 지식인에게 가장 매혹적인 선택이었다는 말이다. 하지만 그는 "합리주의만이 행복을 보장하는 것도 아니며, 오히려 합리주의가 극단으로 가면 사회가 위태로워진다."는 말로 경제논리에 입각한 영어 공용화 논의에 일침을 가했었다. 그로부터 20여 년이 지난 2023년, 드디어 영어 공용화가 시작된다.

세계가 주목하다!

"오늘 정부의 영어 공용화 발표가 있자, 세계의 언론들은 일제히 한국을 주목하고 있습니다. 영어를 공용어로 채택한 나라가 없지 않으나, 한국처럼 동일 지역에서 영어와 모국어를 함께 사용하는 나라는 매우 드물기 때문입니다. 이러한 까닭에 한국의 영어 공용화의 미래에 대해 세계 각국들은 부러움과 우려의 시각을 동시에 나타내고 있습니다."

—Today 뉴스 스페셜

텔레비전 뉴스를 들으면서 K는 자기도 모르게 고개를 갸우뚱거리고 있었다. 세계 각국들이 '부러움'의 시선을 보내는 것은 이해할 수 있는데, '우려'의 시선이라는 말은 도무지 이해할 수 없는 대목이었기 때문이다. 영어 공용화를 실시하는 다른 나라들도 대부분 우리와 같을 터인데, 뭘 그리 걱정을 하는 것일까? 그들도 잘 하고 있으니, 우리도 별 걱정이 없지 않은가? 사실 과거부터 영어 공용화를 주장하던 사람들은, 잘사는 선진국들은 대부분 영어를 공용어로 채택했거나, 영어가 아니더라도 여러 언어를 공용어로 채택한 나라들이라고 말하곤 했었다.* 유럽의 스위스와 벨기에, 아메리카 대륙의 캐나다, 그리고 가깝게는 싱가포르와 인도의 예를 들기도 했다. 따라서, 그토록 바라고 바랐던 영어 공용화를 시작하여 우리도 이제 선진국으로 가는 지름길로 접어드는 순간

---

* 영어를 사용하는 국가는 다음과 같다.
가나/가이아나/감비아/그레나다/나미비아/나우루/나이지리아/남아프리카공화국/뉴질랜드/도미니카연방/라이베리아/레소토/말라위/모리셔스/몰타/미국/미크로네시아/바누아투/바베이도스/바하마/벨리즈/보츠와나/브루나이/사모아/세이셸/세인트루시아/세인트빈센트그레나딘/세인트키츠네비스/소말리아/솔로몬제도/스와질란드/시에라리온/싱가포르/아일랜드/앤티가바부다/앙골라/에리트레아/영국/오스트레일리아/우간다/인도/자메이카/잠비아/짐바브웨/캐나다/케냐/키리바시/탄자니아/투발루/트리니다드토바고/팔라우/피지/필리핀

인데, 왜 우리의 상황이 매우 드물다고 하는 것일까? K는 여전히 그 사정을 알 수 없어 답답하기만 했다.

이러한 K의 궁금증은 이어지는 뉴스 앵커의 설명으로 풀렸다. 앵커는 다른 나라의 상황을 이렇게 설명하고 있었다. "스위스는 독일어, 프랑스어, 이탈리아어 등을 공용어로 하고 있지만 같은 지역에서 이들 언어가 함께 쓰이고 있는 것이 아니라, 특정 언어 사용 지역이 구분되어 있습니다. 예를 들어, 독일어 사용 지역, 프랑스어 사용 지역, 이탈리아어 사용 지역으로 구분되어 있어서, 독일어 사용 지역에서는 독일어가 사용되고, 프랑스어 사용 지역에서는 프랑스어가 사용되고 있습니다." 여러 나라로 둘러싸여 있는 스위스는 지리적으로 인접한 지역에서 인접 언어를 구사하고 있다는 말이다. 그렇게 생각해 보니, 캐나다도 영어와 프랑스어를 함께 사용하고 있지만, 같은 지역에서 두 언어를 다 쓰고 있는 것은 아니다. 벨기에도 상황은 비슷하다.

그 사이 텔레비전에는 외국의 학자를 인터뷰한 장면이 방영되고 있었다. 그는 이번 한국의 시도에 대해 매우 놀랍다는 말을 하고 있었다. 그가 말한 내용 중에 "자발적 영어 공용화"라는 말이 K의 뇌리를 스친다. 한국처럼 자발적으로 영어를 공식어로 인정한 나라가 매우 드물다는 것이다. 그렇다면 인도나 필리핀은 자발적이 아니란 말인가? 물론, 인도나 필리핀은 과거 영국과 미국의 식민지 지배를 받았으므로 그 영향으로 영어를 공식어로 사용하게 되었다고 볼 수 있으니, 온전히 자발적이라고 볼 수는 없겠다.

그렇다면 싱가포르는? 싱가포르야말로 대표적인 영어 공용어화의 성공 사례가 아닌가! 그러나 K가 알아본 바로는 싱가포르 역시 그 역사를 보면 영국의 식민지였고, 다민족 국가라는 면에서 자발적 영어 공용화와는 거리가 멀다고 볼 수 있다. 싱가포르의 탄생을 알기 위해서는 17세기 초 동인도 회사의 설립으로 거슬러 올라간다. 당시 영국, 프랑스, 네덜란드 등은 동인도에 여러 회사를 설립하게 되는데, 이는 동양의 상

세계 영어 공용어 지도

영어 모국어 사용 국가

영어 공식어 또는 준공식어 사용 국가

영어 모국어와 다른 언어를 함께 사용하는 국가

CANADA
QUEBEC
BERMUDA
USA
BAHAMAS
VIRGIN ISLANDS
ST KITTS-NEVIS
ANTIGUA
DOMINICA
ST LUCIA
BARBADOS
ST VINCENT
GRENADA
TRINIDAD AND
TOBAGO
BELIZE
JAMAICA
GUYANA

UNITED
KINGDOM
IRISH REPUBLIC
MALTA
SENE-
GAMBIA
SIERRA LEONE
LIBERIA
GHANA
NIGERIA
CAMEROON
ZAMBIA
NAMIBIA
BOTSWANA
SOUTH AFRICA
ZIMBABWE
SWAZILAND
LESOTHO
MALAWI
TANZANIA
KENYA
UGANDA
SEYCHELLES
MAURITIUS

PAKI-
STAN
INDIA
SRI LANKA
SINGAPORE
MALAY-
SIA
HONG KONG
PHILIPPINES

USA TERRITORIES
PAPUA NEW
GUINEA
SOLOMON
ISLANDS
VANUATU
FIJI
NAURU
KIRIBATI
TUVALU
WEST-
ERN
SAMOA
TONGA
COOK
ISLANDS
AUSTRALIA
NEW ZEALAND

권을 장악하기 위한 서양의 포석이었다. 이 회사들을 이름하여 동인도 회사라고 부르는데, 싱가포르의 역사는 이 동인도 회사와 관련이 있다. 19세기에 이르자 영국은 이 지역의 상권을 장악하기 위해 1819년 이슬람의 술탄(종교지도자)으로부터 자그마한 섬을 하나 사들인다. 이는 네덜란드의 동인도 회사에 대항하기 위한 것이었다.

이후 싱가포르는 영국 식민지가 되었으며, 인근 여러 나라와 유럽 무역의 중심이 되었다. 그 후 중국인 중심의 독립운동이 일어나고 1959년에는 자치권을 얻었으며, 1963년에는 말레이연방 자바 사라와크와 함께 '말레이시아'를 결성하였으나 중앙정부와 대립하면서 1965년 8월에 분리 독립하여 오늘에 이르렀다.

이러한 역사적 배경 때문에 현재 싱가포르에는 다수의 종족이 살고 있으며(중국인, 말레이인, 인도·파키스탄인, 유럽인, 유럽 아시아 혼혈인 등) 종교도 여러 가지가 혼재되어 있는 형편이다(중국인은 불교, 말레이인은 이슬람교, 인도·파키스탄인은 힌두교·이슬람교·시크교, 유럽인과 유럽 아시아 혼혈인은 대체로 그리스도교). 따라서, 싱가포르가 영어를 공용어로 선택한 것은 자발적이라기보다는 어쩔 수 없는 선택이었다고 보는 것이 옳을 것이다. 다민족과 다종교를 아우르기 위해서는 영어라는 제3의 선택이 불가피한 것이었다는 말이다. 현재 싱가포르는 영어 외에도 말레이어, 중국어, 타밀어를 공용어로 사용하고 있다.

이처럼 영어 공용화를 실시하고 있는 나라들을 면면이 살펴본다면, 대부분 나름대로 영어를 사용할 수밖에 없는 역사적 배경을 갖고 있다. 외국에서 한국의 영어 공용화 조치를 부러움 반, 우려 반의 시각으로 바라보는 이유도 거기에 있었다.

영어로 하는 대통령 선서

"영어와 달러가 공식적으로 사용되는 첫날인 내일부터는 우리 사회와 개인의 삶이 모두 달라질 것입니다. 한국어로만 방송하는 것도 오늘이 마지막이 아닌가 싶습니다. 내일부터는 Today 뉴스도 한국어와 영어로 방송을 하게 됩니다."

—Today 뉴스 스페셜

2023년 1월 1일, 새해 첫날부터 우리나라는 명실공히 한국어와 영어를 모두 국어로 채택하게 되었다. 두 언어를 공식어로 채택했다는 것은, 모든 생활 속에서 두 언어를 동등한 자격으로 대우해야 한다는 것을 뜻한다. 동등하게 대우한다는 것은 언론이든, 정치든, 사회든, 교육이든, 오락이든 사회 모든 분야에서 두 언어를 함께 사용해야 한다는 것이다. 시민들이 긴장하고 걱정하는 것도 바로 이 부분이 아닐까 하고 K는 생각해 본다.

이전에는 한국어로만 작성했던 모든 법령을 한국어 외에 영어로도 작성해야 한다. 예를 들어, 국회에서도 모든 의사진행을 한국어와 영어로 해야 하고, 법률 또한 두 언어로 만들어야 한다. 그리고 다가올 대통령 선거에서 당선된 대통령은 취임식 선서를 아마도 한국어와 영어로 낭독해야 할지도 모른다. 아니 당연히 그렇게 해야 할 것이다.

벌써 국회에서는 영어 공용화 실시에 따라 의사진행 순서를 어떻게 할 것인지가 논란이 되고 있다. 한국어로 먼저 모든 내용을 말한 뒤 이어서 영어로 말할 것인가, 아니면 문장 단위로 한국어와 영어를 말할 것인가, 그것도 아니면 단락 단위로 두 언어를 번갈아 말할 것인가를 놓고 설전이 오가고 있다. 또 영어 발언에 대해 영어로 질문할 것인지에 대해서도 아직 결정이 되지 않았다. 그러나 무엇보다도 두 언어를 능숙하게

한국의 대통령 취임선서　　　　　　미국의 대통령 취임선서

구사할 수 있는 국회의원들이 많지 않은 것이 문제이다. 이제는 국회의
원도 영어를 자유자재로 구사할 수 있는 사람을 뽑아야 한다는 목소리
가 여기저기서 들려온다. 국민을 대표한다는 국회의원도 이제는 해외파
가 득세할 날이 멀지 않았다는 전망이다.

　한국의 대통령 취임선서
　"나는 헌법을 준수하고 국가를 보위하며 조국의 평화적 통일과 국민
의 자유와 복리의 증진 및 민족문화의 창달에 노력하여 대통령으로서의
직책을 성실히 수행할 것을 국민 앞에 엄숙히 선서합니다."
　미국의 대통령 취임선서
　"I do solemnly swear (or affirm) that I will faithfully execute the
Office of the President of the United States, and will to the best of my
ability, preserve, protect and defend the constitution of the United
States."

정부기관도 예외는 아니다. 모든 공문서는 한국어와 영어로 작성하고, 공식발표도 두 언어로 한다. 공무원들은 그동안 갈고닦은 영어 실력을 마음껏 발휘할 수 있게 되었다고 반기는 사람이 있는가 하면, 아직 영어가 익숙지 못한 사람은 위기의식을 느낄 수밖에 없다. 재임용 심사에서 탈락할 것을 걱정하고 있는 것이다. 이러한 분위기에서 단연 돋보이는 층은 미국에서 살다 온 재미교포 출신 공무원들이다. 지난 20년 동안 재미교포의 한국 진출은 매년 몇 배씩 꾸준히 증가했고, 최근 2년 동안은 전 공무원의 50%가 넘는 인원이 재미교포로 채워지는 상황이 되었다. 공무원 사회도 영어에 따라 빈익빈 부익부 현상이 더욱 첨예하게 나타나고 있다.

재미교포, 한국 사회를 점령하다

"영어 공용화로 인해 이제 한국 사회는 재미교포의 유입이 더욱 증가할 것으로 예상됩니다. 과거 연예계 일부에서 그런 조짐이 보였지만, 이제는 그런 움직임이 사회 전반으로 확산되고 있습니다."

—Today 뉴스 스페셜

2002년 재미교포 출신의 인기가수가 공항에서 입국이 금지되어 미국으로 되돌아간 사건이 있었다. 그 가수는 병역을 기피하기 위해 미국 시민권*을 취득했다는 혐의를 받았는데, 그 진위야 어쨌든 당시 그 사건의 사회적 파장은 엄청났던 것으로 K는 기억한다.

유승준 입국금지 조치

**"日帝전범 경우처럼
병역기피 의혹 징계"
오늘 기자회견 무산**

법무부는 1일 공익근무요원으로 판정받은 뒤 미국 시민권을 취득, 병역 기피 의혹을 받고 있는 인기가수 유승준(26·사진)씨에 대해 입국금지 조치를 내렸다고 밝혔다.

이는 병무청이 유씨에 대한 입국 규제를 요청함에 따라 취해진 조치로 테러리스트나 전범(戰犯), 중요 범죄자가 아닌 일반 연예인에 대해 병역기피를 이유로 입국이 금지된 것은 처음이다.

병무청은 지난달 29일 '유씨가 공연 목적으로 출국, 미국 시민권을 취득한 것은 병역법을 악용한 고의적

인 병역의무 회피로 판단된다'며 유씨가 국내에 들어와 영리활동을 하지 못하도록 출입국관리국에 입국을 금지토록 협조를 요청했었다.

법무부는 이에 대해 "유씨의 국내 입국과 가수활동이 대한민국의 국익을 현저히 저해할 우려가 있다고 판단, 유씨의 입국을 일체 금지토록 했다"며 "일제 전범에 대해 입국을 불허하는 것 처럼 유씨와 같은 병역기피자에 대해서도 현행법상 입국금지가 가능하다'고 밝혔다. 이에 따라 유씨는 앞으로 국내 가수활동은 물론, 관광·일시 방문 목적의 입국도 불가능

해졌고, 2일 오후1시로 예정된 유씨의 입국 기자회견도 무산되게 됐다.

또 다른 해외파 병역기피 연예인에 대해서도 입국금지 조치가 잇따를 것으로 보여 법적 근거와 형평성을 놓고 논란이 일 전망이다. 한편 병무청은 국외이주제도를 악용해 병역을 회피하는 일부 해외파 연예인 등에 대한 병역의무를 강화하기 위해 병무직원에 대한 사법권 확보 등 특단의 대책을 마련키로 했다.

현재 연간 60일 이상 국내 체류한 국외이주 연예인 31명 중 가수 A(24)씨 등 5명에 대해 병역의무 부과 절차가 진행 중이며, 가수 L씨 등 9명은 추적관리 중이지만 나머지 17명은 국적상실, 질병 등 사유로 병역 부과 대상에서 제외됐다.

／권혁범기자 hbkwon@hk.co.kr
배성규기자 vega@hk.co.kr

〈한국일보〉 2002년 2월 2일

영어가 어엿한 공용어가 된 지금 그 사건을 다시 생각해 보면, 웃지 못할 해프닝이었다. 지금처럼 해외파가, 특히 재미교포들이 득세하고 있는 상황에서 보면, 당시의 조치나 사회적 반응은 마치 19세기 말 대원군의 쇄국정책을 떠올리게 한다는 논평이 나오고 있다. 정말 우리 가요계와 문화계를 둘러보면 재미교포들에게 점령당해 있다는 표현이 맞을 정도로, 어느 곳을 가든지 재미교포를 만나는 일이 어렵지 않다. 어디 문화계뿐인가, 정계와 재계에서도 미국 교포나 유학생의 진출이 눈에 띄게 늘었다.

모 가수의 입국 금지 파동이 있던 20여 년 전 당시에는 J.T.L이나

---

* 시민권(市民權, civil rights)

시민권은 로마의 civitas에서 유래한 것으로, 그 뜻은 특권적 신분을 의미하는 것이었다. 오늘날에는 개인과 국가와의 관계에 관한 권리와 의무에 관한 개념으로 사용된다. 1776년 미국 버지니아주의 권리장전 선포와 1789년 프랑스 인권선언 이후 국가에 대한 청구권 및 참정권 등을 포괄하는 의미로 사용되어 공민권(公民權)과 같은 의미가 되었다.

2003년 유행하던 노래의 일부

god처럼 가수 이름도 모두 영어 이름이 대유행이었다. 이러한 현상은 단지 노래제목에 그치는 것이 아니었다. 그들이 부르는 노래는 모두 미국풍이었고, 노랫말에도 중간중간 영어를 넣는 것이 유행이었기 때문이다. 50을 넘긴 K에게는 이런 이야기들이 아련한 추억으로 다가오기도 하지만, 지금 젊은이들은 아마 상상하기 힘든 일이 아닐는지.

오늘날 기업체에서도 교포들의 비중이 점점 높아만 가고 있다. 물론 영어 하나 잘한다는 이유만으로 고속 승진을 하거나, 거액을 들여 스카우트해 오는 현실을 비판하는 목소리도 많지만, 영어와 한국어를 자유자재로 구사하는 재미교포들이야말로 국제화 시대에 기업이 원하는 인재라는 말이 여기저기서 들려온다. 지난해(2022) 통계자료를 보면, 기업 총수의 50%가 재미교포 출신이거나 미국의 유명한 대학 MBA 출신이라는 점도 눈여겨볼 만한 대목이다.

하기야 미국 대학의 분교가 한국에 설치되면서 미국 대학의 학위를 따기 위해 굳이 태평양을 건너가는 사람은 이제 보기 드문 현실이 되어버렸다. 세계화의 기치 아래 한국 대학의 경쟁력을 높인다는 명목으로 외국 대학의 국내 설립을 허용했던 것이 벌써 15년 전(2008)의 일이다.

싱가포르 '대학원 비즈니스'

지난 13일 유럽에 대표적 경영대학원 '인시아드(Insead)'의 싱가포르 캠퍼스. 점심시간을 이용해 몇 명의 학생들이 구내식당에서 식사를 하면서 '리더십' 과목의 수업 내용들을 놓고 토론을 벌이고 있었다. 프랑스식 발음이 섞인 영어로 한 학생이 의견을 내놓자, 인도식 영어를 쓰는 다른 학생이 나선다. 식사를 끝낸 학생들은 빔 프로젝터를 배웠던 각종 최단 시청각 기자재가 완비된 70여석 규모의 강의실로 지행했다.

이 학교의 데이큐 팬디스 이사는 "30~40개국에서 학생들이 모여 모든 수업이 대형 국제회의처럼 진행된다"고 말했다. 3000년부터 학생을 모집한 인시아드 캠퍼스는 교육산업의 구축(構築)보기라에 주목한 싱가포르 정부와 아시아 교육시장의 가능성을 발견한 서구 교육기관의 이해가 맞아떨어진 대표적 사례다.

싱가포르 정부가 '대학원 유치 비즈니스'에 눈을 돌린 것은 IT(정보기술) 배달의 붕괴 조짐이 보이면서부터였다. 자원이 필요없는 '지식산업'을 육성한다는 목표 아래 학생 10~30명당의 수업료가드는 유명 MBA(경영학 석사) 스쿨 및 공학 대학원을 유치에 막대로 정책한 대형원 비즈니스를 지원하는 싱가포르 경제개발청(EDB)은 "하버드나 MIT 등이 있는 미국 보스턴 같은 곳으로 만든다"는 목표를 내걸었다. 이 과정에 처음 싱가포르에 교육과정을

개설한 외국 유명 교육기관만 모두 9곳에 달한다. 인시아드 외에 시카고대학 비즈니스스쿨, 와튼 비즈니스스쿨, MIT, 조지아공대, 존스 홉킨스, 아인트호벤공대, 뮌헨공대 등 지명도 짱짱한 '브랜드'들이다.

지난 10월 30일에는 중국 국가주석 장쩌민(江澤民)을 배출한 상하이 자오통(交通)대학이 싱가포르의 난양공대와 공동 MBA 프로그램을 개발, 첫 신입생을 받았다. 중국에는 수많은경영학 박사들이 필요하기 때문에 경쟁 유치하기 위한 구애(求愛)활동을 많이하고 있다.

▶ 기사 B2면에 계속
/싱가포르=홍석준기자 kpesches.com

〈조선일보〉 2002년 12월 20일

"美보스턴 같은 곳으로 만든다" 목표내걸어
정부가 캠퍼스·건축기금 모금등 적극 도와
인재 배출→다국적 기업 유입 '선순환'

◇싱가포르에 진출한 외국 대학원들

국가	학교	분야
미국	존스 홉킨스	경영공학·의학
	MIT	공학
	조지아텍	공학
	시카고대학 비즈니스스쿨	경영학
	와튼공대	경영학
	아인트호벤 공대	경영학
	[외미대]	경영학
유럽	상하이·자오통대학	경영학

싱가포르에 진출한 외국 대학원들

국가	학교	분야
미국	존스홉킨스	생명공학, 의학
	MIT	공학
	조지아공대	공학
	와튼	경영학
	시카고대학 비즈니스스쿨	경영학
유럽	뮌헨공대	공학
	에인트호벤공대	공학
	인시아드	경영학
중국	상하이 자오퉁대학	경영학

처음 수년 동안은 그래도 국내 명문 대학의 진학률이 외국 대학의 진학률을 멀찌감치 앞섰지만, 시간이 지나면서 그 현상은 서서히 역전되고 말았다. '동문'이라는 사회적 배경이 한동안 국내 대학의 버팀목 역할을 했던 것이 사실이다. 그러나 외국 대학도 서서히 역사를 쌓아 가면서 비슷한 수업료에 더 나은 교육 서비스를 원하는 사람들이 하나둘 늘어가기 시작했다. 이러한 현상을 부추긴 또 하나의 원인이라면 외국 교육 시장 개방에 너무나 안이하게 대처했던 정부와 국내 대학의 자세가 아니었나 생각한다. 더욱이 앞으로 영어 공용화가 진행되면 될수록 국내 대학의 생존은 더욱 어렵게 될 것이 틀림없다.

한국어 학교냐 영어 학교냐?

"취학 전 아동을 둔 학부모들은 벌써부터 영어 학교와 한국어 학교를 놓고 선택의 기로에 섰다고 합니다. 정부는 홍콩에서처럼 영어 학교와 한국어 학교를 학부모와 학생들이 자유롭게 선택할 수 있게 한다고 합니다."

——Today 뉴스 스페셜

관공서에서 서류를 한국어와 영어로 만드는 것은 가능하겠지만, 학교에서 학생들에게 수업을 할 때, 두 언어를 동시에 사용하는 것은 누가 봐도 혼란스러운 일이 아닐 수 없다. 한 문장은 한국어로 하고, 다시 이를 영어로 말한다는 것은 이론적으로는 가능할지라도 실제로는 불가능하다. 또 오전과 오후로 시간을 나누어 한국어와 영어를 번갈아 사용할 수도 없고, 어떤 과목은 한국어로, 또 다른 과목은 영어로만 하기도 어렵지 않나 싶다. 어디 그것뿐인가. 두 언어를 자유자재로 구사하는 교사도 턱없이 부족하거니와, 교사가 충당이 된다고 하더라도 실제 운영의 불편함과 학습의 역효과를 고려해 보면 홍콩의 경우처럼 아예 학교를 나누어 교육을 시키는 방법밖에는 별 도리가 없는 것이 아닌가 하는 생각이 든다. 따라서, 교육부에서도 그동안 이 문제를 고민하다가 홍콩처럼 아예 한국어 학교와 영어 학교*를 따로 만들고 학부모와 학생들이 자유롭게 선택하게 하는 방안을 제시하게 된 것이다.

물론, 영어 학교에서도 한국어 교육을 실시하고, 한국어 학교에서도 영어 교육을 실시하는데, 그 비율은 대략 8 대 2 정도가 될 것이라고 한다. 그렇다면 과연 학부모들은 어느 학교에 아이를 보내고 싶어할까? K의 짧은 소견으로도 그 결과는 불을 보듯 뻔한 문제가 아닌가 싶다. 영어를 잘하기 위해 공용화까지 하는 마당에, 일부러 영어 학교를 마다하고 한국어 학교에 아이를 보낼 학부모가 몇이나 될 것인가. 문제는 바로 여기에 있는 것이다. 엊그제 이러한 문제의 심각성을 엿볼 수 있는 조사 결과가 나왔다. 3대 방송사에서 이 문제에 대해 설문조사를 실시한 결과를 보면, 92%의 학부모들은 자식들을 영어 학교에 보내기를 희망했고, 5%만이 한국어 학교를 희망했으며, 나머지 3%는 아직 결정을 못했다는 것이다.

교육 관계자들이 교육부의 정책이 말은 '자유로운 선택'이지만 실제로는 영어 학교의 비중을 점점 커지게 하는 것이라고 지적하고 있는 것도 이러한 맥락에서 나온 것이다. 나아가 좋은 영어 학교에 입학시키기 위해 4~5세 때부터 입시과외를 받는 사태가 벌어질 수도 있다. 이제 입시지옥이라는 말에 유치원생들마저 자유롭지 못한 신세가 되어 버렸다.

---

* 영어 학교

우리나라에서 영어 교육은 1883년 통리교섭통상사무아문(統理交渉通商事務衙門) 안에 통역관 양성소로 설립된 동문학(同文學)과 1884년 육영공원에서 처음 실시하였으나, 별 성과를 거두지 못하였다. 그러다가 이후 외국과 교섭이 늘어나자 영어 교육의 필요성이 다시 절실해지면서 영어 학교가 설립되었는데, 1894년 2월에 관립으로 설립된 한성영어학교가 바로 그것이다. 이 학교 역시 1906년 '외국어학교령'에 따라 한성외국어학교로 통합되었다가, 1911년 일제에 의해 폐교되었다.

서울 초등학생 과외비율(2002)

구분		비율(%)
학년	5학년	83.4
	6학년	86.6
지역	강남	90.0
	강북	83.6
과목	국어	54.1
	영어	71.5
	수학	77.6
	자연	44.0
	사회	33.5
전체학생		85.0

영어 유치원 교실

자료 : 한국교육개발원

더 나아가 일부 부유층에서는 아예 영어권에서 아이를 낳아 그곳에서 한국어보다 영어를 먼저 습득하게 하려는 움직임이 팽배해 있다는 것은 그리 놀라운 일이 아니다. 20여 년 전(2002) 영어 발음을 좋게 하기 위해 어린아이의 혀를 자르고, 그도 모자라 아예 미국으로 원정출산을 갔던 부모들이 있었음을 생각해 볼 필요가 있다. 당시의 그 아이들이 이제는 어엿한 성인이 되어 보란 듯이 사회생활을 하고 있다. 이제 성인이 된 그 아이들이 자기 아이들에게 어떤 식의 교육을 시킬 것인지는 불을 보듯 뻔한 일이 아닐까.

이러한 이유 때문에 교육부에서 내놓은 영어 학교와 한국어 학교를 선택하라는 방안은 사회 계층의 이질화를 더욱 심화시킬지도 모른다는 우려가 나오는 것도 무리가 아니다. 빈익빈 부익부 현상은 어제오늘의 일이 아니지만, 영어 학교와 한국어 학교를 선택하라고 하면 자연히 부유층들은 영어 학교를 선호하고, 저소득층은 한국어 학교 쪽으로 가닥을 잡지 않겠느냐는 분석이 나오고 있기 때문이다. 특히, 좋은 영어 학교에 입학하기 위해 유치원생들이 엄청난 고액 과외 시장에 내몰리자,

이러한 우려가 현실화되지는 않을까 하는 목소리가 여기저기서 나오고 있다.

국어 시간이 된 영어 시간

"영어는 제2외국어가 아닌 명실상부한 '국어'가 되었습니다. 이제 학교에서는 '영어 시간'도 '국어 시간'이 되고, '영어 선생님'도 '국어 선생님'이 되었습니다."

—Today 뉴스 스페셜

영어 공용화는 '국어'라는 과목의 의미까지도 달라지게 만들었다. 오늘까지 '국어'는 우리 고유어인 '한국어'를 가르치고 배우는 과목이었고, '국어 선생님'은 으레 '한국어 선생님'을 가리켰다. 그러나 이제 한국어는 일주일에 몇 시간만 학습하는 외국어 과목으로 전락하는 것은 아닌가 하는 우려의 목소리가 여기저기에서 흘러나오고 있다. 한국어의 지위가 여실히 드러나는 대목이다. 특히, 영어 학교와 한국어 학교 중에서 하나를 선택해야 하는 현재의 상황에서는 더욱 한국어가 찬밥이 될 수밖에 없다. 영어 학교에도 한국어 과목이 있고, 한국어 시간이 있다고는 하지만, 과거의 제2외국어처럼 취급받는 것이 아닌가 하는 시각도 팽배하다. 하기야 과거에도 영어가 국어는 아니지만 국어에 준하는 '준국어' 정도로 간주되었던 것으로 기억한다. K가 중학교에 다니던 때가 1977년이니, 지금으로부터 46년 전이다. K는 중학교 때부터 영어를 정식과목으로 배웠다. 그 옛날에도 영어는 핵심 과목이어서, 시간도 거의 국어 시간과 맞먹을 정도였다.

당시에도 모국어인 국어가 외국어인 영어에 비해 그 시간이 절대적으로 부족하다는 주장도 많았지만, 시간이 가면 갈수록 영어 시간은 늘어만 갔다. 이렇게 볼 때, 영어 공용화가 되어 공식적으로 한국어와 영어를 함께 사용하기 시작하면 명분상 남아 있던 국어의 지위까지 흔들리게 될지도 모른다. 영어 선생님(아니 이제부터는 '국어 선생님'이라고 불러야 한다)의 80%가 미국인이며, 그나마 나머지는 교포 출신이라는 사실에서 그간의 세계화 과정의 단편을 엿볼 수 있다. 한국어가 공적인 언어의 자리를 영어에 내주고 사적인 언어로 자리를 옮기는 상황에서, 국어 시간이 외국어 시간으로 전락하는 것은 자연스러운 현상이 아닌가 한다. 그나마 사적인 언어로서의 명맥도 얼마나 유지할지 궁금한 일이다.

	한국	대만
1930년	7%	
1931년	7.3%	
1932년	7.7%	22.7%
1940년	15.9%	51%
1945년	27%	85%

연도＼학년	1	2	3	4	5	6
1911	$\frac{10}{26}$	$\frac{10}{26}$	$\frac{10}{27}$	$\frac{10}{27}$		
1922	$\frac{10}{24}$	$\frac{12}{25}$	$\frac{12}{27}$	$\frac{12}{31}$	$\frac{9}{31}$	$\frac{9}{31}$
1938	$\frac{10}{26}$	$\frac{12}{27}$	$\frac{12}{29}$	$\frac{12}{33}$	$\frac{9}{34}$	$\frac{9}{34}$
1941	$\frac{11}{23}$	$\frac{11}{25}$	$\frac{9}{27}$	$\frac{8}{32}$	$\frac{7}{34}$	$\frac{7}{34}$

(왼쪽) 일제시대 한국과 대만의 일본어 보급률. 대만이 일제강점 51년 만에 85% 일본어 보급률을 보이고 있어, 한국도 일제강점이 10년만 더 연장되었더라도 80%에 육박했을 것으로 추정된다.
(오른쪽) 일제시대 초등학교의 일본어 시간. 해방이 가까워질수록 저학년에서 일본어 시간이 더 늘어났다.
— 박홍배(1995)『세계의 자국어교육정책』64~65쪽

영어 이름이 생겼어요!

"내일부터 모든 공공시설물의 표기는 이제 한국어와 영어로 해야 합니다. 도로 표지판은 한국어와 영어로 표기하고, 버스와 지하철 안내방송 또한 한국어와 영어로 하게 됩니다. 거리에도 영어 간판이 당당히 내걸릴 예정입니다. 또한 주민등록증도 바뀐다고 합니다. 현재 한글과 한자로 된 주민등록증은 한글과 영어가 병기된 새로운 카드로 바뀔 예정이라고 합니다."
　　　　　　　　　　　　　　　　　　　　　　—Today 뉴스 스페셜

2023년 1월 1일, 이날은 공공시설물이 이름을 하나씩 더 갖게 되는 날이다. 시청은 'City Hall', 한강은 'Han River', 북한산은 'Bukhan Mountain'이요, 종로는 'Jong Street'이고, 청와대는 'The Blue House'. 그러나 K에게는 영어 이름을 하나 더 갖는 것이 그리 낯설게 느껴지지는 않는다. 영어 공용화 이전에도 도로 표지나 지하철 방송에서 영어를 만나기는 그리 어렵지 않았고, 거리의 간판에서는 오히려 영어가 더 익

숙했으니 말이다. "Next stop is City Hall, You can transfer to green line."이나 McDonald, Music Box, Skypass 등 귀에 익숙한 영어들이 우리 주위에 얼마나 많았던가. 영화 포스터나 텔레비전 광고에서 영어 이름과 영어식 표현은 이제 너무나 자연스러운 것이 되어 버렸다.

여기서 K는 문득 '오라이!'라고 외치며 버스를 두드리던 사람들이 생각난다. 지금으로부터 약 40~50여 년 전쯤이니 1970년대로 기억한다. 시내버스에는 운전사말고도 '차장'이라 불리던 승무원이 있었다. 남자 승무원도 있었지만 대부분은 여자들이 많았는데, 차비를 거슬러주거나, 승객의 승하차시 안전을 책임지는 역할을 맡았다. 물론, 신용카드로 지불이 되는 지금의 버스 풍속도에서 '차장'을 상상하기는 어렵겠지만, 출퇴근 시간이면 터질 것만 같은 만원 버스를 온몸으로 떠받치며 '오라이'를 외쳤던 차장들이 이순간에 불현듯 떠오른다. 그것은 다름 아니라 그들이 외쳤던 '오라이'라는 말 때문이 아닐까? 사실 '오라이'라는 말은 '출발'을 알리는 말이었는데, 그 어원은 영어이고 일본을 거쳐 우리나라에 수입된 말이다. 원어가 'All right'이니, '모든 게 잘 되었으니 출발해도 좋다'는 신호였을 것이다. '오라이'라는 외침은 그 후 '출발'이라는 말로 대체되더니, 차장제도가 없어지자, 그 말도 자연스럽게 사라지고 말았다. 역설적이지만, 영어 공용화가 현실로 다가온 지금의 시각에서 보면 '오라이'를 외치던 그 차장들이야말로 세계화에 앞장 선 셈이 아닌가. K는 지금 '오라이'를 외치던 차장들이 무척 그립다.

'오라이'를 외쳤던 1970년대, 도로 표지판은 물론 한국어로 쓰여 있었다. 그리고 어느 순간에 한국어 옆에 한자어가 병기되어 있었고, 또 한참이 지나자, 그 옆에 영어가 덧붙었다. 이제는 한국어와 영어가 대등하게 표기되는 시대가 되었다. 도로 표지판에 우리 민족의 영욕의 역사가 고스란히 담겨 있는 것이 아닌가 생각해 볼 때, 격세지감을 느끼지 않을 수 없다. 아마도 또 한참이 지나면 영어로만 된 표지판을 볼 날이 오지 않을까 걱정하는 것은 기우일까?

해방 직후 거리 풍경(1945년 10월 전남 광주시 충장로 5가). 일본어 간판도 여기 저기 보이고 미군들이 달아 놓은 영어 표지판도 눈에 띈다.(이경모 사진집 『격동기의 현장』)

K는 문득 지갑 속에서 주민등록증을 꺼내 보았다. 이것도 머잖아 역사의 뒤안길로 사라지게 될 것이라 생각하니, 묘한 느낌이 들었다. 이번에 바뀌는 주민등록증 표기 방식은 내달 1일부터 시행될 것이라고 한다. 따라서, 그 이전까지 주민들은 가까운 동사무소로 기존 주민등록증을 가지고 가서 신청하면 그 자리에서 영문 표기가 들어간 새로운 주민등록증으로 바꿀 수 있다. 이번 ID 카드 정책은 전통적으로 해오던 한국어와 한자어의 병기 방식에서 영어와 한국어 병기로 바꾸는 작업이다. 이는 막대한 예산이 드는 일이지만 영어 공용화가 실시되고 있는 국제적 시대를 맞이하여 국민의 생활을 한층 더 세련되고 편리하게 하려는 취지를 가지고 있다. 그동안 이전의 전통적인 한국어, 한자어 병기 방식이 일상생활에서 크고 작은 불편을 낳았기 때문이다. 이제는 우리나라에 들어와 있는 외국계 은행들이 한국인의 주민등록증을 잘

한국 운전면허증

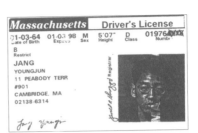

미국 운전면허증

판독하지 못하는 경우는 사라지게 되었다. 관공서나 도로 표지판만 영어 이름을 갖는 것이 아니라 사람들도 영어 이름을 하나 더 갖게 된 것이다.

그런데 이번의 주민등록증 갱신을 놓고 논란이 일고 있다. 문제는 한국어 이름을 영어로 표기할 때 표기법의 원칙이 일관적이지 못하다는 데 있다. 예를 들어, 최철권이라는 사람의 이름을 영문 표기할 때 'Che Ceol Kwon'이라는 표기도 나오고 'Choi Cheol Kweon'도 검색되며 중간에 하이픈을 연결한 'Choi Cheol-Kweon'으로 표기하는 용례도 검출되었다. 주지하다시피 한국어와 영어는 문법 구조뿐만 아니라 빈도 높게 상용되는 음성, 전체 음운 구조도 다르다. 이 때문에 한국어에 특수한 음운을 알파벳으로 변환하여 표기하는 방식이 사람마다 차이가 나곤 한다. 간단한 성씨조차도 이를 로마자로 표기하는 데 혼란이 일고 있다.

우사모의 촛불시위

"우사모(우리말을 사랑하는 모임)가 주도하는 촛불 시위가 어제 광화문에서 있었습니다. 정부의 영어 공용화 발표가 있자, 우사모 회원들이 모국어 사수를 위해 광화문네거리에서 촛불시위를 했습니다."

—Today 뉴스 스페셜

이번 촛불시위는 처음 있는 일은 아니다. 지금으로부터 20여 년 전 (2002) 광화문 일대에서 수많은 어린 학생과 시민들이 참가한 촛불시위를 기억하는 사람이 적지 않을 것이다. K의 뇌리에도 그때의 장면들이 아직도 또렷이 남아 있기 때문이다. 따라서, 촛불시위로만 보면 당시의 시위가 원조인 셈이다. 영어 공용화 발표가 있은 오늘, 비록 적은 수지만 광화문에 모인 우사모의 촛불시위를 보니, 그때의 외침이 다시 귓전에 들리는 듯하다. 당시 촛불시위가 민족의 자존심을 지킨 일대 사건이었다면, 모국어를 지키자는 이번 촛불시위는 민족의 정신을 수호하려는 일대 사건이라고 볼 수 있지 않을까.

'우사모'가 조직된 것은 벌써 25년 전(1997)의 일이다. 영어 공용화론이 대두되자 우리말을 수호하여 민족의 정체성을 고수해야 한다는 모임이 생겨났는데, 그 모임이 바로 우사모이다.

우사모는 대학가를 중심으로 하면서 한국어 지킴이 노릇을 톡톡히

2002년도에 있었던 촛불시위 장면

했었다. 그들의 주장은 언어야말로 그 민족의 정신을 지키는 유일한 무기이자, 생명의 근간이라는 것이다. 우사모가 촛불시위를 벌이자, 한글 관련 단체에서는 잇따른 성명을 발표하고, 영어 공용화 철회를 주장하고 나섰다. 영어 공용화로 인해 결국은 모국어가 사라지게 될 것이라는 극단적인 주장도 제기되었다. 국어학자들도 이에 동조하여 우려의 목소리를 높이고 있다.

그러나 모든 시민들이 이번 촛불시위에 박수를 보내는 것은 아닌 듯하다. 시위의 취지에 공감을 표시하는 사람들도 없지 않으나, 대부분은 시대착오적인 발상이라고 입을 모은다. 20여 년 전의 촛불시위와 다른 점이 바로 이 점이다. "지구촌 시대인 오늘날, 어떻게 모국어만으로 살아갈 수 있는가, 이제 영어를 거부한다는 것은 말도 안 되는 소리"라고 말하는 한 시민의 말에서 우사모의 촛불시위에 대한 또 다른 생각을 읽을 수 있었다. 어떤 중년신사는 "시위할 시간이 있으면 영어 단어 하나라도 더 공부하라."고 말하기까지 한다. 또 이번 촛불시위를 통해 우사

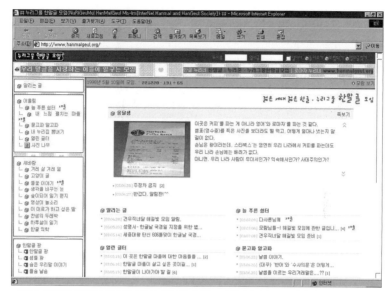

한말글 모임(인터넷에서 우리 말과 글을 사랑하는 통신 모임 동아리들이 1998년에 만든 모임) 홈페이지

모라는 단체가 있다는 것을 처음 알았다는 사람들이 대부분일 만큼, 대다수 시민들의 우리말과 우리글에 대한 관심이 사라지고 있는 것 같다. 이제 영어는 컴퓨터처럼 우리에게 없어서는 안 될 필수품이라는 것이 그들의 생각이다. 문득 간디의 말이 떠오르는 것은 왜일까?

> "수백만 명에게 영어를 가르쳐주는 것은 그 사람들을 노예로 만드는 것이다. ……재판소에 가서는 영어를 써야 하고, 변호사가 되었을 때 모국어를 쓸 수 없어서 다른 사람이 통역해주어야 한다는 것은 가슴 아픈 일이 아니겠는가. 말도 되지 않는 일이 아닌가. 노예제도의 증거가 아니겠는가."
>
> — 데이비드 크리스털(2002) 『왜 영어가 세계어인가』 160~161쪽

모국어를 사용하지 못하고 영어를 사용하는 것을 노예제도의 증거라고 한 말이 가슴에 와 닿는다. 케냐의 작가 응구기 와 시옹고(Ngugi Wa

Thiongo)는 1986년 『식민지적 생각 벗어나기(Decolonising the Mind)』라는 책에서 다음과 같은 말을 했다. 그는 표현의 매체로서 영어를 거부하고 모국어를 주장한 작가로 유명하다.

"유럽의 부르주아들이 우리 경제를 빼앗았듯, 이제는 우리의 두뇌를 다시 훔치는 신식민지 상황을 개탄한다. 18, 19세기에 유럽인은 아프리카에서 예술적 보물을 훔쳐 자기들의 집과 박물관에 장식물로 삼았다. 20세기에 유럽인은 자기네 언어와 문화를 풍부하게 하기 위해 정신적 보물을 훔쳐 가고 있다. 아프리카는 자신의 경제, 자신의 정치, 자신의 문화, 자신의 언어, 그리고 애국심을 지닌 모든 필자들을 되찾아야만 한다."

"영어는 학교교육의 언어가 되었다. 케냐에서 영어는 여러 언어 중의 하나가 아니었다. 영어만이 언어다운 언어였고, 다른 모든 언어는 그 앞에서 머리 숙여 복종해야 했다. 그러므로 가장 창피한 경험 중의 하나는 학교 근처에서 기쿠유어를 쓰다가 발각되는 일이었다. 걸린 아이는 맨살 엉덩이에 석 대에서 다섯 대까지 매를 맞거나 '나는 바보' 또는 '나는 멍청이'라는 글이 쓰인 양철판을 목에 걸고 다녀야 했다."
— 데이비드 크리스탈(2002) 『왜 영어가 세계어인가』 161∼162쪽

세종대왕과 조지 워싱턴

"영어와 함께 내일부터는 미국의 화폐 단위인 달러도 공식적으로 유통됩니다. 이제 상점에서는 두 가지 화폐를 모두 준비해야 하고, 물건값도 원/달러로 각각 표시해야 합니다."
—Today 뉴스 스페셜

영어와 함께 달러*도 공식화가 된다. 영어도 영어지만, 화폐도 달러를 공식적으로 사용하자는 의견이 많았다. 특히, 21세기를 막 들어서던 2002년, 유럽에서 '유로(EURO)'*라는 공용화폐로 화폐를 통일하자, 우리도 세계화의 대세를 좇아 국제적인 화폐를 함께 사용하자는 의견이 나온 것이다. K의 기억을 되살려보면, '유로'와 '달러' 가운데 어떤 화폐를 사용하는 것이 좋은가를 놓고 뜨거운 논쟁이 일었다. 그때의 논쟁 또한 영어 공용화 논쟁에 못지않았다. 그러나 미국과의 밀접한 관계를 고려할 때, 유로보다는 달러가 더 효용성이 클 것이라는 판단 아래 달러를 선호하게 되었고, 이제 내일부터는 영어와 함께 공식적으로 우리 사회에 등장하게 된 것이다.

K가 만난 사람들은 한결같이 달러의 공식적 사용을 환영하는 눈치이다. 특히, 국제무역을 하는 사업가나 외국 출입이 잦은 사람들은 당연히 국지적인 우리 화폐보다는 세계 어디서나 통할 수 있는 달러를 더 선호할 것이 분명하다. 해외 여행을 나갈 때, 번번이 은행에서 외국돈으로 환전을 해야 하는 불편함을 익히 잘 알고 있으며, 또 환율이 오르고 내릴 때마다 사업가들이 일희일비하는 모습을 보아 왔던 터이다. 이제 달러를 공용화폐로 사용하게 되었으니, 세계 어디를 가든, 또 세계 어느 나라와 거래를 하든 환전의 번거로움은 피할 수 있게 되었다. 따라서,

---

* 달러(dollar)
미합중국의 통화단위로, 현재는 미국을 위시하여 캐나다, 홍콩, 싱가포르, 말레이시아, 에티오피아, 라이베리아 등에서도 공용화폐로 사용되고 있다. 1792년 화폐주조법이 제정된 이후 사용되기 시작한 달러는 세계에서 가장 중요한 국제통화이기도 하다.

* 국제통화(international currency)
국제적으로 통용되는 통화를 말하는 것으로, 오늘날은 금과 미국의 달러 및 영국의 파운드를 들 수 있다. 원래는 금이 유일한 국제통화로서 기능하였으나, 세계무역의 발전으로 무역량이 증가하자, 이를 뒷받침할 수 있는 국제통화가 필요하게 되었고, 금과 교환이 가능한 달러와 파운드가 국제통화로 쓰이기 시작한 것이다.

* 유로(EURO)
유럽연합(EU) 회원국들이 통용화폐로 사용하고 있는 유럽 단일통화의 명칭. 유럽연합은 1999년 1월 경제통화동맹(EMU)을 출범시키고 단일통화의 명칭을 '유로'로 하는 데 합의했다.

세계의 각종 화폐들

우리 화폐가 함께 사용된다고는 하지만, 대부분의 거래는 달러가 더 기준이 될 것이라는 것은 쉽게 짐작할 수 있다. 이렇게 되면 우리 화폐는 서서히 뒷자리로 물러앉게 되고, 어쩌면 미래의 한국어와 똑같은 신세로 전락하고 말지도 모른다.

　그러나 K가 여기서 강조하고 싶은 것은 단지 경제적인 가치로서의 달러의 모습만은 아니다. 달러가 가지고 있는 사회문화적 가치를 말하고자 하는 것이다. K는 화폐가 물물교환의 단위이기에 앞서 그 나라의 문화요 얼굴이라는 점을 말하고 싶다. 각 나라마다 저마다의 화폐가 있고, 화폐 속에는 한결같이 저마다의 얼굴이 그려져 있다. 대부분 화폐 속에 담긴 인물들은 그 나라의 위인들이 일반적인데, 예를 들어 우리나라 화폐를 보면, 동전에는 이순신 장군이 새겨져 있고, 천원권에는 이황, 오천원권에는 이이, 그리고 만원권에는 세종대왕*이 새겨져 있다. 미국의 경우도 예외가 아니다. 1달러짜리에는 미국 초대 대통령인 조지 워싱턴이, 5달러에는 16대 대통령인 링컨의 얼굴이, 100달러에는 미국 독립선언서의 기초를 마련했다는 벤저민 프랭클린이 새겨져 있기 때문이다.

이러한 이유 때문에 화폐를 단순하게 물물교환의 단위로만 보아서는 안 되는 것이다.

영어 공용화와 더불어 달러가 공용화폐가 되면서 이제 조지 워싱턴이나 링컨, 그리고 벤저민 프랭클린과 같은 미국의 위인들이 이이나 이황, 그리고 세종대왕과 같은 반열에 오르게 된 것이다. 아니 영어가 위세를 더하면 더할수록, 달러의 위세가 더하면 더할수록 어쩌면 그 이상의 반열에 오르게 될지도 모른다.

여기서 한 미국 학자의 말에 귀를 기울일 필요가 있다. 그는 "미국 화폐의 등장은 단지 화폐 단위가 하나 더 추가되는 것에서 그치지 않고, 그 이상의 상징적 의미를 갖는다."고 말한다. 그는 '한글'이 세계에서 가장 과학적이고 우수한 문자라고 믿고 있는 사람이며, 아직도 한글날이 되면 세종대왕의 영정을 모시고, 떡과 한국 음식을 차려놓고 기념잔치를 벌이는 사람이기도 하다. "세종대왕이 누구인가. 바로 600여 년 전 (1443) 한국의 백성을 위해 나라글을 만드신 분이 아닌가. 따라서, 달러의 등장은 단순한 미국 달러의 등장이 아니라 조지 워싱턴이 한국 사회에 공식적으로 등장하는 것이다."라고 그는 역설하고 있다.

이제 영어가 몰려오고 있다. 바야흐로 영어의 시대가 도래한 것이다. 편리함과 경제성이 영어와 달러를 우리 곁에 가져다주었다면, 어쩌면 그 편리함과 경제성이 우리 곁에서 세종대왕을 앗아가게 하는 요인이

---

* 세종(世宗, 1397~1450)

조선 제4대 왕(재위 1418~1450). 휘(諱) 도(祹). 자 원정(元正). 시호 장헌(莊憲). 태종의 셋째아들로 태어나 1418년에 왕세자에 책봉되었고, 같은 해 8월에 22세의 나이로 태종의 양위를 받아 즉위하였다. 즉위 후 정치 · 문화면에 훌륭한 치적을 쌓았으며, 특히 한글을 창제하는 등 민족문화의 찬란한 꽃을 피운 왕이다.

되지는 않을까. 우리 곁에서 세종대왕이 사라진다는 것은 아마도 한반도에서 한국어가 공식적으로 퇴장하는 것이자 한국의 역사와 문화의 퇴장을 의미하는 것이 아닐까. 영어 공용화의 날이 서서히 밝아 온다.

2장
영어가 자리잡다
영어 공용화 그 후 30년

예상치 않았던 변화

영어 공용화가 실시된 지 30년이 지났다. 세계화와 경제 논리 속에서 국민의 영어 실력을 키워 국가의 경쟁력을 높인다는 취지로 실시된 영어 공용화. 이를 실시할 당시만 하더라도 우려와 걱정의 목소리도 많았고 반대의 목소리도 있었고 민족 문화의 사멸이 눈앞에 보인다며 머리를 깎고 시위하던 극우파들도 있었던 것이 사실이다. 그러나 그 어떤 저항도 국민들의 영어에 대한 열망을 삭이지는 못했다. 이전보다 영어 실력이 훨씬 나아질 수 있다는 데, 그동안의 영어 강박관념을 일시에 해소할 수 있다는 데, 대다수 국민들은 두 손 들어 환영하였다. 아마도 몇 년만 흐르면 영어든 한국어든 자유로운 일등 국민이 될 것이라는 기대는 우리 모두를 부풀게 했다. 영어 공용화는 지난 반세기 동안 영어를 배우려고 갖은 고생을 다했던 역사의 흔적을 말끔히 씻어줄 것이라는 장밋빛 희망이 그때 우리 가슴에는 가득했다. 물론, 어느 정도 혼란이 야기될 것이라는 지적이 없었던 것은 아니지만 정책을 바꿀 만한 정도로 심각한 것은 아니었다. 우리는 영어 공용화를 통해 개인의 삶이 질적으로 향상되는 것은 물론이고 우리나라의 대외 경쟁력도 이웃 나라들을 크게 앞지를 것이라는 기대로 부풀었다.

그런데 영어 공용화가 진행되면서 예상하지 않았던 크고 작은 변화가 나타나기 시작했다. 영어 공용화를 시행하는 초반에 정부는 공적인 생활에서 영어와 한국어를 동시에 사용하도록 하는 원칙을 세웠지만, 그것은 실제 생활에서 수행되기는 사실상 불가능하였고 시간이 지날수록 한국어를 사용하려는 사람들이 급격하게 감소하는 현상이 뚜렷해졌다. 또한, 영어 공용화 실시 이전보다 영어의 비중과 중요성이 훨씬 커져서 영어를 잘하는 교포들이 주요 관직이나 교직에 대거 진출하는 현상이 매년 증가하였다. 또 영어 공용화가 실시되었지만 영어 공부를 위해 자녀들을 외국으로 유학 보내는 부모들은 여전히 나타났다. 이들 부모들은 아이들의 영어가 주위의 영어 환경을 닮아 콩글리시(konglish)로 격하되는 것을 염려했다. 사투리 영어에 물들기 전에 정통 영어를 숙달시켜야 한다는 또 다른 강박관념이 자리를 잡기 시작하였다. 이제는 영어로 의사소통할 수 있는 정도는 되었지만, 거기에서 더 나아가 누가 더 정통 미국 영어를 구사하는가, 누가 더 고급 영어를 사용하는가를 개인을 판단하는 기준으로 적용하기에 이른 것이다. 더구나 영어 공용화가 실시되었지만 국민들의 영어 실력이 균등하게 향상되지 못하는 상황이 나타났고 이에 따른 세대 간, 지역 간 차이가 심화되어, 이는 사회불만 요소로 자리잡기까지 하였다.

그러나 분명히 영어 공용화 이후의 아이들은 이전 세대들보다는 영어를 잘한다. 아이들은 유치원, 초등학교, 중 · 고등학교에서 미국인 교사나 교포들로부터 교육을 받지 않았는가. 드디어 한 세대가 지날 만한 세월이 흐르고 보니 이전의 우리 기성 세대가 꿈꾸던 수준 정도로 아이들의 영어 실력은 나아졌다. 아이들은 미국인 교사나 교포에게서 살아 있는 영어를 배우느라 애쓰는 과정에서 자연스럽게 미국인같이 생각하기, 미국 문화 따라 하기를 몸에 익혔다. 어쩌면 한 언어를 배우려면 그 언어를 잉태한 종주국의 문화를 익히는 것이 당연한 수순일 것이다. 이전의 동양 문화권 안에서 한자와 함께 중국의 모든 문물이 문화의 중심에 있던 역사가 우리에게는 있었다. 이제 우리 아이들은 한국의 전통 문화나 유교적 도덕에 대해서는 잘 모른다. 부모 세대들은 아이가 영어를 소홀히 하여 경쟁에서 뒤질까봐 일부러 한국어와 한국적인 사고, 가치관들을 아이의 환경 속에 들여 놓지 않았다. 결과적으로 아이들의 영어 실력은 향상되었는데, 부모들은 그런 아이들로부터 외면당하거나 원활한 의사소통을 하지 못하고 있는 사람이 많다. 무엇보다도 아이들이 부모 세대와는 완전히 다른 가치관과 사고를 형성하고 있다는 데 문제가 있다.

한국어 학교가 사라지다

2053년 10월 9일 마지막 한국어 학교이던 '세종 한국어 학교'를 폐교한다는 소식이 아침 신문에 실렸다. 매년 입학생이 적어서 재정난을 겪고 있다는 소식을 전해 들은 터라 예상은 했지만, 결국 폐교 소식을 듣게 되었다. 해마다 한국어 학교가 문을 닫더니, 드디어 민족적 신념이 가장 강하다던 세종 한국어 학교마저 세계화, 영어화의 물결을 견디지 못한 것이다.

세종 한국어 학교가 공식적으로 개교한 것은 영어 공용화가 막 시작되던 무렵인 지난 2023년쯤이니까 올해로 30주년을 맞이하는 셈이다. 그동안 우리 사회의 급격한 변화 속에서도 세종 한국어 학교는 한국어를 가르치고 보급하는 데 큰 역할을 하였다.

영어와 한국어를 동시에 사용하도록 한다는 정부 방침 아래 만들어진 한국어 학교가 영어 공용화 당시만 해도 지역별로 서너 개씩은 되었다. 정부는 민족 문화의 바탕을 이루어 온 한국어가 사라지는 것을 방치할 수는 없었다. 따라서 이들 특수 목적의 한국어 학교에서는 교육 내용의 전 과정을 한국어로 진행하도록 하고 다만 언어 영역에서만 영어를 학습할 수 있도록 하였다. 어떻게 보면 영어 공용화 이전의 우리 중·고등학교 체제와 비슷한 모습이기도 하다.

정부가 한국어 학교라는 특수학교를 설립한 것은 영어 공용화를 실시하더라도 한국어에 대한 수요는 여전할 것이라는 기대와, 또한 한국어의 보존도 중요한 경제 가치를 가지는 것이라고 생각하였기 때문이다. 그래서 영어 공용화 실시 초기에는 일반 교육 현장에서 한국어와 영어를 동시에 교육할 수 있도록 하는 원칙을 세웠다. 그러나 실제 교육 현장에서는 이 원칙이 혼란만 주고 교육 효과도 없을 것이라는 지적이 시행 초반부터 거세게 제기되었다. 그도 그럴 것이 한 수업 시간 안에 한국어와 영어를 어떻게 동시에 수행할 수 있겠는가? 가끔 동시 통역사들이 두 언어를 통역하여 말하는 것을 보긴 했지만 일상의 교육 환경에서 날마다 그렇게 수업을 진행할 수는 없는 노릇이었다. 결국, 학교마다 재량에 맞게 영어와 한국어 중에서 선택하여 수행하도록 한다는 방침으로 선회할 수밖에 없었다.

이런 발표가 있자마자 당시에 학교 재정이 넉넉하고 학부모들의 경제력이 상위권에 머무는 지역에 있는 학교들은 재빨리 우수한 외국인 교사들을 영입하고, 전 과목을 혹은 몇 과목을 제외한 전체 과정을 영어로 수행하는 영어 학교로 방향 전환을 하였다. 이왕에 영어 공용화가 실시되는 마당에 하루라도 빨리 아이들의 영어 실력을 키워주기 위해서는 영어만 쓰는 학교에 다니는 것이 가장 효율적인 방법이라는 판단을 내린 것이다. 영어 공부를 위해 아이만 미국과 캐나다, 혹은 호주로 보내는 조기 유학을 마다하지 않던 시절에 비하면 지금은 훨씬 안정된 환경에서, 그것도 이 땅에서 그런 환경을 만들어줄 수 있는데, 왜 한국어와 영어를 동시에 사용하는 이치에 맞지 않는 방법을 선택하겠느냐고 그들은 반문했다.

그러나 정부에서는 한국어 학교를 전혀 설립하지 않을 수는 없는 노릇이었다. 주지하다시피 이 사회에는 아직도 한국어에 특별한 감정을 가지고 있는 사람들이 존재하고 있었기 때문이다. 모든 일선의 교육 기관을 영어 학교로 전환하고 나면 그들로부터의 반발이 예상되는 것도 정부의 입장에서는 골칫거리가 아닐 수 없었다. 그래서 정부는 지역마다 몇 개씩 한국어 학교를 세워 운영해 온 것이다.

명분상으로는 학생들이 학교를 정할 때 자신의 기호와 의사에 따라 학교 유형을 선택할 수 있게 되었다. 입학원서를 배부하는 날 아침의 광경을 기자는 잊지 못한다. 내로라하는 강남의 한 영어 학교는 지난 날 우리의 고질적인 입시지옥을 재현하듯 경쟁이 치열하게 펼쳐졌다. 원서를 배부하기 며칠 전부터 그 앞에서 숙식을 하며 기다리는 학부모들로 근

한국 학교 교재와 미국 학교 교재

처의 교통이 마비될 지경이었다. 이에 반하여 한국어 학교는 미달 사태
가 곳곳에서 일어났고 입학 정원의 반도 안 차는 학생으로 학교를 유지
해야 하는 불균형 현상이 반복되었다. 처음부터 영어 학교와 한국어 학
교를 구분하여 설립한 것이 잘못이었다. 국가의 경쟁력뿐만 아니라 개
인의 경쟁력에도 영어 실력이 관건이라는 데 합의를 본 터에 한국어 학
교에 대한 수요가 많을 것이라는 기대는 얼마나 엉뚱한가?

영어 학교와 한국어 학교는 지원 경쟁률뿐만이 아니라 교육 내용과
질에서도 현격한 차이가 났다. 영어 학교는 학습 교재나 내용을 발빠르
게 미국의 교육 과정에 맞추어 들여왔고 교사나 학생들의 의욕도 넘쳤
다. 눈에 띄게 발전하는 자녀들의 영어 실력에 부모들은 어떤 투자도 아
깝지 않다며 대부분 만족해하는 것 같다.

그러나 한국어 학교는 달랐다. 한국어 학교를 지원하는 학생들은 대

부분 저소득층 자녀들이 많았다. 일단 학비가 영어 학교의 절반도 안 되는 현실이 이들 가정의 자녀들에게는 다른 어떤 조건보다 중요한 것이었다. 학교에서는 대부분의 교과 과정을 전통적인 교과서를 그대로 사용하였다. 일례로 국어 교재 첫 단원에 들어가 있는 '우리 조상의 유래'나 사회 교재에 들어가 있는 '전통 문화의 계승'은 요즈음 아이들에게 흥미를 주기 어려운 내용임은 당연하다. 학습 내용을 시대 감각에 맞게 바꾸고 또 아이들의 학습 의욕을 일으킬 만한 교수 방법의 개발도 시급하지만 기자가 취재한 바로는 이 일을 맡아서 수행할 전문 인력도 부족하고 뒷받침할 수 있는 재정도 전혀 마련되어 있지 않아 보였다. 한국어 학교의 아이들은 천덕꾸러기 취급을 받았다. 교사들도 신념을 가지지 못하였고 학생들도 자포자기한 경우가 허다하였다.

노랗게 물들인 머리에 잔뜩 멋을 부리고 교문을 빠져나오는 한국어 학교 학생에게 학교 생활이 어떠냐고 묻자 내뱉 듯이 한 마디 하던 것이 생각났다. "누가 요즘 한국어 써준대요? 우린 취직도 안 돼요." 딴은 그랬다. 영어에 날고 긴다는 사람이 수두룩한데 한국어 배워 밥벌이나 할 수 있었을까……

아이의 영어 편지

김희진(52) 씨는 며칠 전 딸 사만다가 보낸 편지 한 통을 받았다고 한다. 요즘 짜증이 심해지는가 싶더니 급기야는 하루종일 말 한 마디 하지 않으려는 듯 제 방에서 나오지도 않는 딸에게 무슨 일이 있는지 속속들이 알고 싶지만 대화를 통 할 수 없어 김희진 씨는 답답한 마음뿐이라는데……. 사실 아이들과 원활한 의사소통을 하지 못하는 사람이 어디 김희진 씨 한 사람뿐이겠는가. 아이들이 초등학교 고학년이 되면서 점점 부모들과 말을 하지 않으려 들고 나이가 들수록 그런 현상이 더욱 심해지는 요즘, 김희진 씨의 일은 일반적인 부모와 아이들의 갈등 현상의 한 부분이다. 어느 날인가, 길에서 제 또래들과 웃고 떠들고 있는 딸을 만나 희진 씨가 인사를 건네려고 하자 딸이 희진 씨 소매를 끌면서 말을 막더라는 것. 그때 희진 씨는 딸이 왜 그런 행동을 했는지 정확하게 알 수가 없었다고 한다. 다만, 이제는 자신이 딸을 통제할 수 없는 지경에 와 있다는 것만을 슬프게 깨달았다고 한탄했다. 왜 우리 아이들은 친구들과는 즐겁게 생활하면서도 집에만 들어오면 부모들에게는 말문을 닫아 버리고 심지어 적대감을 나타내기까지 하는 것일까?

Dear Mom

You are ruining my life. How could you do that? You made a promise and broke it. You always say parents and children should trust each other. Well I trust you.

Your troubled daughter

Samantha

위는 김희진 씨의 딸 사만다가 엄마에게 보낸 편지 내용이다. 아이는 엄마가 자신의 삶을 엉망으로 만들고 있다고 불평하고 있다. 어떻게 삶을 망쳤다는 것일까? 그러나 그 이유가 무엇이든지 부모에게 서슴없이 자신의 삶을 망쳤다고 말할 수 있는 아이들을 어떻게 받아들여야 할지 난감할 뿐이다. 희진 씨는 그 편지를 읽으면서 자신이 아이와 한 약속 중에 무엇을 지키지 못하였는지를 곰곰이 따져보았다고 했다. 그제서야 사만다가 제발 친구들 앞에서 말 좀 하지 말라고 하던 부탁이 생각났다. 사만다는 엄마의 형편없는 영어 실력과 촌스러운 발음이 말할 수 없이 부끄러웠던 모양이었다. 그렇지만 희진 씨는 그때 딸아이의 완벽한 영어 실력만 자랑스럽게 여겨 오던 터라 딸의 항의가 괘씸하다거나 버릇없다거나 하는 느낌은 받지 못했을 것이다. 대부분의 우리들도 아이들이 멋들어지게 영어를 구사하는 것을 보면 흐뭇하고 대견스러운 마음에 아이의 단점이나 버릇없는 짓은 눈감아주지 않았던가. 그리고 우리 스스로는 자신의 영어 실력이 그렇게 자녀의 자존심을 상하게 하리라고는 생각지 않았다. 우리들에게도 영어를 그리 잘 못하시는 부모가 계시지만 그분들을 부끄럽다고 생각한 적은 없었으니까.

자녀에게 좀더 완벽한 영어 실력을 키워주려고 온갖 노력을 기울인 것이 어디 김희진 씨뿐일까. 태교를 할 때부터 영어 방송을 애써 듣고 아이가 태어난 후에는 모든 청각 환경을 영어에 익숙하도록 꾸며주기 위하여 날마다 프로그램을 맞추어 시청하게 하고, 완벽한 발음을 구사하도록 일주일에 세 번씩 미국인을 초청해서 영어 발음 지도를 받게 하는 것은 그리 유난스러운 일도 아니다. 언어학자들 중에도 조기 언어 교육이 효과적이라고 주장하는 사람들이 많으니 가능하면 이른 시기에 영어 교육을 먼저 시행하는 것이 그만큼 효과적이라는 믿음이 힘을 발휘하고 있다. 거기에 아이의 방을 알파벳 무늬 벽지로 꾸며줄 정도였으니 희진 씨의 열성이 조금 돋보이는 정도였던 셈이다.

왜 그토록 영어와 가까워질 수 있는 환경을 만들려고 노력했느냐는 기자의 질문에 희진 씨의 대답은 시사하는 바가 많다. 지금 우리 사회가 영어 공용화를 실시하고 있다고는 하지만 부모나 환경이 완전히 바뀌지 않으면 아이의 영어 실력이 크게 향상될 수 없을 뿐만 아니라 무엇보다도 본토인의 발음처럼 구사하기에는 어려움이 많다는 것이다. 희진 씨 자신도 대학 시절에 영어 공용화를 맞이하였지만 실제로 미국인 같은 영어를 구사하는 데는 한계를 느꼈다고 한다. 더군다나 세련되지 못한 발음은 늘 그녀를 주눅들게 만드는 요인이었다. 그 당시 희진 씨와 같은 과에 다니던 친구 캐시는 미국에서 태어나 스무 살 넘도록 그곳에서 자란 교포 2세로서 완벽한 영어를 구사했다고 한다. 결국, 대학 졸업 후

희진 씨는 원하는 직장에 응시하였다가 영어를 월등하게 잘하는 캐시에게 밀리고 말았다. 지금은 모두 지나간 얘기라고는 하지만 김희진 씨가 딸만은 그런 일들을 겪지 않도록 해주고 싶은 마음은 이해가 간다. 그래서 어릴 때부터 딸이 완벽한 영어를 구사할 수 있도록 가능하면 한국어 문화권에서 멀어지게 하려고 애를 썼던 것이다. 아이들의 영어 실력은 부모의 열성과 관심에 따라 얼마든지 달라진다고들 하지 않던가. 그 결과로 희진 씨의 딸은 영어를 잘한다. 또래들 중에서도 단연 앞선다. 발음, 세련된 어휘 선택, 고급스러운 문장 표현 모두 미국인과 거의 같은 수준이다.

그런데 사만다가 커가면서 김희진 씨는 딸과 대화를 나눌 기회를 거의 갖지 못했다고 한다. 어쩌면 딸과 대화를 나눌 만한 영어 실력이 김희진 씨에게 없었다고 하는 편이 더 맞을지도 모른다. 자녀와 부모가 마주 앉으면 대개는 영어로 의사소통을 해야 한다. 왜냐하면, 사만다처럼 대부분의 아이들은 한국 말을 잘 못하기 때문이다. 우리들은 아이들에게 한국 말을 배울 기회를 주지 않았다. 오히려 가능하면 완전하게 영어로 사고해야 한다고 가르쳤다. 사만다도 집에서는 물론 학교에서도 영어로 수업을 받고, 친구들과도 영어로 말하고 놀았다. 대부분의 우리 아이들처럼. 그런데 아이들이 커가는 동안 부모들의 영어 실력은 그대로이다. 어쩌면 조금씩 줄어들었다고 하는 것이 더 옳다. 특별히 사회 활동을 하지 않는 엄마들은 실제 생활에서 영어를 사용할 기회가 많지 않은 게 사실이다.

아이들은 엄마에게 하루에도 몇 번씩 "Mom, Please don't say like that. It's shame!"이라고 말한다. 딸에게 부끄러운 존재가 된 어머니, 딸에게 하고 싶은 말을 영어로 번역해야 하는 어머니. 그것이 영어 공용화 이후, 우리가 맞이한 또 하나의 운명이다.

한국의 언어 계층 구조

　최근에 우리 사회에는 부모와 자식 사이에 자연스러운 의사소통이 이루어지지 않아 일어나는 갈등이 또 하나의 사회 문제로 떠오르고 있다. 부모와 자녀 세대 간에 향유하는 문화와 가치관이 차이가 나는 것은 비단 오늘의 현상만은 아닐 것이다. 그러나 지금은 무엇보다도 자연스러운 의사소통이 이루어지지 않음으로써 세대 간의 간격 좁히기가 더욱 어렵다는 데 문제가 있다. 김희진 씨는 딸 사만다가 완전히 외국인처럼 느껴질 때도 있다고 했다. 한국말 발음이 너무 서툴러서 딸이 하는 한국어 한 마디가 낯선 외국인이 하는 한국어보다 어색한 느낌을 준다. 물론, 사만다는 한국어를 읽을 줄도 모른다. 몇 개의 글자를 맞히기는 해도 문장을 이해하거나 뜻을 파악하는 데는 이르지 못한다. 체계적으로 한국어를 공부시킨 적도 없었고 또 그런 환경을 만들어주지도 않았다고 김희진 씨는 고백했다. 이런 상황에서 부모와 자녀들 간의 대화가 깊어지기는 매우 어렵다. 부모가 사용하는 한국어가 아이에게는 낯설고, 자녀에게 간혹 영어로 대화를 시도하는 부모조차도 그 발음과 표현은 아이들에게 놀림감이 되기 일쑤이다. 우리 아이들은 영어 공용화가 자리 잡은 시대에 태어나 지금껏 영어로 의사소통을 해온 세대들이다. 아이들은 일상생활에서 자연스럽게 영어를 사용한다. 친구들과의 대화는 물론이고 아이들이 접하는 매체 환경도 영어로 가득 차 있다. 정부는 공식적으로 국민들에게 한국어와 영어를 함께 사용하도록 권장하고 있지만,

한국어 〉 영어	70대 이상
영어 〉 한국어	30~60대
영어 전용	10~20대

2053년 한국의 언어 계층 구조

실제적으로 그 정책이 수행되기는 어렵다는 것이 곧 드러났다.

영어 공용화가 된 지 30년이 지난 시점에 우리나라는 사용하는 언어 유형에 따라 세 개의 계층이 형성되어 있는 것으로 조사되었다.

10대에서 20대에 이르는 세대는 영어 전용 계층으로서 이들은 일상 생활은 물론 학교 또는 직장에서 영어 문화에 전면적으로 개방되어 있고 아무런 불편함이 없이 영어를 사용하는 계층이다. 그 다음은 30대 후반에서 70대에 이르는 다소 폭넓은 연령 구성을 보이는 계층으로서, 영어가 많이 쓰이기는 하나 여전히 고급 회화나 독해에는 어려움을 느끼고 있으며 한국어에도 어느 정도 의사소통 능력이 있는 것으로 나타났다.

그 다음은 우리 사회의 고령 인구층을 구성하는 70대 이상의 노인들인데, 이들은 영어에는 서툴고 한국어에 더 익숙한 계층이다. 우리 사회의 이 같은 언어 계층 구조는 계층 간의 의사소통이 자유롭게 이루어지기 어렵다는 것을 암시하는 동시에 이들 간의 가치관과 사고에 차이가 있을 수밖에 없는 사회적 맥락을 설명해주기도 한다. 지금 10대들은 영어 공용화가 어느 정도 자리를 잡기 시작한 세상에 태어나 지금껏 영어 교육 제도에 잘 맞게 짜여진 교육 환경의 혜택을 누리며 자라온 세대이다. 영어로 된 교과서, 미국인 선생님에 학교의 모든 활동 안내문이나 성적표도 영어로 적혀 있다. 그렇게 자란 세대들은 부모 세대가 영어를 배우는 데 들였던 만큼 노력이나 애착을 영어에 쏟지 않는데도 이전 세대들보다는 훨씬 영어에 능통하다. 그 아이들에게는 이제 영어가 모국어이다. 이런 영어 능력은 한국의 모든 부모들이 그토록 갈망하던 모습이 아니던가.

그런데 아이들의 부모들인 40대, 50대는 아이들만큼 영어가 능숙하지 않다. 여전히 한국어의 잔재가 남아 있고, 체계적인 영어 교육 환경을 맛본 것은 10대를 훌쩍 넘어 버린 시기였다. 한 마디로 영어 조기 교육의 효과를 경험하기 어려웠던 연령층이다. 그들은 청년 시기에 영어

```
Couns                                                                    e:
 PRO   SEC. #   CRS #              COURSE NAME        TCH #        TEACHER NAME        ROOM
 02   02861 0001 English 6                      156  Sheppard                   210
 03   02871 0002 Reading 6                      156  Sheppard                   111
 04   02885 0001 Science 6                      128  Pace                       111
 06   02893 0001 Math 6                         156  Sheppard                   111
 07   02902 0001 History 6                      156  Sheppard                   112
 08   05120 8100 P.E. Activities                277  Bryndza                    116
 08   04670 8100 Phys. Ed. 6                    279  Lackey                     GYM



                        Page:  1 of 1
```

2053년 중학교 1학년 학생의 학과 시간표. 선생님이 전부 원어민으로 구성되어 있다.

공용화를 맞이하였고, 변화된 환경에 살아남기 위해 영어 공부에 노력을 많이 기울인 세대이다. 그러나 그런 노력에도 불구하고 영어로 이루어지는 언어 생활에는 여전히 어려움을 느끼고 있고 스스로도 늘 만족스럽지 않은 영어 실력으로 갈등을 겪고 있다.

의학 기술이 발달하면서 우리 사회도 노인 인구가 전체 인구의 20% 이상을 차지하는 고령화 사회로 접어들었다. 70대 이상의 노인들이 사회의 한 문화 계층을 형성하고 있는 것은 오늘날의 모든 국가들에서 나타나는 일반적 현상이다. 우리 사회의 노년 계층은 영어 공용화 시대를 살고 있기는 하지만 한국어에 대한 향수가 강하다. 그들은 40대쯤에 영어 공용화를 맞이하였고 그 이후 30년을 영어 공용화의 물결 속에서 살아왔지만 영어는 늘 어려운 대상이다. 여전히 한국어로 된 서적과 신문을 통해 지식을 습득하려고 하는 편이다. 더군다나 직장을 그만둔 후로는 그다지 영어를 써야 할 환경에 놓인 적이 별로 없다.

한국의 세 언어 계층은 저마다 불만이 있다. 아이들은 어른들이 하는 촌스러운 영어가 못마땅하고 노인들은 한국어 하나 못하는 손자들에게서 받는 'Hello' 인사가 반갑지 않다. 아니 무엇보다도 서로가 속시원하게 대화를 할 수 없는 답답한 현실에 놓여 있다.

74

노인 세대들의 말 못하는 심정

얼마 전 우울증에 시달리던 한 할머니가 자살한 사건을 우리는 모두 기억한다. 박 할머니는 평소에 말벗할 상대가 없이 혼자 보내는 시간이 많았다고 한다. 어쩌다가 손자들이 방문을 해도 할머니와는 의사소통이 거의 되지 않아서 소외감을 느꼈다고 한다. 할머니도 영어 공용화 시대를 살아오긴 했지만 특별히 영어를 배울 만한 교육을 받은 것도 아니고 그렇다고 개인적으로 영어를 익힐 기회도 가지지 못한 채 시간이 흘렀다. 그간 손자들이 태어나고 자라면서 할머니를 둘러싼 모든 문화가 낯설게 바뀐 것이다. 단지 박 할머니의 경우뿐만 아니라 할아버지, 할머니들 중 손자들과 대화가 자유로운 사람은 드물다. 이번 박 할머니가 자살한 직접적인 원인이 가족 호칭 때문이었다는 데는 어이가 없다.

모처럼 할머니 댁에 다니러 온 손자 녀석이 할머니 앞에서 제 누나를 'sister'라고 부르는 것을 보고 박 할머니가 'sister'가 아니라 '누나'라고 부르라고 지적한 데서 발단이 된 것이라고 한다. 박 할머니는 이왕에 말을 했으니 이참에 손자에게 간단한 가족 호칭이라도 가르쳐야겠다는 마음을 먹게 된 것이다. 영어와 한국어가 가족 관계를 부르는 호칭이 다른 것은 주지의 사실이다. 영어의 'sister'나 'brother'는 부르는 사람이 남자인지 여자인지 관계없이 상대방의 성별만 구별하는 것인 데 비하여 한국어는 부르는 사람의 성별도 중요하여 여자들끼리는 언니, 동생, 남자들끼리는 형, 아우, 여자와 남자일 때는 누나, 동생 혹은 오빠, 동생이 된다는 사실을 가르쳐주었다. 젊어서 교직에 종사하였던 할머니의 깐깐한 성품으로는 호칭조차 구분 못하는 손자의 말투가 맘에 들지 않았던 것이다.

그런데 손자는 이를 못마땅하게 생각했고 까다로운 호칭법을 자꾸만 강요하시는 할머니의 간섭이 몹시도 싫었을 것이다. 손자는 할머니가

나이수·토리토멘토~ 영어半 일어半
日 노인들 "젊은이 말 못알아 들어"

고이즈미, 국어 보호조치 나서

한국에서처럼 일본에서도 젊은이들의 언어 습관이 사회 문제가 되고 있다.

미국 일간지 뉴욕 타임스는 23일 '조부모들에게 영어 단어의 유행은 '나이수(nice) 하지 않다'는 제목의 기사를 통해 젊은이들의 무분별한 영어 단어 사용으로 기성세대와 신세대 간의 의사 소통이 단절되고 있는 일본의 세태를 꼬집었다.

이러한 세태를 우려해 최근 고이즈미 준이치로 일본 총리는 영어의 확산을 정부가 나서서 막았던 프랑스처럼 일본어 보호 조치를 취하겠다는 뜻을 밝혔다. 고이즈미 총리가 이처럼 발벗고 나선 이유는 3세대가 함께 사는 가정에서 세대 간의 의사 소통이 어려워 사회 문제가 됐기 때문이다.

손자녀들과 함께 사는 올해 79세의 고마타 도마츠 할아버지는 "손녀의 말은 물론 식당의 젊은 종업원들 말도 거의 절반 이상 알아들을 수가 없다"고 불만을 토했다.

아직까지 실질적인 규정 등이 도입되진 않았으나 이미 '일본국어위원회'는 최근 유입되는 외국어들을 분석하고 정부와 언론에 인타라쿠티부(영어 단어 interactive), 토리토멘토(treatment)와 같이 불필요하거나 혼란을 야기하는 단어 사용을 피할 것을 권고했다.

그러나 한편에선 영어 단어의 유입이 세계화의 부작용이라기보다는 외국어를 일본식으로 표현하는 가타카나 표기법의 확산으로 볼 수도 있다고 주장한다. 한 언어학자는 "일본인들은 일본어에 대한 열등감을 갖고 있다"면서 이 때문에 젊은이들이 외국어를 일본식으로 표기한 가타카나 단어를 더 선호하게 된 것"이라고 말했다.

김나래기자 narae@kmib.co.kr

〈국민일보〉 2002년 10월 25일

일부러 알아들을 수 없는 빠른 영어로 불만을 쏟아부으며, 할머니로 하여금 얼마나 자신이 할머니를 무시하고 있는지를 실감하게 만든 것이다. 그 일이 있은 뒤에 할머니는 정신적인 충격을 견디지 못하고 우울한 나날을 보내다가 결국은 자살을 하고 만 것이다.

손자들의 말을 못 알아듣는 할머니들. 단지 말이 통하지 않는 것만이 아니라 손자들로부터 공공연히 무시를 당하면서도 이를 묵인해야만 하는 노인 세대들은 설자리를 찾지 못하고 있다. '할아버지 그동안 안녕하셨어요?'라는 정겨운 인사 한 마디를 기대하는 할아버지, 할머니들은 모처럼 만난 어린 손자들이 'How are you doing?' 하며 꼬리말 하나 붙지 않은 'you'로 인사하거나 저희들끼리만 알아듣는 말로 킥킥거릴 때마다 하염없이 서글퍼진다는 것이다. 그분들은 손자에게 걸려 온 전화를 잘 받지 못해 당황했던 적도 많다고 한다. 손자에게 '요즘 공부는 잘

하냐, 뭐 먹고 싶은 것 없냐' 하며 이 말 저 말 나누고 싶어도 마음에만 뱅뱅 돌 뿐 정작 말로는 표현하지 못하고 만다. 얼른 한다는 말이 'O.K' 아니면 'Yes' 하다 보니 손자들로부터 핀잔을 받기 일쑤이다.

인간에게 하고 싶은 말을 다 못한다는 것, 그리고 자신의 문화를 가질 수 없는 것보다 심한 단절감은 없을 것이다. 20세기 초반에 아메리칸 드림을 안고 미국 이민을 결행했던 이민 1세대들과 미국 땅에서 나고 자라 거의 미국인으로 살아가는 이민 2세대들이 겪는 세대 갈등을 21세기 한반도에서 좀더 심하게 겪고 있는 셈이다.

55년 전 미국의 저명한 사회학자 킹슬리 데이비스(Kingsley Davis)는 "근대 서구 사회는 부모와 자식 간의 심한 갈등으로 어려움을 겪고 있다."고 결론지었다. 오늘날 미국 사회의 부모, 자식 간의 첨예화된 갈등에 비추어 볼 때, 그의 결론이 사실에 어긋나지 않음을 우리는 잘 알 수 있다. 부모와 자식 간에 세대 갈등이 일어나는 주 원인은 두 세대 간의 가치관과 태도에 크나큰 차이점이 있다는 사실이다. 사회교육을 통해서 문화가 한 세대에서 다음 세대로 계속 전수되지만, 문화는 또한 각 세대 안에서 많은 변화를 겪게 된다. 카를 만하임(Karl Mannheim)이 지적한 대로 새 세대는 같은 역사적 사건과 사회 조건을 부모 세대와는 다르게 경험하게 되며 이러한 경험의 차이는 부모, 자식 세대 간에 가치관 및 태도에서 커다란 차이를 만든다. 다시 말해서 새 세대는 구세대가 전해준 문화유산을 달리 해석하고 달리 받아들인다.

미국의 이민 가정은 미국 태생의 가정보다 세대 갈등을 더 많이 겪게 되는데, 이것은 부모의 모국과 그 자식들이 태어난 미국 사회 간에 크나큰 문화적 차이가 있기 때문이다. 이민자인 부모는 집에서 영어 대신 자기 모국어를 쓰고, 모국의 전통적 관습에 따르는 반면, 미국에서 난 자식들은 매스 미디어, 학교 교육 및 미국 친구로부터 미국 습관을 빨리 배우게 된다. 어떤 이민 집단은 특히 미국의 가족 제도에 관한 가치관과 아주

상이한 이념을 가지고 있다. 중국에서 시작되어 한국과 일본에 전파된 유교사상이 바로 그러한 미국 것과는 상이한 가족이념이다. 가족 및 친척의 유대관계와 부모에 대한 자식의 효를 강조하는 유교이념은 개인의 독립을 강조하는 미국의 가치관과 큰 대조를 이룬다. "부모에 대한 충성, 존경 및 헌신"으로 정의할 수 있는 '효(孝)' 사상은 부모에게, 특히 아버지에게 자식에 대한 완전한 권위를 부여했다.

…(중략)… 한국은 중국 다음으로 유교의 영향을 많이 받은 나라다. 유교사상의 큰 영향 때문에 남한에서는 아직도 아이들의 부모 및 다른 성인에 대한 복종 및 존경을 강조한다. 미국의 한국 이민 가정에서도 부모는 자녀에 대해 계속 권위를 행사하고자 하는 것은 당연한 일이다. 하지만 미국화된 한국 이민 가정의 자녀들은 부모의 구속에서 벗어나기를 원한다. 따라서 많은 재미 한국 이민 가정은 부모, 자녀 간의 심한 갈등을 피할 수 없다. …(후략)…

— 민병갑 「한일 이민 부모의 유교적 자녀 교육 방법과 한인 이민 가족의 세대갈등」

앞으로 몇십 년이 더 훌쩍 지나, 한반도 안에서 영어 공용이 아닌 영어 전용의 시대로 변화하여 모든 세대가 영어라는 사회적 토대 위에서 성장하고 교육받는 시기가 되면 언어 때문에 나타날 이 같은 세대 갈등은 사라질 것이라고 기대를 하는 사람들도 많다.

미국식 제스처 따라잡기

'제스처 홍보 세미나 직장마다 큰 인기!
당신이 아직도 다음의 동작들을 대화에서 자연스럽게 사용하지 않는다면 세련되지 못한
화자입니다. 영어 대화에 맞는 영어 제스처를 적절하게 연결하여야 합니다.'
—K사 직원 연수 세미나에서

    요즘 직장인들 중에는 영어 표현에 맞는 제스처를 익히느라고 시간을 내는 사람들이 많이 있다. K사에 근무하는 박수용(52) 씨의 경우도 그렇다. 비교적 완고한 유교 집안에서 자란 탓도 있지만 내성적인 성격으로 몸을 크게 움직이고 표정을 다양하게 변화시키는 영어의 몸동작이 어색하기만 하다는 박씨는 이번 직장 내에 마련된 제스처 연수회에서도 연수생들 가운데 가장 낮은 점수를 받지 않을까 걱정이 앞선다고 하였다. "말이야 어떻게든 하겠는데 몸을 때에 따라 움직이는 것은 아직 어렵네요." 그가 쓸쓸한 웃음을 지으며 말했다.

    영어를 완전하게 구사하는 능력이란 실제 의사소통 상황에서 영어에 대한 지식과 이를 활용할 수 있는 능력을 두루 갖추는 것을 말한다. 단순하게 영어 문장을 사용하거나 어휘를 알아맞히는 정도의 수준에서가 아니라 언어에 대한 관념을 완전히 바꾸어야만 한다고 한다. 예를 들면, 발음, 어조, 어휘, 문법 범주 따위의 기본적인 언어 능력뿐만 아니라, 때에 맞는 영어 관용구를 능란하게 사용할 수 있는 능력, 대응 목적에 맞는 제스처나 흉내를 자연스럽게 사용할 줄 아는 능력 등을 모두 갖추는 것을 말한다. 영어 공용화 이후에 직장인들의 평균 영어 실력은 향상되었지만 그들 사이에는 개별적인 차이가 많다. 도전적이고 좀더 수다스

Slow down Wait a second	That's enough I've had enough	Negative response Refusal
I can't hear you	I don't know I've no idea	O.K
Good luck	Oh, I forget	Come here

Barry Tomalin et. al.(1993), *Cultural Awareness*. Oxford Univ. Press

러운 사람이 이 시대에는 오히려 안성맞춤이다.

요즘은 직장마다 자연스러운 영어 표현, 모국어로서의 영어 사용을 위한 교육과 홍보에 관심을 두고 있다. 기성 세대는 아이들과는 달라서 아직은 모국어의 잔재가 간섭 현상을 일으키고 있는 경우가 많다. 이들은 이론적으로는 잘 터득하였으면서도 여전히 실제에서는 한국어에서 사용하는 제스처나 관용 표현 등을 써서 웃음거리가 되곤 한다. 한 영어 학자는 좀더 능숙하게 영어를 사용하려면 한국인이라는 생각을 버리는 것부터 시작해야 한다고 충고한다. 기왕에 영어를 모국어로 선택한 바에야 미국 본토 사람들과 동일한 언어 표현을 사용하는 것이 오히려 국제 사회에서 차별을 받지 않는 길이라고 강조하였다. 그러기 위해서는 무엇보다도 편협한 생각에서 벗어나 세계화 시대에 맞는 가치관을 갖는 것이 중요하다는 것이다. 언어란 결국 사고 방식의 반영이기도 하므로 사고 방식의 일대 전환을 이루면 영어 실력을 혁신적으로 신장시킬 수 있다고 하였다.

핼러윈 데이 공식휴일로 지정하다

2054년 10월 30일 오후 6시

서울 강남 역삼동의 Safeway 매장에는 핼러윈 파티에 쓸 사탕과 호박, 의상을 구입하려는 인파들로 붐벼 주변의 교통 혼잡을 야기하였다. 10월 31일날 밤에는 집집마다 호박 램프(Jack-O'Lantern이라고 부르는 램프)를 켜놓고 유령이나 괴물, 혹은 괴상한 복장을 하고 돌아다니며 'Trick or Treat'라고 귀엽게 흥정을 걸어오는 꼬마 손님들에게 한 움큼씩 사탕이나 초콜릿을 주어야 하기 때문이다. 이날 Safeway측은 평소의 다섯 배나 되는 사탕과 초콜릿을 판매하였으며, 준비한 핼러윈 의상도 모두 동이 났다고 즐거운 비명을 질렀다.

아이와 함께 매장에 나온 한 어머니는 핼러윈 데이*가 이제는 아이

---

* 핼러윈 데이(Halloween Day)

핼러윈 데이는 매년 10월 31일이다. 대개 몇 번째 무슨 요일 하는 식의 일반적인 미국의 휴일이나 명절과는 달리 요일에 상관없이 매년 10월 31일로 정해진다.

일반적으로 핼러윈 데이는 고대 켈트족의 풍습에서 비롯된 것이라는데 그들에게는 11월 1일이 새해의 첫날이었다. 아울러 그 전날인 10월 31일은 산 자와 죽은 자의 세상을 갈라 놓는 장막이 가장 얇아지기 때문에 죽은 자의 영혼이 살아 있는 자의 세상으로 돌아다닐 수 있다고 믿었다.

그리하여 마귀와 귀신으로 분장한 아이들이 각 집을 돌면서 "Trick or treat!"("마귀인 나를 잘

여러 가지 의상을 입고 핼러윈 데이를 즐기는 유치원생들

들이 제일 즐거워하는 날이라고 했다. 아이는 달력에다가 핼러윈 데이를 표시해 놓고 그날이 몇 밤 남았느냐고 하루에도 몇 번씩 물어보곤 했다고 한다. 지난해 핼러윈 데이 때 준비해준 자신의 바구니에 사탕과 초콜릿이 가득 쌓였던 즐거움을 잊지 못하는 거라며 귀띔해준다.

핼러윈 데이는 원래 귀신이나 악령이 자기 집이나 몸에 들어오지 못

대접할래 아니면 마귀의 쓴맛을 한 번 볼래." 라는 뜻) 하고 외치면 겁에 질린 주인 아줌마는 예쁘게 장식한 과자와 사탕을 주어 마귀들을 달래어 보내는 것이다.

핼러윈 데이와 항상 붙어다니는 것이 바로 호박으로 만든 Jack O'Lantern이다. 잘 익은 누런 호박을 사다가 뚜껑을 따고 속을 파낸 다음 무서운 형상의 얼굴을 새긴 후에 안에다 촛불을 켜 놓는 것이다. 악마를 골려준 잭(Jack)을 기리기 위하여 만들었다고도 하고, 그렇게 만든 호박등을 집 앞에 켜 놓으면 악마가 해코지를 안 한다고 하기도 한다.

핼러윈 데이는 미국에서 상당히 큰 잔치다. 어린아이에게는 말할 것도 없고 성인들도 이를 즐긴다. 어떤 조사에 의하면 미국인의 파티 순위 세 번째라고 한다. 아마도 크리스마스와 추수감사절 다음일 것이다. 그러다 보니 부모들은 새로 나온 만화 또는 영화 주인공으로 분장할 수 있는 복장을 아이들에게 사주기 위해 뛰어다녀야 하고, 젊은이들은 나름대로 연회장이나 바를 예약하느라 분주하다.

하도록 무서운 복장을 하고, 또 그해의 곡식으로 풍성한 잔치를 벌이는 아일랜드 켈트족의 토속적 풍습에서 유래한다. 그런데 지금은 그러한 종교적인 색채보다는 하나의 축제나 기념일의 개념으로 받아들인 미국식 핼러윈 데이로 자리잡았다. 이제 세계 곳곳에서는 어린이들이 즐거워하는 축제로 핼러윈 데이가 손꼽힌다.

우리 아이들도 미국 선생님에게서 미국 문화 이야기를 자연스럽게 접하면서 미국 사람들이 잘 하는 놀이, 풍습, 그리고 휴일 등등을 익히고 있다. 우리나라에서 핼러윈 데이 축제는 영어 공용화 이전에 영어 유치원을 중심으로 아이들에게 미국 문화를 체험하게 해주려고 한 데서 시작되었다고 할 수 있다. 이제는 이를 즐기고 기념하는 집들이 매우 많아졌다.

Dear Parents,

Halloween, Wednesday, October 31st – It is almost Halloween time again! We will celebrate with our annual Halloween parade around the two blocks closest to the school. On Wednesday, weather permitting, we leave the school at **12:55PM** going south on Talbot, west on Marin, north on Stannage, and east on Solano. Halloween follows the usual Wednesday schedule for grades $1^{st} – 5^{th}$. No change in kindergarten schedules.

Costumes -- may not be worn to school. Students should bring them in a bag and put them on after they eat lunch. Costumes need to be simple, consistent with District and school rules and appropriate for elementary-age children. Encouraged: Dress as "What I Want to Be When I Grow Up", a profession or job, etc. or dress from your culture or background or children's storybook character's, i.e. Harry Potter, Amelia Bedelia. We want all children and families to enjoy this day at school so NOT ALLOWED – unsafe objects or those looking like weapons, alcohol, drug or tobacco use; overly revealing attire: demeaning a group, religion, ethnicity, culture, language or homophobic references.

중학교 1학년 학생들에게 핼러윈 파티를 알리는 학교 안내장

귀신을 쫓고 한 해의 건강과 행복을 비는 풍속은 우리의 옛 풍속에도 있다. 동짓날 팥죽을 쑤어 먹으면 한 해의 액운과 잡귀가 사라진다는 풍속이 그러했고 정월 대보름에 부럼을 깨물며 그해의 병과 더위를 사라지게 하려는 의식도 그러했다. 마을 사람들이 모여 농악을 울리면서 집집마다 지신밟기를 하며 무병 장수를 기원하거나 마을 앞 어귀에 세워

두었던 장승의 무서운 얼굴도 귀신을 들어오지 못하게 하는 우리의 오랜 토템이었다.

초등학교 아이들은 물론이고 중·고등학생들이 동짓날의 유래나 풍속을 모른다고 나라가 바뀌는 것은 아닐 것이다. 부럼을 깨물지 않아도, 마을 앞의 장승을 인디언의 선사 문화쯤으로 생각하더라도 큰 문제는 없다고들 한다. 모르는 것은 가르치면 된다고들 한다. 그런데 일선 교사들 중에서도 우리의 전통과 풍속이 무엇인지를 정확하게 아는 사람이 많지 않다는 것, 또 해마다 그런 전통 풍속을 지키는 집이 사라지고 있다는 것은 생각해 볼 문제이다. 풍속은 박물관에서 보존되는 것이 아니라, 삶의 곳곳에 혹은 사람들의 마음 속에 살아 있는 것인데, 지식으로 배워야 하는 풍속, 그것도 억지로 배워야 한다면 그것을 우리 문화라고 할 수 있을까? 어쩌면 우리는 영어 공용 시대를 살고 있으니, 우리 문화의 색깔도 그에 맞게 국제화를 지향하는 것이 바람직하지 않을까? 시간이 더 흐르면 그나마 우리 전통 문화나 풍속을 기억하는 사람들도 하나둘씩 사라질 것이다.

오래 전에 보았던 장면 하나가 머릿속에 떠오른다. 2002년 미국 캘리포니아 버클리대학 앞의 텔레그래프 애버뉴. 그곳에는 주말마다 토산품을 파는 노점상들이 모여들어 진기한 시장이 열렸었다. 키 크고 코 높은 백인들 사이로 까만 머리를 길게 땋은 인디언 몇몇이 형형색색의 돌 장신구와 동물의 뼈로 만든 목걸이, 색실로 짠 망토 따위를 팔고 있었다. 각 나라에서 온 구경꾼들이 지나가면서 값을 묻기도 하도 구경도 했다. 그들은 모두 생존에 필요한 영어를 곧잘 했다.

아이들의 혀가 길어졌다

한국 사람들이 외국어로서 영어를 배우던 시절, /f/와 /v/, /l/과 /r/ /θ/와 /ð/를 구분하는 것은 무척 어려운 일이었다. 몇 년씩 영어 공부에 투자하고도 난공불락의 요새처럼 정복하기 어려웠던 영어 발음들. 나이가 들면 들수록 발음은 교정이 되지 않는다는 언어학의 보편 논리에 따라 영어 공용화 이전부터 영어 조기 교육 열풍이 불같이 일어났다. 심지어 한국인의 전형적인 발음 구조를 없애기 위하여 혀를 절개하는 수술까지 마다하지 않았던 광기 어린 일도 있었다. 영어를 잘하는 기준으로 문법이나 단어보다는 원어민에 가까운 발음을 구사하는 것이 가장 내세울 만한 일이라는 통념이 강했다.

지금 아이들에게는 이런 한계는 없다. 특별히 수도권을 중심으로, 영어 환경이 우수한 지역에 거주하는 아이들은 거의 완벽한 영어 발음을 구사하는 것으로 나타났다. 아이들 중에는 미국의 유명한 토크쇼 진행자 흉내를 내는 일이 유행이다. 아이들이 주걱턱 사회자의 특이한 발음과 음성을 그대로 흉내내면 어른들은 배꼽을 잡는다. 외국 연예인의 화법을 흉내내어 말을 할 수 있을 정도로 이제 우리 아이들은 영어에 적합한 발음 구조를 갖추게 된 것일까? 혀를 수술하지 않아도 아이들은 혀가 길어진 모양이다.

상대적으로 아이들은 한국어 자·모음을 다 구사하지 못한다. 코리아 베이직 리서치에서 2053년 7월에 실시한 통계 조사에 따르면(20대 이상 40대 이하 성인 대상), 영어가 공용화되면서 한국 사회에는 급격한 언어의 지각 변동이 일어났다. 제1국어가 한국어에서 영어로 바뀌었다는 것은 두말 할 필요도 없고 불과 30~40년 사이에 한국어 음운 중에서 발음하지 못하는 소리가 있고, 소리 구분을 전혀 하지 못하는 음운도 많은 것으로 나타났다. 조사 대상자 중 85%는 ㅂ와 ㅍ와 ㅃ, ㅈ와 ㅊ와

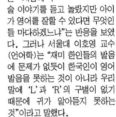
ㅉ, ㄱ와 ㅋ와 ㄲ 같은 파열음* 계열의 세 가지 소리 차이를 구분하지 못했다.

모음 중에서도 ㅗ와 ㅓ를 구분하지 못했으며, ㅡ, ㅢ는 전혀 인식하지 못했고, 이중 모음들(ㅟ, ㅝ, ㅙ, ㅞ)은 거의 발음하지 못했다. 더욱 놀라운 것은 20대들 중에 한국어의 자·모음을 한 개도 인식하지 못하는 학생들도 있다는 사실이다. 그들은 지금까지 한국어는 거의 사용해 보지 않았다고 대답했다.

---

* 파열음(破裂音, plosives)

허파에서 올라오는 공기를 구강 어느 지점에선가 일단 차단시켰다가 차단된 곳을 갑자기 터뜨림으로써 얻는 소리. 영어의 파열음으로는 /p, b, t, d, k, g/가 있는 데 반하여, 한국어는 /ㅂ, ㅍ, ㅃ, ㄷ, ㄸ, ㅌ, ㄱ, ㄲ, ㅋ/와 같이 각각의 조음 위치에서 세 가지씩 분화되어 있다. 따라서, 한국어를 배우는 영어 화자는 이 세 가지를 변별하여 발음하지 못하는 경우가 대부분이다.

● 'F'는 윗니로 아랫입술을 누르고 바람을 내보낸다. fan : 'F앤 fat : 'F앹 ● 'V'는 윗니로 아랫입술을 물고 '브' 발음을 한다. very : 'V에뤼 victory : 'V익토뤼	 〈/f/와 /v/의 조음〉
● 'L'로 시작되는 단어는 앞에 '을' 자를 붙여서 읽으면 정확하며 'R'과의 구별도 가능하다. light : (을) '라잍 lamp : (을) '램프 ● 'R'은 혀를 위로 말아서 '어-'라고 발성을 하며, 이때 혀는 입천장을 닿지 않는다. 또는 '롸, 뤼, 뤠' 등으로 표기한다. picture : '픽,춰-R ready : '뤠디 (연음) '뤠리	 〈/r/의 조음〉
● 'TH'는 혀를 내밀어 윗니에 붙인 후 바람을 밀어낸다. health : '헤얼TH that : (TH) '댙 ● 'Z'는 윗니와 아랫니를 붙이고 혀를 그 뒤로 붙인 뒤 '즈' 발음을 한다. zoo : 'Z우 zipper : 'Z입퍼~R	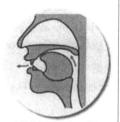 〈/ʃ/와 /ʒ/의 조음〉

인터넷에 소개된 한국방송어학교 음성학 교재 중에서

아이들 중에는 더러 부모의 강요로 한국어를 배우는 학생들이 있다. 이 아이들은 일주일에 한두 번씩 교회나 문화 단체에서 개최하는 한국어 강좌 프로그램을 듣고 있다. 이 문화 단체의 교사는 주로 50대 이상의 한국어를 기억하는 자원 봉사자들로 이루어져 있다. 이들은 초등학교 1학년생부터 중·고등학교 학생까지 다양한 학생들로 구성되어 있다. 한국어의 자모 이름을 배우고 따라 읽는 것에서부터 그 다음에는 글자가 어떻게 구성되는지를 배운다. 그러나 이 모든 과정은 영어로 진행된다. 한국어를 배우기 위해 모인 것이지만 아이들이 진행되는 학습 내용을 알아듣기 위해서는 영어가 아니고서는 불가능하기 때문이다.

6개월째 한국어 교사로 봉사하고 있는 한 봉사자는 이 문화 단체에 오는 아이들 중에는 부모의 강요 때문에 억지로 끌려오는 아이들이 많다고 말했다. 아이들은 자신들이 왜 한국어를 배워야 하는지를 잘 모르고 있으며 수업 시간에도 흥미를 느끼지 못한다고 하였다. 이 아이들은 영영 자녀들과 대화를 하지 못하게 될까 봐, 영어 문화 속에서 너무나 미국적인 가치관으로 살아갈까 봐 걱정하는 어른들에게 끌려온 셈이다. 그러니 효율적인 한국어 학습이 이루어지지는 않는다는 게 솔직한 이야기이다. 아이들은 강좌가 끝나면 곧바로 친구들과 자신들의 익숙한 영어 문화 속으로 다시 들어가고 만다. 예습이나 복습이 생활 속에서 전혀 이루어지지 않고 실제로 필요성도 없는 한국어 학습이 비록 문화 강좌라고 하더라도 계속해서 이루어지기는 어려워 보인다.

"사멸위기 인디언어 구하라"
— 국내 원주민 상당수 영어만 구사, 47개 언어 멸종 직면
북미대륙의 수많은 인디언 언어들이 불과 수십 년 내로 줄줄이 사라질 위기에 놓여 있다.

캐나다 인디언 믹맥족 출신의 여교사 매리 기니시가 작년 가을 한 인디언 보호구역 내 유치원에서 믹맥어 교육 프로그램을 시작했을 때 인디언 아이들이 영어 외에는 다른 언어로 말하는 것을 상상조차 하지 못한다는 사실을 발견했다.

"이들 어린이는 그들이 믹맥족이라는 사실조차, 그리고 자기 조상들의 독자적 언어가 있다는 사실조차 알지 못했다."고 기니시는 지역 신문인 〈텔레그래프저널〉과의 인터뷰에서 밝혔다.

대서양 연안 뉴브런즈윅주에 있는 이 인디언 보호구역 내의 30세 이

하 주민 대다수가 자기 인디언 부족어를 말할 줄 모른다. 뉴브런즈윅 전역에 걸쳐 다른 인디언 부족들의 경우도 마찬가지다.

이 주의 인디언 교육가들은 인디언 부족어들을 사멸 위기로부터 구하기 위해 학교에서 믹맥어, 말리시트어 등 인디언 부족어 교육 프로그램을 정착시켜야 한다는 인식을 갖고 있다. "우리가 지금 시작하지 않으면 앞으로 20년 내로 인디언 말을 하는 사람은 단 한 사람도 없게 될 것"이라고 기니시는 강조했다.

뉴브런즈윅의 믹맥 인디언 부족만이 이 같은 문제를 인식하고 있는 유일한 캐나다인들은 아니다. 일간 〈오타와 시티즌〉지가 최근 보도한 바에 따르면 캐나다 전역에 걸쳐 47개의 인디언 부족어들이 현재 사멸 직전에 놓여 있다는 것.

살아남기 충분할 정도로 널리 말해지고 있는 인디언어는 현재 3개에 불과한 실정이다. 캐나다의 다른 인디언어들은 만약 교육 시스템이 이 문제를 다루지 않을 경우 다음 세기 중 영원히 사라지게 된다.

"오는 21세기 중 상당히 많은 언어들이 사멸할 것임은 의문의 여지가 없다."고 미국 예일대학교 사멸위기 언어 전문가인 더글러스 웨일런이 〈오타와 시티즌〉지와의 인터뷰에서 경고했다.

— 〈코리아타임스〉 1999년 9월 22일

외국 학자들 중에는 한국어의 급격한 쇠퇴와 영어의 급성장에 대해 매우 놀라워하는 사람들이 있다. 그들은 한국 정부가 이대로 한국어를 방치한다면 얼마 안 가서 한국어는 지구상에서 완전히 사멸 언어가 될 것이라고 예측했다. 한 사회학자는 언어 멸종*은 한 문화의 멸종을 의미하는 것으로서 전체적으로는 문화 생태계, 철학 생태계를 파괴할 것이라는 점을 사람들이 반드시 알아야 한다고 경고했다. 그러나 이런 우려의 목소리에 대해 한국 사회 내에서 반향은 거의 없다. 영어 공용화 이후 전 국민의 영어 능력이 평균적으로 신장했으며 이로써 국가의 경제력이나 위상이 한층 나아졌다고 믿는 것이 일반적인 생각이다.

부자들의 영어 나라

영어 공용화를 실시하기 시작하던 무렵부터 지역마다 영어 문화 환경 수준이 같지 않다는 문제가 제기되었다. 서울을 중심으로 한 수도권 지역의 영어 환경과 산간벽지나 도서지역의 영어 문화 환경은 큰 차이가 난다. 일반적으로 영어 문화 환경을 평가하는 기준으로는 확보된 우수한 교원 수, 현대적 시설과 체계를 갖춘 교육 기관의 수, 습득된 영어

---

* 언어 멸종

2002년 2월 21일 유엔교육과학문화기구(유네스코)는 전 세계 6천여 가지 언어 가운데 절반이 멸종될 위기에 놓였다고 밝혔다. 유네스코는 제3회 세계 모국어의 날을 맞아 발표한 '세계 멸종 위기 언어지도' 보고서에서 각국의 강압적 언어 정책과 유력 언어 사용의 확산으로 사라질 위기에 놓인 언어가 적어도 3천 개에 이른다며, 언어가 사라지면 그것을 통해 표현 가능한 인간의 사고와 지식을 잃는 것이라고 지적했다. 언어에서 단어는 생성되고 유통되다가 소멸된다. 언어의 생산자가 어떤 단어를 만들어내면, 그 소비자인 언중이 새로 만들어진 단어를 사용할 것인지 말 것인지를 결정한다. 현재의 세계는 유력한 언어라고 생각하는 영어를 중심으로 소수의 혹은 경쟁력이 약하다고 생각하는 언어를 멸종시키는 일에 앞장 서고 있다. 캐나다 지리학자인 웨이드 데이비스는 오늘날 사용되는 6천 종의 언어들 중 꼬박 절반은 아이들에게 교육되지 않고 있으며, 사실상 그러한 언어들은 이미 사멸하였다고 하였다. 21세기 말에 이르면 언어의 다양성은 500종으로 감소할지 모른다는 경고를 하였다.

의 피드백이 강화될 수 있도록 해주는 주변 환경 조건을 든다.

영어 공용화 이전에도 지역 간의 교육 환경의 차이가 심해서 여러 가지 문제를 야기하곤 했었다. 교육 환경이 좋다고 소문이 난 지역에는 사람들이 자꾸 몰려드는 바람에 아파트 값이 터무니없이 오르기도 하고, 지역 간의 위화감이 조성되기도 하였다. 이름이 조금이라도 알려진 학원 강사들은 앞을 다투어 강남으로 진출하려고 애를 쓰는 바람에 같은 서울권 안에서도 강남 지역과 다른 지역 간의 불균형이 조장되곤 했다. 이러한 현상은 서울과 지방 도시들 간의 비교로 확대해 보면 더욱 심각했다.

그러면 영어 공용화가 실시된 지 30년이 훨씬 지난 지금은 어떠한가? 모든 사람들이 차별 없이 영어를 배우고 쓰고 하는가? 당국에서는 영어 공용화를 실시할 무렵에는 공용어로 인정된 영어 교육이 이제부터는 모든 국민들에게 자유롭게 그리고 큰 어려움 없이 실시될 수 있을 것이라고 공언했다.

그러나 해가 갈수록 상황은 그렇지가 않다. 처음에는 한국어 학교와 영어 학교를 똑같이 열고 수요자가 원하는 학교를 선택하도록 하였다. 그런데 대부분은 자녀를 영어 학교에 보내기를 희망하여 학교의 불균형이 초래되고 결국 한국어 학교는 모두 문을 닫지 않았는가? 더구나 영어 학교에 수요자가 너무 몰리자 경력과 학력이 우수한 영어 교사의 부족 현상이 현저하게 드러났다. 또한 학생들의 과밀 현상으로 인해 교육 수준이 저하된다고 우려하는 부모들의 목소리도 심심찮게 제기되고 있다.

얼마 전 문을 연 'Ivy English school'은 이런 상황에서 부모들의 기대를 충족할 만하다. 미국의 유명한 아이비 리그 대학들을 연상하게 하는 교명도 유혹적이지만 학교의 운영 체계 또한 부모들의 마음을 사로잡았다. 이곳의 교사들은 몇몇 한국어 강사를 제외하면 전원 원어민으로 구성되어 있으며 한국어 시간을 제외하면 전 과목이 미국 중등학교

과정과 동일하게 진행된다. 이곳에는 학생 전원에게 일대일 개인 튜터까지 배정되어 있다. 흥미로운 것은 이곳에서는 일주일에 두 번 한국어 강좌 시간도 마련되어 있다는 점이다. 아이들이 최소한 부모와 대화를 할 수 있을 정도의 한국어를 배우게 한다는 목표를 내걸고 있는데 이는 욕심 많은 부모들에게는 매력적인 일이 아닐 수 없다. 부모들은 아이가 일상 대화를 할 수 있을 정도의 한국어 실력을 갖추는 것은 여러모로 안심이 된다고 생각한다. 이런 고급화된 교육을 통해 이곳의 아이들은 다음 세대의 한국을 이끌어 갈 엘리트로 성장할 게 분명해 보인다.

인도는 주지하다시피 세계에서 중국 다음으로 인구가 많은 나라이다. 인구 9억에 수도는 뉴델리이다. 인도는 인구만 많은 것이 아니고 세계에서 가장 복잡한 다중 언어 국가이다.* 공용어만도 14개나 되는데 어느 언어도 인구의 3분의 1을 차지하는 언어가 없다. 그러나 인구학적으로만 다중 언어국이 아니고 기능적으로 교육, 행정, 그리고 언론 등의 많은 분야에서 여러 가지 언어가 사용되고 있다. 인도에는 200개 이상의 언어가 있어서 다중 언어 사용은 자연스럽게 학교 교육에 반영된다. 국가의 언어 정책은 소위 3개 언어학습법(three language formula)이라고 불리는

---

* 이중/다중언어 교육(Bilingual / Multilingual Education)
학습자로 하여금 기본적으로 습득한 모국어와는 별도로 하나 이상의 다른 언어 구사 능력을 길러주는 교육을 말한다. 이때 별도로 알게 된 언어를 '외국어'로 보느냐 아니면 제2언어 혹은 제3언어로 보느냐에 따라서 그 개념의 범위가 달라진다. 태어날 때부터 복수 언어 환경을 접한 경우에는 다른 언어를 모국어만큼이나 능통하게 해야 할 것이며 따라서 이때의 이중언어 교육은 '제2, 제3언어'를 가르치는 것으로 교육 목표를 삼게 되고, 단일 언어 환경에서 태어나 줄곧 다른 언어 없이도 생활에 별 문제를 느끼지 못하지만, 세계화·국제화 기운을 타고 경쟁력을 향상시키는 방향으로 이루어지는 언어 교육이라면 '외국어'를 가르치는 것으로 볼 수 있다. 또한 이중언어 교육은 그 능력의 정도에 따라서 구분을 달리하는데 최상론자(maximalist)는 두 개 이상의 언어에 모두 동등하게 도달해야만 진정한 이중/다중 언어자로 보는가 하면 최소론자들(minimalist)은 한 개의 모국어와 제2 혹은 제3언어에 대한 최소한의 능력만 있으면 이중언어로 보고 있다. 그 개념의 차이는 있다고 하더라도 현재 대부분의 나라들에서는 이중언어 교육을 실시하고 있다.

정책에 의해 힌두어, 영어, 지역공동어 등 최소한 세 개의 언어를 가르쳐 왔다. 그런데 최근에는 지역언어로 불리는, 주(州)의 공용어가 거의 따로 있다시피 한데, Hindi, Tamil, Malayalam, Telegu, Kannada, Bengali 등은 사용인구가 1000만이 넘는 언어로서 지역언어로 가르치는 학교가 많다.

소수 언어 어린이는 모국어를 계속해서 배우게 되나 4~5학년이 되면 의무적으로 자연 공용어로 공부하게 되고 자기의 모국어는 하나의 과목 으로만 배울 수 있게 된다. 이러한 언어 선택권은 중등학교로 가면서 제 한하게 되는데 초등학교 단계를 지나면 중퇴하는 학생이 70%나 되므로 대부분의 어린이들은 결국 한 가지의 교육을 매개로 끝나게 된다. 영어 로 수업하는 학교는 정부의 지원을 받지 못하므로 주로 사립학교에 의해 운영되는데 중 · 상류층 부모로부터의 수요가 크다. 초등학교에서부터 영어로 교육받는 어린이들은 고급 학교로 가서도 계속 영어로 교육받게 된다.

—박영순(1997) 『이중/다중언어 교육론』 230쪽

그러나 'Ivy English school'에 입학하는 것은 일반 서민들은 꿈도 꿀 수 없다. 왜냐하면 이 학교의 한달 교육비는 한 학기 대학 등록금보 다 비싸기 때문이다. '그 비싼 학비를 내고 누가 저런 곳을 갈 수 있을 까' 하고 의아하게 생각하는 사람들이 많지만, 오늘 원서 마감을 끝낸 이 학교의 경쟁률은 7 대 1을 웃돌았다. 학교 관계자의 말에 따르면 앞으로 이 같은 고급 교육을 지향한 영어 학교가 더 많이 생겨날 추세 이다.

그렇다고 하더라도 서민들은 전문화된 영어 학교에 진학하기가 어 렵다. 입학 시험에서 전문적인 영어 유치원을 다닌 아이들보다 영어 실 력이 현저히 낮기 때문에 합격을 하기가 쉽지 않다. 고급 영어 전문학 교에 진학하지 못하는 경우, 아이들은 일반 영어 학교에 진학한다. 이곳에서도 영어로 학습이 이루어지지만 교육 내용이나 질의 차이가 매우 크다.

영어로 뭉치고, 영어로 흩어지고

요즘 젊은이들의 삶의 모습을 살펴보는 것은 오늘 우리의 문화를 들여다볼 수 있는 일이기도 하다. 젊은이들은 한 시대의 가치관과 문화를 결정하는 핵심적인 계층이기 때문이다. 한 평범한 젊은이인 스티븐 김의 하루를 들여다보았다. 여느 젊은이들처럼 자신의 인터넷 동호회 소식을 점검하는 것에서부터 스티븐의 하루가 시작된다. 최근 가입한 행성 탐험 동호회까지 합하면 그의 국제적 동호회는 모두 네 가지나 된다. 각 동호회마다 가입자 수가 몇천 명이 넘는 것은 보통이고 회원들의 국적도 다양하다는데…… 인터넷 동호인들끼리는 시시때때로 소식을 올리고 정보를 교환하고 가끔씩 모이기도 한다고 했다. 스티븐 김 군은 오늘 아침 행성 탐험 사이트에서 캐나디안 세이버 제임스가 보내온 새로운 행성 출현 이야기를 들려주기도 했다. 마침 화상 채팅으로 세이버 제임스와 한참 동안 새 행성 이야기를 나누었다고 했다. 이들이 쉽게 친구가 될 수 있었던 것은 이전에 동물 사랑 동호회에 올린 스티븐 김의 기사와 사진을 제임스가 기억하고 있었기 때문이라고 알려주었다. 스티븐 김은 그때 한국에서 자행되는 동물 학대 사진과 글을 올려서 세계 각국의 동호인들로부터 지지와 격려를 받은 바 있었다. 앞으로도 그는 어떤 것이든지 자신이 하고 싶은 대로 세계 여러 나라의 젊은이들과 뜻을 같이하고 결속을 다져 나가겠다고 했다.

자고 나면 그 무슨 인터넷 동호회가 하나씩 결성되는구나 싶을 정도로 요즘 젊은이들은 인터넷을 중심으로 한 응집력이 대단하다. 이들 각 동호회의 구성원들은 민족과 인종이 가지각색인 그야말로 글로벌화의 산물이다. 이들 동호회원들은 인터넷에 자신들의 고유 사이트를 열어 놓고 수시로 회원들끼리 소식을 주고받으며 친목을 다진다.

이들이 국가 간의 경계를 넘어서서 자유롭게 대화를 나눌 수 있는 것은 의사소통에 문제가 없다는 것이 큰 몫을 할 것이다. 공동의 주제와 취미에 대해 자유롭게 영어로 화상 채팅을 하고 이메일을 주고받는 것은 이제 젊은이들에게는 익숙한 생활 풍속도로 자리잡았다.

젊은이들의 인터넷 동호회 문화가 그 자체로는 개인의 취미활동이므로 부정적인 면이 있을 리 없다. 그런데 사정이 이렇게 글로벌화하다 보니 상대적으로 젊은이들의 국가관이 거의 사라지고 있다는 문제점이 나타나고 있다. 인터넷 동호회는 그 특성에 따라 많게는 20여 개 국, 적게는 5개 국 정도에 이르는 다양한 국적의 구성원들로 이루어져 있다. 그들이 모임을 가지고 인터넷으로 서로 정보와 소식을 나눌 때, 국가나 민족 개념은 초월된다. 그들에게는 오직 주제에 맞는 정보 교환과 친분 관계가 중요할 뿐이다.

가끔 자국의 입장과 동호회의 목적이 배치되는 상황에서 젊은이들의 행위가 기성 세대들과 마찰을 일으키는 경우도 발생했다. 전통적인 확고한 국가관과 민족관이 바탕이 된 기성 세대들에게 젊은이들의 행위는 철없고 불쾌하고 반항적인 것으로밖에 비치지 않는다. 요즘 우리 젊은이들에게 국가의 존재는 지도에 나타나 있는 편의적인 구분 이상의 어떤 의식의 대상이 되지 못한다고 탄식하는 사람들까지 있다. 젊은이들의 희망처럼 영어가 평등한 지구촌을 만드는 것일까?

결혼 상대자 선호도 미국인이 1위

영어 공용화 시대를 맞이한 지 어느덧 30년이 지난 시점에 나타난 커다란 사회적 변화의 하나는 국제 결혼을 하는 사람들이 매년 급증하고 있다는 것이다. 그 전에도 국제 결혼의 관례가 없었던 것은 아니다. 그러나 그때의 국제 결혼은 일반 사람들에게는 낯선 일이었고 사회적으로는 냉대의 눈길이 더 많았던 게 사실이다. 당시에는 자발적인 선택이라기보다는 특수한 사회 환경이나 배경에서 이루어지는 국제 결혼이 더 많았다고 할 수 있다. 당시 한반도에 주둔한 미군 병사들과의 결혼이나, 혹은 농촌 총각들과 중국, 필리핀, 말레이시아 등 동남 아시아에서 온 여자들의 단체 국제 결혼이 그 시대의 한 문화였다고 할 수 있다.

그런데 요즘 결혼 적령기에 있는 젊은이들이 선택하는 국제 결혼은 이전과는 좀 달라졌다. 젊은이들의 문화 공간이 세계로 넓어지고 의사소통이 자유로워지면서 젊은 남녀들의 국제 간 만남이 매우 활발하게 이루어지고 있다는 데도 한 원인이 있지만 무엇보다도 우리나라에 미국이나 캐나다 출신의 서구인들이 대거 몰려왔다는 데 더 큰 원인이 있다. 현재 우리나라에 들어온 외국인은 영어 공용화 이전보다 무려 7배나 늘었다. 요즘은 길거리에서 외국인을 만나는 것은 아주 자연스러운 일이 되었다. 조선에 들어온 벽안의 선교사들을 보고 영혼을 빼앗아 가는 귀신 무리들이라고 문을 걸어 잠갔던 오랜 역사의 흔적을 들추지 않아도 불과 40~50년 전만 하더라도 외국인이 지나가면 힐끗힐끗 쳐다보고, 어쩌다 눈이라도 마주치면 애써 관심 없다는 듯 눈길을 돌리던 풍경도 아직 선명한 것 같은데…….

그런데 요사이는 수다스러운 미국인들의 거리 활보로 눈살을 찌푸려야 할 때가 많다. 서울에 들어온 외국인 수만 하더라도 무려 100만에 이른다고 한다. 이들은 이제 어느 거리 어느 골목에서나 만나는 낯익은 얼굴들이 되었다. 그들의 벽안, 흰 피부, 변화무쌍한 말소리도 낯선 장면은 아니다. 젊은 세대는 그들과 문화나 사고의 차이가 없다. 국가와 민족 간의 다양성은 영어를 공용어로 받아들이면서 보편성과 동일성의 색채로 변하고 있다. 더 정확하게 말하면 미국인 동일시 현상이 우리 사회에 유행하고 있다고 할 수 있다. 더군다나 외국인들의 문화가 젊은이들에게 친숙함을 넘어서 우상화되는 경향이 강하게 나타나고 있다. 젊은 여성들은 피부색을 바꾸는 탈색 수술도 마다하지 않으면서 미국인처럼 되기 위해 애를 쓰고 있다. 이런 사회적 분위기 속에서 미국인과 결혼을 열망하는 젊은이가 늘어나고 있다.

미국인 잭 데니얼 씨와 결혼을 앞두고 있는 헬렌 최 양은 새로운 생활에 대한 기대와 앞으로 펼쳐질 미래에 대한 계획으로 마음이 설렌다고 했다. 헬렌

국제결혼 혼인신고 하려면

Q. 국제결혼을 했는데 혼인신고는 어떻게 하나요

A. 외국인은 당사국의 신분법상 미혼임 등을 증명하는 혼인요건증명서 원본과 한국어 번역문 각각 1부, 한국인은 자신의 호적등본 2부가 필요합니다. 가까운 시 구 읍 면사무소에 비치된 혼인신고서 2부를 작성, 본적지나 주소지 호적관서에 신고하면 됩니다. 이 때 만 20세 이상 성인 2명의 증인이 필요합니다. 외국 관청에 이미 혼인신고를 한 경우는 주한 외국공관에서 혼인증명서를 발급 받아 한국인의 본적지 또는 주소지 호적관서에 신고하면 됩니다.

／서울시 사이버민원실

〈한국일보〉 2002년 10월 2일

양은 데니얼 씨와 결혼하는 이유로 2세를 낳으면 외모가 서구적일 뿐만 아니라 영어를 배우는 데도 완벽한 환경이 될 것이기 때문이라는 속내를 굳이 감추지 않았다. 물론, 헬렌 양은 이러한 실질적인 이득보다도 잭에 대한 자신의 사랑과 신뢰가 먼저라는 점을 극구 강조하지만……

얼마 전 코리아 베이직 리서치에서는 졸업을 앞두고 있는 남녀 대학생 200명을 대상으로 선호하는 결혼 대상자를 알아보는 설문을 실시하였다. 조사 결과, 선호하는 결혼 대상자 1위에는 미국인, 2위는 미국 교포, 3위는 캐나다인, 4위에 한국인, 5위에 기타 외국인으로 나타났다.

이러한 사회 현상을 반영이라도 하듯 요즘 새로이 등장한 것이 국제결혼 알선 업체이다. 이들 업체는 국제적인 정보망을 가지고 국제 결혼을 알선해준다. 요즘 젊은이들의 개방적인 사고와 도전적인 성향을 반영해 결혼 업체에서는 여행이나 스포츠 따위를 주선한다거나, 현지 대학으로 유학이나 연수 기회를 주면서 자연스럽게 만날 수 있도록 알선하고 있다.

그 옛날 사진 몇 장 건네주며 중매쟁이 노릇을 하던 시절과는 확연히 다른 양상이다. 젊은이들이 여러 활동 등에 함께 참여하면서 상대방의 성격이나 취미 등을 알아 갈 수 있도록 하는 게 이런 국제 결혼 알선 업체의 주된 목적이라고 한다. 그런데 이 결혼 업체에는 한국인 신청자는 매우 많은 데 비해 미국인 신청자는 적어서, 불균형을 이루고 있다. 또 다른 문제로는 국내에 들어온 미국인들의 신분을 보증할 수 있는 적합한 절차가 없다는 점도 지적할 수 있다. 아무리 젊은이들이 자신들의 취향에 맞춰서 배우자를 선택한다고 하더라도 부모들은 가문도 모르고 혈통도 모르는 자녀의 배우자에 대해 걱정이 많을 수밖에 없다. 정부는 앞으로 더 늘어날 국제 결혼에 대비하여 정부 차원에서 이를 처리할 수 있는 국제 결혼 부서를 마련해야 할 필요가 있다는 여론이 제기되었다.

대한민국은 행복하다

40년 전 영어권 나라로 자녀를 조기 유학 보내려고 안달하는 한국의 실태를 보고 "한국 부모들은 모두 미쳤다"며 미국인들은 조소했었다. 아마 미국인들은 한국 사람들이 얼마나 영어에 목을 매고 있었는지, 그리고 영어를 잘하면 이 땅에서 어떤 기득권을 누릴 수 있는지를 자세히 알 수 없었을 것이다. 조기 유학 열풍이 지나친 것이었음은 분명하지만 당시의 공교육 제도 안에서 영어 교육의 효율을 기대하기 어려웠던 부모들의 심정은 아마도 '어떤 희생을 치르고서라도……'였을 것이다. 이런 마음들이 당시에 '기러기 아빠'라는 유행어를 만들었다. 이 말은 자녀와 아내를 외국 땅에 보내 놓고 혼자만 이 땅에 남아 돈을 벌어야 했던 아버지들을 일컫는 말이다.

이제 '기러기 아빠'나 '미친 부모'라는 말들도 모두 옛말이 되었다. 아이들은 더 이상 외국으로 나가서 영어를 배울 필요가 없어졌다. 영어 공용화로 그 많던 영어 학원의 수가 격감했고, 아침마다 도로를 메우던 영어 학원 버스의 행렬도 추억으로 밀려났다. 우리는 행복해졌다. 아이들도 부모들도 더 이상 꼬부랑 글씨 때문에 그 많은 시간과 돈을 들이지 않아도 되니까 말이다.

이제 아이들은 하루종일 영어 문화 속에 파묻혀 지낸다. 학교에 가면 외국인 선생님께(혹은 교포 선생님들께) 수학, 과학, 역사를 배우고 친구들과 영어로 대화하고 놀며, 집에 와서는 영어 만화를 보고 영어 동화책을 읽고 물론 잠자기 전에 영어 일기 쓰는 것도 잊지 않는다. 아이들이 한국어를 접하는 시간은 가족이 함께 식사를 하는 시간, 학교에서 한국어 공부하도록 배정된 시간, 그게 전부라고 할 수 있다.

간혹 부모들 중에는 아이들이 한국어를 전혀 알지 못하는 데서 불안감을 느끼는 사람도 있다. 그 부모들은 아이와 대화를 하지 못할까봐 걱정을 한다. 또 아이들이 너무나 다른 가치관을 가지는 것을 우려한다.

따라서, 이런 걱정을 하지 않게 아이가 영어만큼은 아니더라도 한국어도 할 수 있기를 바란다. 그런데 부모의 말은 아이들에게 설득력이 없다. 아이가 바라는 교육과 부모가 바라는 교육이 다르기 때문이다. 먼저 한국어를 왜 배워야 하는지를 부모가 자신 있게 정당성을 설명하는 일이 쉽지 않다. 아이들은 영어로 말하고 쓰지만 일상에서 아무런 어려움을 겪지 않는데, 왜 머리 아프게 또 한국어를 배워야 하는지를 이해하지 못한다. 더군다나 한국어는 아이들에겐 이미 발음 자체가 불가능해진 언어이다. 부모가 어설픈 명분으로 이미 영어 문화가 몸에 밴 아이에게 그 당위성을 설득하기는 쉽지 않다. 그렇다고 요즘 아이들이 공부를 하지 않거나 비뚤어져 있다거나 한 것은 아니다. 아이들은 기성 세대들처럼 나름대로 하고 싶은 것이 많다.

서점에서 만난 이애리나(12) 양은 장래에 좋은 소설을 써서 노벨 문학상을 받고 싶다고 하였다. 애리나 양은 벌써 두 편의 단편 소설을 출간한 실력 있는 예비 작가이다. 영어로 된 두 소설 *A girl in the blue house*와 *My love, Clifford!*는 나이에 비해 탄탄한 작품 구성과 섬세한 표현으로 전문 평론가들로부터 칭찬을 받은 바 있다. 문학 소녀인 애리나 양은 책을 읽는 게 가장 큰 즐거움이라고 한다. 오늘은 최근 인기를 얻고 있는 한 영국 작가의 새 소설을 사기 위해 서점에 나왔다는데 얼굴에 흥분과 기대가 넘쳐 보인다.

그런데 상대적으로 한국의 동화에 대한 관심은 사멸되고 있다. 아이들은 한국어로 된 동화책을 읽으려고 하지 않는다. 아주 드물게 한국어를 조금 할 줄 아는 아이들도 있지만 그들조차도 한국어 동화책은 영어 동화책보다 훨씬 재미없는 것으로 평가한다. 여기에는 아이들의 한국어 실력이 형편없다는 데도 문제가 있지만 한국어 작품을 쓰는 작가층이 매우 얇다는 것도 문제이다. 작가층이 얇다 보니 작품이 다양하지 못하고 소재도 빈곤하다. 대부분 30대가 중심인 동화 작가들은 그들 자신도 영어 공용화 시대를 겪은 주인공들이다. 영어로 말하고 쓰며 자라

『인어 공주』 표지 그림   『심청전』 표지 그림

면서 그것을 바탕으로 생각을 키운 사람들이다. 그들에게 한국적인 소재, 더구나 능수능란한 한국어 실력은 기대하기 어려운 것인지도 모른다. 몇몇 젊은이들이 한국의 전통과 역사를 보여줄 수 있는 동화를 쓰려는 뜻을 갖고 있다지만 거센 영어 문화 속에서 살아남기가 점점 어려워지고 있다.

　영어 동화책에 푹 빠진 애리나에게 한국에도 재미있는 전래 동화가 많이 있다고 하자, 자기도 오래 전에 들은 아는 이야기가 있다고 하며 자랑한다. 그런데 애리나가 들려주는 한국의 전래 동화가 기자에게는 낯설었다. 아무리 생각해 보아도 물과 바다에서 자유롭게 살 수 있는 주인공의 이야기는 낯설기만 하다. 집에 돌아오는 길에 곰곰이 생각해 보니까 아마도『심청전』과『인어 공주(Mermaid)』를 섞어 놓은 것 같았다. 어쩌면 그것은 당연한 일인지도 모르겠다. 용왕이 사는 용궁 나라는 우리 아이들의 상상 속에는 없다. 아이들의 상상 속에는 'Triton' 왕*과 일

---

* 트리톤 왕(Triton)
미국의 월트 디즈니사가 만든 어린이용 애니메이션 〈인어 공주〉에 등장하는 인어 나라의 왕.
자애롭고 지혜로운 왕이다. 이 애니메이션은 안데르센의 동화『인어 공주』를 신세대적 감각으로 각색하여 새로운 극적 요소를 삽입해 만든 작품. 트리톤 왕은 안데르센의 원작에는 나타나지 않으나 이야기 전개를 위해 애니메이션에 새로이 삽입한 인물이다.

곱 명의 아름다운 금발의 'Mermaid'가 있을 뿐이다.

좋은 영어 이름 짓기

이름에는 문화가 보인다는 말이 있다. 사람의 이름이든 상품의 이름이든 그 안에는 한 시대의 풍습, 유행, 가치관의 색깔이 들어 있기 때문일 것이다.

14세기 한반도의 고려 왕조는 당시 중국을 지배하던 원의 영향에서 벗어나기가 어려웠다. 원은 고려에 공공연히 내정 간섭을 하는 것은 물론이고 왕의 임명이나 세자 책봉에도 간여하였고, 고려는 왕의 이름조차도 몽고 이름으로 짓는 수모를 겪어야 했다. 고려 충숙왕은 어머니가 '야속진'이라는 몽고 여자였고 그 자신은 '아라눌특실리이니'라는 몽고 이름으로 불렸다. 그리고 그의 아들 충혜왕도 '보탑실리'라는 몽고 이름을 가졌다고 한다[『고려사』 충숙왕(1313년), 충혜왕(1339년) 편 참조].

외국 이름 가지기 전통이 우리 땅에서 그렇게 시작된 것인가. 2048년 5월 1일 오늘 정부는 공식적으로 영어 이름을 출생 신고나 공식 서류에 등록할 수 있도록 하는 법을 만들었다. 영어 이름 짓기가 우리나라의 문화로 정착된 것은 이미 오래 전이니까 이번 법 조항은 오히려 뒤늦은 감이 있다.

젊은 부부들 중에는 아기가 태어나기도 전에 멋진 영어 이름을 지어주려고 미국 역사서를 뒤지거나 유명 미국 대학교의 학생 명부까지 살피는 극성을 부리는 경우도 있다. 일부에서는 그런 극성스러운 행태를 놓고 지나치게 미국에 의존하는 것 아니냐며 이맛살을 찌푸리기도 한다. 그렇지만 아이에게 좋은 이름을 지어주어서 아이가 그 이름의 주인처럼 훌륭하게 성장하기를 바라는 것을 나무랄 수도 없다. 메리 김(30)씨는 얼마 전에 아들을 낳았는데 출산 전에 이미 '에이브러햄'이라는 이름을 지어 놓았다고 했다. 물론, 이 이름이 미국의 유명한 16대 대통령 에이브러햄 링컨을 본딴 것이라는 것을 누구나 짐작할 수 있을 것이다.

젊은 부부들이 아이가 태어나기도 전에 이름을 지으려고 하는 열풍은 좋은 영어 이름을 하루라도 먼저 확보하려는 마음 때문이다. 우리 사회에서 영어 이름은 이제 낯선 일이 아니다. 주변에서 한국식 이름보다는 영어식 이름을 듣는 것이 훨씬 자연스럽다.

요즘은 이전의 한국식 이름을 사용하는 것은 촌스러운 일이 되었다. 만약, 누군가가 사람들 앞에서 '영철아!' 하고 크게 부른다면 어떤 상황이 될지를 생각해 보는 것은 재미있는 일이다. 그 이름의 주인공은 아마도 얼굴이 붉어져 당황할 것이고 주변 사람들은 이름의 주인공이 누구인지 보려고 이리저리 둘러볼 것이다. 한국식 이름과 한국식 호칭법 대신에 영어식 이름을 짓는 것이 영어 공용화 시대에 더 잘 어울리는 일이라고 생각하는 것은 당연하다. 태어날 아기의 이름은 물론이고 기성 세대들 가운데도 한국 이름을 영어 이름으로 바꾸는 경우가 해마다 늘어나고 있는 추세이다.

올 한해 동안 40대 이상 기성 세대 중에서 영어로 이름을 바꾼 사람은 전체의 42%에 달했다. 이는 지난해보다 4% 늘어난 수치이다. 젊은이들 사이에는 영어 이름 갖기 문화가 훨씬 만연하다. 젊은이들 가운데 영어 이름만을 사용하는 사람은 전체의 78%에 달한다. 나머지 학생들의 경우에도 한국 이름과 영어 이름을 함께 사용한다고 하니 실제로는 모든 젊은이들이 영어 이름을 사용하고 있다고 말할 수 있다.

이렇게 영어 이름을 선호하다 보니 결과적으로 이름이 같은 경우가 많아졌다. 왜냐하면, 대부분 잘 알려진 영어 이름 중에서 마음에 드는 것을 선택하여 이름을 짓게 되는데, 영어 이름이 생각보다 그렇게 다양하지는 않기 때문이다. 실제로 미국의 경우, 이름(First name)은 보편적으로 불리는 몇 종류가 있을 뿐이고 오히려 성씨(Family name)가 훨씬 다양하게 분화되어 있다. 그런데 우리는 반대로 성씨는 그리 분화되어

창씨와 나

이광수

내가 향산(香山)이라고 하는 씨를 창설함에 대하여 혹은 대면하여서 혹은 서간으로 내 창씨의 동기를 묻는 이가 있다. 대다수는 나의 향산이라는 창씨에 대하여서 비난하지마는 또 그 중에는 찬성하는 이도 있고 창씨에 대한 의견을 묻는 이도 있었다. 오늘 내가 받은 익명인의 편지에는 나의 창씨를 강하게 비난하고 그 동기와 이유를 발표할 것을 요구하였다. 반드시 이 익명인의 서간에 응함만이 아니나, 이때를 당하여 나의 태도에 일언할 필요가 있음을 통감한다.

창씨의 동기

내가 향산이라고 하는 씨를 창설하고 광랑(光郎)이라고 하는 일본적인 명으로 개한 동기는 황송한 말씀이나 천황어명과 독법을 같이하는 씨명을 가지자는 것이다. 나는 깊이깊이 내 자손과 조선민족의 장래를 고려한 끝에 이리하는 것이 당연하다는 굳은 신념에 도달한 까닭이다. 나는 천황의 신민이다. 내 자손도 천황의 신민으로 살 것이다. 이광수라는 씨명으로 천황의 신민이 못 될 것이 아니다. 그러나 향산광랑이 더 천황의 신민답다고 나는 믿기 때문이다.

내선일체*

내선일체를 국가가 조선인에 허하였다. 이에 내선일체 운동을 할 자는 기실 조선인이다. 조선인이 내지인과 차별없이 될 것밖에 바랄 것이 무엇이 있는가. 따라서 차별의 제거를 위하여서 온갖 노력을 할 것밖에 더 중대하고 긴급한 일이 또 어디 있는가. 성명 삼자를 고치는 것도 그 노력 중의 하나라면 아낄 것이 무엇인가. 기쁘게 할 것이 아닌가. 나는 이러한 신념으로 향산이라는 씨를 창설하였다.

(매일신보에 실린 이광수의 글을 현대 국어 맞춤법에 맞추어 풀고 한자의 독음을 달았다.)

있지 않고 성씨 뒤에 붙는 이름에 오히려 개별성을 부여하는 방식이었다. 그런데 영어 공용화 이후 영어 이름으로 바꾸는 과정에서 우리는 전통적인 성씨에 서구식 이름을 결합하는 방식을 취하다 보니 같은 이름이 너무 많아지고 있다.

올해 인명록에 등록된 이름 중에서 여자의 경우는 'Jennifer'와 'Mary' 이름을 가진 동일인이 전체의 8%, 6%를 차지했다. 또 남자들 중 'David'와 'Richard'가 각각 7%, 5%를 차지했다. 한 사회학자는 이렇듯 이름이 같은 사람들이 많아짐에 따라 행정 업무를 처리할 때 혼란이 발생하고, 사건이 발생하면 개인을 일일이 확인하는 데도 시간이 많이 소모됨으로써 예산 낭비를 초래한다고 지적하였다. 그래서 최근에는 서구 사회처럼 중간 이름을 사용하도록 하자는 의견이 제시되고 있고 한편에서는 자유롭게 성을 새로 만들어 사용할 수 있도록 해야 한다는 의견도 나오고 있다. 또 어떤 이들은 성씨도 영어로 바꾸어 완전하게 영어 이름 표기를 하는 것이 좋겠다는 의견을 제시하고 있다. 예를 들면, 왕씨는 King씨, 김씨는 Gold씨, 은씨는 Silver씨, 최씨는 Top씨 등과 같이 하여 개인이 자유롭게 바꿀 수 있어야 한다는 것이다.

---

* 내선일체(內鮮一體)

1937년 일제가 전쟁협력 강요를 위해 취한 조선 통치정책을 말한다. 여기서 '내(內)'라 함은 일본이 제2차 세계대전 전, 그들의 해외식민지를 '외지(外地)'라 부른 데 대한 일본 본토를 가리키는 '내지(內地)'의 첫자이며, '선(鮮)'이란 조선을 가리키는 말로, 일본과 조선이 일체라는 뜻이다. 그들은 이미 1931년 만주사변 때 일만일체(日滿一體)라는 용어를 만들어내기도 했다. 1937년 일본이 중국 침공을 개시하자, 당시의 조선총독 미나미 지로(南次郎)는 이 대륙 침공에 조선을 전적으로 동원·이용하기 위한 강압정책으로 '내선일체'라는 기치를 들고 나섰다. 한민족의 저항을 초기부터 말살·차단하려는 철저한 민족 말살 정책이었다. 이른바 황국신민화(皇國臣民化)라는 미명 아래 일본 왕에게 충성을 맹세하는 구호를 집회 때마다 제창하는 것을 비롯, 신사참배(神社參拜) 강요, 1938년에는 지원병제도로 강제출병, 조선어 교육 폐지 및 일본어 상용(常用), 1940년에는 창씨개명(創氏改名)을 강요하고, 또한 어용학자들을 동원하여 내선동조동근론(內鮮同祖同根論)을 주장하며 그들의 조상이라는 아마테라스오미카미(天照大神)의 신위를 가정마다 모셔야 한다는 양상으로 근원적인 한민족 말살 정책을 폈다. 〈동아일보〉〈조선일보〉 등 양대(兩大) 일간지를 비롯한 조선어로 된 출판물은 언론 탄압 끝에 전면 강제 폐간시켰다.

내 이름이 다른 누구와 같다면 누구에게나 그리 기꺼운 일은 아닐 것이다. 이름이 한 개인의 고유성과 독자성을 나타내는 본의의 가치를 가지려면 무엇보다도 유일해야 한다. 그래서 흔한 영어 이름 대신에 남들이 잘 찾아내지 못한 것이면서 의미가 깊은 이름을 지으려는 사람들의 열망에 부합하여 요즘, 새로운 개념의 '작명소'가 인기이다. '네이밍 스페셜'이라는 회사도 일종의 작명소인데 이 회사는 미국 역사 속의 위인들을 모두 조사해서 이름과 업적을 기록하고 또 미국의 유명한 대학의 학생 명단들을 모두 데이터로 활용하여 영어 이름을 지으려는 소비자들에게 다양한 자료를 제공하며 수입을 올리고 있다. 회사 관계자에 따르면, 고학력의 부모일수록 자녀에게 미국 역사상 위대한 인물의 이름을 지어주려는 열망이 높은 것으로 나타났다.

　　이름은 시대마다 문화의 옷을 입는 것인가 보다. 오랜 역사의 흔적이지만 우리에게는 돌이켜보면 일본이 우리나라를 강점했던 시절 단행하였던 창씨개명*의 사건도 있었다. 이 또한 질곡의 시대가 낳은 하나의 문화였다.

　　지식인으로서 무지몽매한 겨레를 위하여 창씨개명의 계몽 사업에 나선 소설가 이광수가 내세운 것은 '차별 없는 황국신민으로서의 신분'이었다. 이광수가 보기에는 일본의 세력은 영원할 것이고 그렇게 되면 어

---

* 창씨개명

일제가 황민화정책(皇民化政策)의 하나로 강제로 우리나라 사람의 성을 일본식으로 고치게 한 일. 미나미(南次郎) 총독은 부임 후 '내선일체(內鮮一體)'를 내세우며 한국인의 황민화를 꾀해 그 일환으로 1939년 11월 10일 제령(制令) 제19호로 '조선민사령(朝鮮民事令)'을 개정했다. 그 내용은 창씨개명과 서양자제도의 신설이었다. 1940년 2월 11일부터 접수한 창씨제도는 이틀 만에 87건이 접수되었는데, 그 중에는 이광수(香山光郎), 변호사 이승우(梧村升雨), 종로경방단장 조병상(夏山茂) 등이 있었다. 이광수나 문명기(文明琦一郎) 등은 신문에 '선씨(選氏)고심담'을 싣기도 했다. 조선총독부는 8월 10일까지 창씨를 완료하도록 하고, 창씨를 거부하는 자는 불령선인(不逞鮮人)으로 몰아 감시케 했으며 그 자제의 학교입학을 금지했다. 창씨개명은 경찰서 · 지방행정기관의 독려 · 감시 하에 강행되었으며 여기에 친일단체들이 독려강연에 나섰다. 이러한 강압적 조치 아래 기한까지 접수된 창씨는 약 80% 정도였다.

별혜는 밤

윤동주

계절이 지나가는 하늘에는
가을로 가득 차있읍니다.

나는 아무 걱정도 없이
가을 속의 별들을 다 헤일듯합니다.

가슴속에 하나 둘 새겨지는 별을
이제 다 못헤는 것은
쉬이 아츰이 오는 까닭이오,
내일 밤이 남은 까닭이오,
아직 나의 청춘이 다하지 않은 까닭입니다.

별 하나에 추억과
별 하나에 사랑과
별 하나에 쓸쓸함과
별 하나에 동경과
별 하나에 시와
별 하나에 어머니, 어머니,

어머님, 나는 별 하나에 아름다운 말 한마디씩 불러봅니다. 소학교 때 책상을 같이 했든 아이들의 이름과 패, 경, 옥 이런 이국소녀들의 이름과 벌써 애기 어머니 된 계집애들의 이름과, 가난한 이웃사람들의 이름과, 비둘기, 강아지, 토끼, 노새, 노루, "푸랑시스 쟘" "라이너 마리아 릴케" 이런 시인의 이름을 불러봅니다
이네들은 너무나 멀리 있습니다.
별이 아슬이 멀듯이,
그리고 당신은 멀리 북간도에 계십니다.

나는 무엇인지 그리워
이 많은 별빛이 나린 언덕 우에
내 이름자를 써보고,
흙으로 덮어 버리었습니다.

따는 밤을 새워 우는 버레는
부끄러운 이름을 슬퍼하는 까닭입니다.

그러나 겨울이 지나고 나의 별에도 봄이 오면
무덤 우에 파란 잔디가 피어나듯이
내 이름자 묻힌 언덕 우에도
자랑처럼 풀이 무성할게외다.

차피 그도 그의 자손도 황국신민으로 잘 살아야 하는 것이 당면한 문제였다.

그런데 한편에서는 왜 목숨을 걸고 창씨개명에 반대하였을까? 윤동주의 〈별헤는 밤〉이란 시를 통해 당시 우리말로 된 이름을 잃어버리는 것은 어떤 의미였는지를 느껴 볼 수 있을 것 같다. 시에서 윤동주는 창씨개명으로 이제는 더 이상 사용할 수 없게 된 이름은 벌레 같은 삶, 자기 정체성을 잃어버린 삶, 곧 죽음과도 같은 것으로 노래하고 있다. 우리말 이름이 그렇게 중요했을까? 오늘 우리가 서둘러 버리려는 한국어 이름이 그토록 중요한 의미를 가지는 것일까?

우리가 고민하고 선택하여 바꾼 우리의 영어 이름은 적어도 겉으로는 외국인과 우리를 구별할 수 없게 할 것이다. 이광수가 창씨개명을 통해 일본인과 조선인을 구별할 수 없도록 하려 했던 것처럼. 영어를 우리말로 여기고 열심히 갈고 닦는 것도 미국인처럼 되는 것, 세계인이 되는 것을 위한 수단이라는 데 반대할 사람은 없다. 그 길 위에서 영어 이름으로 바꾸는 일이 고민의 대상이 되는 것 같지는 않다.

성조기가 낯설지 않은 아이들

며칠 전 친구네 집에 갔다가 그 집 아들 조나단 킹(8)의 노래를 들었다. 어쩌다가 가족들이 많이 모이는 자리에서 조나단의 노래 무대는 가족들의 단골 신청 메뉴라고 친구가 귀띔을 해주었다. 조나단이 고음으로 "*O, say can you see, By the dawn's early light, What so proudly we hailed, At the twilight' s last gleaming? Whose broad stripes and bright stars, Through the perilous fight, O'er the ramparts we watched, Were so gallantly streaming. And the rocket's red glare, The bombs bursting in air, Gave proof through the night, That our flag was still there. Oh say does that star spangled banner yet wave, O'er the land of the free, and the home of the brave*"의 마지막 구절까지 멋지게 부르자 가족들의 박수가 터져나왔다. 조나단이 어려서부터 이 노래를 자주 듣더니 언제부턴가 자연스럽게 외우더라는 것이다. 이 노래가 미국 국가인 〈The star spangled Banner〉라는 것을 우리는 잘 알고 있다. 이 노래의 멜로디의 웅장함도 웅장함이려니와 노랫말의 의미가 깊어 들을 때마다 가슴이 뭉클해진다는 사람들이 많다.

노래는 무엇보다도 멜로디와 전달하는 가사의 의미가 더해져서 기억에 남는다. 그런데 한국의 〈애국가〉는 그런 점에서 아이들에게 다가가기가 매우 어렵다. 곡 자체도 친숙하지 않지만 무엇보다도 가사의 내용이 진부한 느낌을 주는 게 사실이다. 한국어로 된 가사를 다시 영어로 번역을 해서 가르쳐줘도 '동해'나 '백두산'이 아이들에겐 어떤 상징적인 의미를 가지지는 못하는 모양이다.

모 중학교 아이들이 단체로 축구 경기를 관람하러 가서 성조기 앞에

〈깊고 푸른 밤〉의 한 장면. 이 영화는 미국 시민권을 얻기 위해 미국에 들어와 위장결혼을 한 한 남자가 미국 사회에서 겪는 비애와 갈등을 그린 작품이다.

경례를 하고 예의를 표했다는 보도가 있었다. 어제 올림픽 경기장에서 열린 미국과 스페인의 축구 경기에서 아이들은 성조기를 흔들며 미국을 열렬히 응원하였고 경기가 스페인의 승리로 끝나자 울음을 터뜨린 청소년들이 많았다는 기사와 사진을 본 사람들이 많을 것이다.

일각에서는 이 사건을 두고 영어 공용화 이후 미국과 동일시하는 현상이 이 지경에까지 와 있는가 하는 개탄의 목소리도 있었지만 대부분의 시민들은 이를 심각하게 생각하지는 않는 것으로 나타났다.

그저 정서적으로 민감한 나이에 있는 청소년들이 그들에게 친숙한 미국을 응원한 것은 당연한 일이며 그런 감정을 표현한 것뿐이지 않겠느냐는 반응이다. 아이들은 일체의 언어 생활을 영어로 영위하면서 자연스럽게 미국 국가를 부르며 미국의 역사를 외우고 워싱턴이나 링컨을 존경하고 자라서는 미국인과 결혼하고 싶어하는 열망을 가지고 살아간다. 그들에게 한국과 한국어, 세종과 단군의 의미가 새삼스러워야 할 까닭은 없는 것 같다. 이것들은 그들의 인생 어디에도 한 번도 필요한 적

110

은 없었을 것이다.

그러나 아직도 기성 세대들 중에는 한국의 정통성을 회복하기 위해서 영어를 몰아내고 한국어를 되살려야 한다는 주장을 펼치는 사람들도 있다. 그들은 영어가 공용화되면서 사회 전체가 미국 식민지처럼 물들었는데도 아무도 이런 상황을 심각하게 생각하지 않는 게 더 무서운 일이라고 한다. 그들은 조만간 한국이라는 나라는 세계 지도에서 소리도 없이 사라지고 그저 미국의 한 연방처럼 남게 될 것이라고 울분을 터뜨렸다. 그러나 그들의 의견은 경제의 실리를 모르는, 고리타분한 국수적 발상으로 평가받고 있는 실정이다. 이에 대해 PTA(Parents-Teacher Association, 교사 · 학부모 단체)는 영어 공용화 이후 아무런 사회적 문제 없이 영어가 완전히 이 땅에 자리를 잡아 가고 있는 터에, 영어 공용화를 포기하자는 것은 다시 50년 전의 역사로 되돌아 가자는 망상이라고 맹렬히 비난했다. 50년 전 지금의 노년 세대들처럼 영어를 배우기 위해 새벽부터 학원으로 뛰어다니며 가족들과 헤어진 채 어린 나이에 유학생활을 해야 했던 악몽의 시절과 비교해 보면 요즘은 아이들에게 꿈과 자유를 줄 수 있는 환경이 된 것이라고 그들은 굳게 믿고 있다. 요즘 시대에 한국인이라는 자각을 앞세우는 것은 역사의 흐름에 역행하는 것이라고 비난했다.

3장
영어의 파라다이스가 도래하다
영어 공용화 그 후 60년

영어 공용화의 어두운 그림자

영어 공용화를 시작한 지 60년이 지났다. 전문학자들이나 기자들, 혹은 이와 관련된 일부 인사들을 제외하고는 이 땅의 언어가 영어가 아니라 한국어였다는 사실 자체를 기억하는 사람들도 드물어졌다. 아이들은 영어를 모국어로 하여 태어나고, 자라고, 학교를 다닌다. 사회의 모든 영역에서 영어가 확고한 국어로 자리잡았음은 물론이다. 공공 게시물은 당연히 영어로 작성되어 있고, 학교 수업 역시 영어로 진행된다. 사람들은 영어로 의사소통을 하는 데 아무런 불편도 느끼지 않는 것처럼 보인다.

그러나 기자들의 예리한 시선은 영어 공용화의 어두운 그림자들을 찾아내어 고발하고 있다. 산간벽지에서 교육의 혜택을 받지 못한 사람들은 유창한 영어는커녕, 소통에 필요한 최소한의 영어조차 익히지 못하여 사회의 바닥층을 형성하고 있음을 고발한다. 영어 공용화가 실시된 지 거의 80년에 가까운 세월이 흐른 뒤에도 노벨 문학상을 수상하는 데 실패했다는 소식이 들려온다. 번역이 문제가 아니었음이 드러난 셈이다. 온 국민이 영어를 구사하고, 영어로 문학작품을 쓰고, 영어로 꿈을 꾸지만 우리가 바라던 경쟁력 제고는 요원한 것처럼 보인다.

뿐만 아니라 중국이 세계 강대국으로 떠오르면서 아이들은 이제 모국어인 영어를 제쳐 두고 외국어인 중국어에 더 많은 관심과 열의를 보이고 있다. 2100년의 이 땅은 아직도 국어 문제로 몸살을 앓고 있다.

영어로만 말하는 아이들

서기 2083년. 이 땅에 영어 공용화가 실시된 지 벌써 60년이 지났다. 정책이 시행되던 초기의 찬반 논란과 감정적 저항감도 정부의 강력한 의지로 모두 해결되고, 이중언어 생활로 인한 사회적 혼란도 옛이야기가 되었다. 그것은 자연스럽고도 당연한 것이다. 우리 사회가 얼마나 바뀌었는지 기자인 나처럼 과거의 기록을 들추어보지 않는 사람은 그 변화를 피부로 느낄 수 없을 것이다. 그 정도로 변화의 폭과 깊이가 헤아릴 수 없이 광범위하다. 기억을 되살리기 위해 몇 가지 예를 보자.

> 1980년
> 나는 大學校 圖書館에 가서 讀書를 하고, 親舊와 함께 點心을 먹고 映畫를 觀覽하였다.
> 2025년
> 나는 university library에 가서 book을 read하고, friend와 함께 lunch 를 먹은 후, movie를 watch했다.
> 2080년
> I went to the university library to read books and had lunch with a friend and watched a movie.

사람들은 이렇게 큰 변화가 있었지만, 아무도 영어의 정당성에 의문을 가지지 않는 것 같다. 영어는 전에도 있었고, 처음부터 우리의 언어였고, 앞으로도 영원히 우리의 언어가 될 것으로 생각하는 것 같다. 한 언어가 정착되어 지방의 사투리가 생겨나려면 많은 시간이 흘러야 한다. 가령, 땅덩어리의 크기를 보면 영국은 미국에 비교할 수 없을 정도로 자그마한 나라이다. 그럼에도 불구하고 사투리의 종류로 비교한다면 영국은 미국에 비해 훨씬 더 다양한 사투리들을 가지고 있다. 이는 바로 시간의 축적을 보여주는 단적인 예이다. 그런 의미에서 영어를 공용화한 지 60여 년이 흐른 이 땅에서도 서서히 표준 영어와 지방 사투리 영어가 분파작용을 일으키고 있음은 아주 시사적인 대목이 아닐 수 없다. 벌써 방언이 생길 만큼 이 땅에서 영어의 역사가 오래되었다는 뜻이기 때문이다.

60년의 세월! 역사를 살펴보면, 반백 년 사이에도 왕조가 바뀌고 국호가 바뀌고 민족이 소멸하는 일이 자주 있었음을 알 수 있다. 중국의 5호 16국이 그랬고, 우리의 후삼국이 불과 50년을 넘기지 못했다. 일본이 한국을 점령하여 이 땅을 피폐하게 했지만 그것도 36년으로 종지부를 찍었음을 우리는 잘 기억하고 있다. 그와 함께 강요된 일본어의 사용이 중단되었음은 물론이다.

영어 공용화 60년. 한 언어의 생멸을 논하기에 짧다면 짧은 기간이다. 그러나 한 왕조의 흥망으로 보면 결코 짧은 기간만도 아니다. 아직 지역적으로, 계층적으로 한국어와 영어의 점이지대가 없는 것은 아니나, 영어가 전국을 거의 완벽하게 점령했음은 이제 부인할 수 없는 사실이 되었다.

좀더 사실적으로 말하자면, 문화의 혜택이 덜 미치는 산간벽지나 일부 도서지역을 제외하고는 이제 한국어를 사용하는 사람을 찾아보기가 힘들다. 아이들은 영어로 된 만화책을 보며 즐거워한다. 학생들은 영어로 된 교과서를 사용하고 영어로 노래하고 말한다. 회사는 영어 공용화 이전부터 모든 사원들이 영어를 일상화하고 있었으니 두말 할 필요도 없다. 노인정에서도 할아버지, 할머니들이 서툴지만 그런 대로 통용되는 혹은 그들끼리 통하는 영어를 구사하며 시간을 보낸다.

영어의 사용은 이제 우리의 감정까지도 바꾸어 놓았다. 역사를 참조하는 나같은 기자가 보기에 60년 전의 우리 조상들과 영어 공용화가 실시된 지 60년이 지난 지금의 한국인들 사이에는 분명한 감정적 괴리가 있다. 기록을 보면, 우리 조상들은 한숨과 침묵을 중심으로 하는 감정 체계를 가지고 있었던 것으로 보인다. 그러나 지금의 우리 한국인들은 어떤가. 'Don't worry, be happy'를 모토로 하는 밝고 낙천적인 감정이 지배하는 것으로 보인다.

뿐만 아니라 감정을 표현하는 의성어들 자체도 바뀌었음을 알 수 있다. 감정 표현 의성어들은 의식적 언어 행동이 아니라 거의 동물적 행동에 가깝기 때문에 언어의 변이에도 불구하고 좀체 바뀌지 않는다는 것이 언어학자들의 견해이다. 그럼에도 불구하고 우리는 조상들과 아주 다른 감정 표현 의성어들을 사용하고 있다.

이제 어떤 곳에서도 '아야' 혹은 '어머'와 같은 이상한 말들을 들어 볼 수 없게 되었다. 무조건 반사적으로 튀어나오는 이런 말들이 더 이상 존재하지 않는다는 것은 정말 놀라운 일이지만 사실이다. 사람들은 아주 자연스럽게 'oups'와 'auch'를 사용한다.

감정 표현들의 전면적 영어화와 더불어 사람들의 몸짓까지도 완벽하게 바뀌었다. 말끝마다 어깨를 으쓱하는 것은 물론이거니와 근처에 있

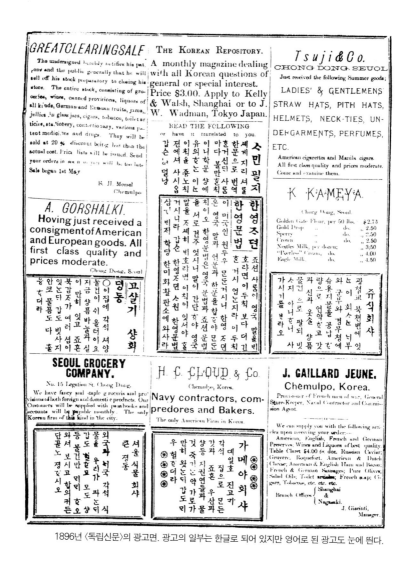

1896년 〈독립신문〉의 광고면. 광고의 일부는 한글로 되어 있지만 영어로 된 광고도 눈에 띈다.

는 사람을 부를 때도 검지손가락을 위로 치켜올려 꼬부려 부른다. 아이들은 이제 부모나 선생님을 부를 때도 'hey you'를 자연스럽게 남발하고 있다.

영어 공용화 이전에 청년기를 지낸 일부 노인들을 제외한다면, 이제 한국어를 아는 사람이 없다. 그러나 그 노년층의 목소리는 공허한 소음

달라진 감정 표현들	
한국어	영어
아야	auch
어머, 앗	oups
응, 그래	aha, umm
어	aha
아이구, 저런	oh, no
제기랄	damn it
맙소사	oh my god, gosh
씨이(발)	bullshit

으로 사라질 뿐이다. 세상은 늘 그렇다. 겪어 보지 않은 과거 경험에 대해 아무리 이야기를 들어도 감동을 느낄 수 없는 것이 인간의 모습이다. 유전자의 획기적인 변화가 일어나지 않는다면, 이러한 특질은 먼 미래에도 바뀌지 않을 것이다.

추측하건대, 60년 전의 우리 조상들도 자신들로부터 반백 년 이상 전에 있었던 한국전쟁에 대해 귀가 닳도록 이야기를 들었어도 결코 피부에 와 닿는 느낌을 경험할 수 없었을 것이다. 또 한국전쟁 이야기를 밥 먹듯 해대는 그 조상들도 조선조 말기의 개화기에 대한 이야기를 들었다 하더라도 아무런 경험적 실체감을 느낄 수 없었을 것이다.

오늘날 대학의 일부 극우파 학생들이 간혹 한국어를 보존하자는 데모를 하는 것을 볼 수 있지만, 그들도 피켓에 영어를 사용하고 영어 구호를 외치는 것을 볼 수 있다. 그렇다면 반백 년을 유지하기 힘든 인간의 집단적 기억이라는 것은 시대를 초월하여 생명력을 가지는 단단한 진리임에 틀림없다.

달라진 언어 문화

영어 공용화는 우리의 욕지거리 문화도 탈바꿈시켰다. 욕은 일반적으로 사회적 금기들과 긴밀히 연결되어 있다. 금기어*를 소위 완곡어*로 바꾸려는 노력은 욕과 불가분의 관련을 맺고 있다. 가령, 우리 조상들의 사회에서는 질병, 성과 배변, 형벌, 동물 등에 관련된 어휘들은 타인을 경멸하거나 저주하는 욕으로 기능하였다. '염병할' 따위는 치료가 어려운 질병을 나타내는 어휘들로 욕이 되었다. '니미', '씨발', '똥 같은' 따위는 특히 유교문화가 강했던 우리 조상들이 터부시하는 성이나 배변과 관련된 욕이었다. 그런가 하면 '육시랄', '부관참시', '구족을 멸할' 등은 형벌의 이름에서 나온 욕들이었고, '개 같은', '쥐새끼 같은' 등은 부정적인 이미지를 가지는 동물들의 이름을 빗대어 욕을 만든 경우였다.

우리 조상들은 이렇듯 아주 다양한 욕지거리 어휘들을 가지고 있었다. 그런데 영어 공용화가 되면서 아이들은 더 이상 이러한 욕말들을 대체할 영어 어휘들을 개발하지 못했다. 욕이란 대개 혈기왕성하고 감정통제가 잘 안 되는 아이들이나 젊은이들이 사용하는 경향이 있다.

그런데 요즈음 아이들은 영어를 모국어로 해서 자라난 아이들이다

---

* 금기어
금기(taboo)는 신성시되거나 추악시되는 사람, 사물, 장소, 행위, 언어 등에 관하여 말하거나 접근하거나 만지거나 하는 행위를 금하고 꺼려하는 것을 말한다. 금기어는 이와 관련된 어휘나 문장을 사용하기를 꺼리는 것을 말한다. 가령, 건물에서 4층은 발음이 죽을 사(死)와 같기 때문에 사용을 피하고 대신에 영어의 'fourth floor'에서 따온 F로 표기하기도 한다.

* 완곡어
사회적 금기(taboo)에 의해 사용이 꺼려지는 어휘들을 대신하기 위해 고안된 어휘들을 말한다. 가령, 직계 존속인 사람의 죽음에 대해 '죽었다'란 표현 대신에 '돌아가셨다'란 표현을 사용하는데, 이때 '돌아가셨다'란 말을 완곡어라고 한다. 그러나 많은 완곡어들은 시간이 지나면서 다시금 금기어로 지위가 낮아지거나 새로운 완곡어에 자리를 내주기도 한다.

보니 그러한 욕말들의 존재조차 알 수 없게 된 것이다. 기껏해야 'damn it, son of bitch, bullshit, fuck' 따위의 영어 욕지거리를 사용하게 되었을 뿐이다.

욕이 없는 사회는 좋은 사회인가? 그러한 판단은 사회학자들이나 윤리학자들의 영역일지 모르겠다. 모든 사회 제도가 그렇듯이, 욕지거리도 사회적 필요에 의해 만들어졌을 것이란 추측을 해볼 수 있겠다. 욕이 단순화되면서 그것이 담당했던 어떤 기능은 분명 다른 부분으로 전이되었을 것이다. 그래서인지는 모르나, 요즈음 아이들은 감정 처리가 잘 안 된다는 말을 자주 듣는다. 욕이란 결국 어떤 불만에서 나오는 것이다. 그런데도 그러한 환경은 아직 말끔히 제거되지 않은 채 어휘들만 사라졌으므로 이는 당연한 결과이다.

요즈음 아이들은 또 우리 조상들이 가지고 있던 풍부한 색채어, 감각어 등을 잃어버렸다. 색깔의 미묘한 차이를 나타내주는 한국어의 다양한 어휘들은 전 세계적으로도 유례가 없었다. 가령, '노랗다'를 보면, 노란, 노르스름한, 누런, 누리끼리한, 샛노란, 싯누런, 누르스름한, 누르푸레한 등등 가히 그 활용형이 끝이 없다. 이를 영어로 표현할 길은 없다. 아이들은 고작 'yellow, yellowish, yellowlike' 등을 알 뿐이다. 물론, 'dark yellow, light yellow, yellowgreen, reddish yellow' 등으로 새로운 용어를 만들어내기도 하지만, 역시 풍부한 어감 차이를 표현할 길은 없다. 감각어도 마찬가지였다. 가령, 한국어에는 배가 어떻게 아픈지를 표현하는 다양한 어휘들이 있었다. 그러나 이것들 역시 영어를 사용하는 요즈음 아이들은 한두 개의 어휘로 만족하고 있을 뿐이다.

친족어* 역시 많은 변화를 겪었다. 한국어를 모국어로 사용할 때는

---

* 친족어
가족이나 친척을 이르는 말을 통칭해서 친족어라 부른다. 친족어는 해당 언어를 사용하는 언중들의 문화구조를 매우 잘 반영하는 특성이 있다. 가령, 영어에서는 나이(age)에 비해 성(sex)이 매우 중요한 분류기준이 되므로 동일배(sibling)를 구분할 때 'brother'와 'sister'라는

다양한 호칭체계가 오히려 편리한 면도 있었을 것이다. 물론, 복잡한 친인척에 대해 일일이 다른 호칭을 사용하는 것이 고역인 사람들도 있기는 할 것이다. 영어처럼 모든 아버지 형제들은 'uncle'이고, 아버지 형제들의 자녀들은 'cousin'이라고 하는 것이 간편하게 보이기는 한다. 그러나 가령 영어로 고모의 아들과 이모의 딸을 구별할 때는 아주 복잡한 수식어들을 사용해야 하는 불편이 있는 것 또한 사실이다.

한국어의 호칭체계를 한번 생각해 보자. 그 복잡성은 세계의 여러 언어들 중에서 가히 그 유례를 찾아보기 힘들 정도이다. 특히, 눈에 띄는 점은 상급자에 대한 호칭이 훨씬 더 다양하게 발달되어 있다는 것이다. 예를 들면, 남자인 '나'를 기준으로 할 때, 나이가 나보다 많은 남자가 '형'이고, 나이가 많은 여자가 '누나'가 된다. 여자인 '나'를 기준으로 할 때, 나이가 많은 남자는 '오빠'이고, 나이가 많은 여자는 '언니'가 된다. 그런데 나보다 나이가 적으면 그때는 내가 여자냐 남자냐에 상관없이 모두 '동생'이 된다. 다시 말해 나보다 상위자 친족에 대해서는 화자의 성별, 나이, 대상자의 성별 등을 고려해 네 가지의 고유어가 있으나, 나보다 하위자 친족은 뭉뚱그려서 단 하나의 고유어가 있는 것이다. 다시 말하면, 우리말의 형제(sibling) 호칭어는 형, 오빠, 누나, 언니, 동생과 같이 다섯 개의 고유어가 비균형적으로 발달되어 있다.

물론, 이러한 언어적 사실이 우리의 독특한 친족관계를 잘 드러내준다는 데는 이의가 있을 수 없을 것이다. 중국어에는 성별과 나이에 따라 구분되어 각각 '兄, 第, 姉, 妹'라는 네 가지의 고유어가 있다. 영어는 나이는 무시하고 오로지 성별만 고려하여 각각 'brother, sister'라는 두

두 가지 기준으로 분류한다. 영어를 사용하는 사회에서는 잘 알려졌다시피 성의 구분이 매우 중요하다. 반면에 태국어에서는 성보다는 나이가 중요하여 연장자를 'phi', 연소자를 'nong'이라 구분하는데, 태국 문화권에서는 남녀의 구분보다 나이의 구분이 매우 중요한 기능을 담당한다. 그런가 하면 한국어에서는 당사자의 성과 나이가 모두 중요하므로 각각 형, 오빠와 누나, 언니로 나누어지지만 연소자는 동생이란 하나의 어휘만을 가진다. 이는 한국 사회가 연장자(seniority)를 매우 중시하는 사회임을 보여주는 예가 된다고 할 수 있다.

세계 여러 나라의 호칭체계

한국어		형가리어	영어	말레이어
동생	형 오빠	bòtya öcs	brother	saudara
	누나 언니	néne hug	sister	

가지로 구분한다. 태국어는 성별은 무시하고 나이만 고려하여 각각 'phi, nong'으로 구별한다. 그런가 하면 말레이어에서는 형제자매에 대한 고유어가 성별과 나이를 모두 뭉뚱그려서 'saudara'라는 한 단어로 불린다.

호칭이 많고 적음은 물론 문화의 반영이니까 좋고 나쁨의 문제가 아니라, 효율적인 언어 사용과 관련된 문제이다. 그러나 이러한 호칭상의 분류는 여기서 그치는 것이 아니라, 문장의 구조에도 영향을 미칠 수밖에 없다. 한국어에서는 문장의 주어가 화자인 '나'보다 상위자이면 용언 어미에 '시'를 붙여야 하고, 청자가 나보다 상위자이면 '~습니다'체를 사용해야 한다. 한국어를 배우는 외국인들은 문장의 주어와 청자에 따라 문장어미가 달라져야 한다는 한국어의 특성을 이해하는 데 많은 어려움을 겪는다. 한국어를 아직 잘 습득하지 못한 외국인이 "선생님, 너가 그랬습니다"라고 말하면, 애교로 넘길 수도 있다. 그런데 같은 한국인이 "당신이 그랬잖아!"라고 말한다면, 이건 그냥 넘어 갈 수 없는 문제가 된다. '너'는 평말이거나 낮춤말이고, '당신'은 높임말인데 왜 그럴까? 그것은 용언의 어미가 전자에서는 '~습니다'체로서 청자에 대한 존중을 표현하고 있으나, 후자에 사용된 '~아' 어미는 반말투이기 때문이다.

이에 반해, 영어에서는 성별의 구별이 중요하니까, 대명사가 나올 때 반드시 남성이면 'he'나 'his'를, 여성이면 'she'나 'her'를 사용해야 한

한국어의 존칭체계

주어	청자	어미	예
주어 〉 나	청자 〉 나	시+습니다	선생님이 오시었습니다
주어 〈 나	청자 〉 나	∅+습니다	철수가 왔습니다
주어 〉 나	청자 〈 나	시+∅	선생님이 오시었다
주어 〈 나	청자 〈 나	∅	철수가 왔다

다. 미국에서 여권운동이 한창 강력하게 벌어졌을 때 'chairman'(의장) 대신에 'chairperson'이나 'chairwoman'을 사용하도록 주장하여 관철된 것은 영어의 이러한 특징에 기인한다. 영어에서는 또 여권운동의 과정이자 결과로 기혼 여부를 나타내는 미스(Miss)와 미시즈(Mrs.)가 퇴조하고 대신 미즈(Ms.)가 정착되기도 했음은 주지의 사실이다. 지금으로부터 약 100여 년 전, 그러니까 1990년대에 미국에서는 마담(Madam)이란 표현조차 성차별적이고 비민주적이라 하여 대문자 M으로 대치되기도 했다. M은 남자(Mr.)까지 포함할 수 있으니 경제적이기도 하다. 하여튼 그리하여 저 유명한 오페라 〈Madam Butterfly(나비 부인)〉를 패러디하여 'M. Butterfly'로 고쳐 쓴 작가가 생겨나기도 했다.

영어로만 말하는 아이들. 그러면서도 전혀 불편을 못 느끼는 아이들. 이들은 분명 지금까지 이 땅에 살아왔던 조상들과는 별종의 인간들이다.

표준 영어와 사투리 영어

아니 사투리라니? 영어가 이 땅에 공용어로 정착된 지 얼마나 되었다고 벌써 사투리란 말인가? 그런데 그게 아니다. 보도에 의하면, 각 지역마다 영어가 달라져서 지방 영어를 사용하는 사람들 때문에 국가 경쟁력이 떨어진다고 한다. 전문가들도 사투리 영어가 정착되기 전에 영어를 표준화하는 것이 우리 사회가 시급히 해결해야 할 문제라고 진단한다.

주요 일간지들과 방송은 물론 학계의 전문가들도 이 문제를 집중적으로 거론하고 있다. 쉽게 말해, 지역의 한국어 사투리의 잔재가 영어에 그대로 전사되어 오늘날 다양한 사투리 영어가 발생하고 있는 것이다. 언어의 속성상 사투리의 출현은 자연스러운 현상이다. 영국 영어와 미국 영어가 따로 있고, 미국 영어 안에서도 동부 방언과 남부 방언, 혹은 서부 방언이 있음은 잘 알려진 사실이다.

한 국가 안에서 사투리의 존재는 문화의 다양성이란 측면에서 권장할 만한 일일지언정, 그것을 금지할 일은 아니다. 그러나 우리의 상황은 다소 다르다는 것이 전문가들의 견해이다. 우선 영어 공용화를 시행한 초기의 목적으로 볼 때 사투리는 그 취지에 전혀 맞지 않는다. 영어 공용화를 시행한 것은 경제적 논리였다. 영어를 잘하는 것이 국제 경쟁력을 높여줄 것이라는 논리에 따라 공용화를 시작했고, 이제 60여 년이 지나 영어가 한국의 지배언어로 정착된 것이다. 그런데 다시금 사투리 영어가 생겨난다는 것은 국제화 시대의 소통에 적지 않은 문제를 초래하고 있고, 그러한 문제는 더욱더 심화될 가능성마저 있다.

문제를 개인적인 것으로 돌려 보아도 그 심각성은 실로 대단하다. 취업과 승진에서 사투리 영어를 사용하는 사람에 대해 눈에 보이지 않는 차별이 이루어지고 있기 때문이다. 서비스업이라든가 외교 업무에서는 차별의 정당성 논리마저 개발되고 있으므로, 이를 그대로 방치할 수는 없다. 시급히 표준 영어에 대한 사회적 합의가 있어야 하고 이를 실현하기 위한 방안이 마련되어야 할 것이다.

경상도 시골에서 올라온 빌은 그의 독특한 영어 어조로 인해 회사의 동료 직원들로부터 놀림을 당하기 일쑤이다. 조심해서 말하는 경우에는 별 문제가 없지만, 어쩌다 무의식중에 말을 하다 보면 예의 그 경상도 방언 어조가 실린 영어 문장이 튀어나오는 것이다.

그런가 하면 전라도에서 나고 자라고 고등교육을 받은 스미스 역시 서울에 올라온 후 불편함을 느끼기는 마찬가지이다. 그는 유능하고 잘생겼고, 평소에 정확한 언어 구사로 회사에서도 신망이 매우 두터운 편이다. 그러나 회식자리가 끝나고 술자리가 이어지면서 그는 닥터 지킬에서 갑자기 미스터 하이드로 바뀌고 만다. 말투가 '~잉'으로 끝나던 한국어 전라도 방언처럼 그의 영어에는 불필요한 '~잉'이 자꾸만 따라붙는 것이다. 'Let me tell you~ing', 'Don't you know~ing' 따위가 그것이다.

어투가 사투리를 닮았다는 것은 사실 그리 큰 문제가 아닐 수도 있다. 문제는 어휘들이 지역에 따라 달라지고 문법이 바뀌는 방언화 현상이 갈수록 심해지고 있다는 사실이다. 정부에서는 이를 막기 위해 수도의 영어를 기준으로 하는 '통일안'을 준비하고 있다고 한다. 한편으로는 만시지탄이지만, 매우 시의적절하고 필요한 일이다. 가뜩이나 한국식 사투리 영어를 구사하는 외교사절이나 해외 방문객들로 인해 등 뒤에서 쑥덕거림을 당하는 경우가 허다할 뿐 아니라, 때로는 외교적 오해까지 불러일으키고 있기 때문이다. 정부가 나서서 표준 영어*를 제정하기 위한 공론을 모아 가는 것은 아주 올바른 것이다. 더 이상 이 땅에서 전라도 영어를 말하는 정글리시나, 경상도 영어를 말하는 갱글리시가 들려서는 안 될 것이다. 그래서는 처음에 우리 선조들이 영어 공용화를 도입한 소기의 목적을 달성할 수 없기 때문이다.

---

* 표준 영어

표준 영어는 영어의 일종으로서 일부 언중들에 의해 비문법적이거나 비표준적인 영어로 간주되는 지역적 혹은 기타 변이형을 보이지 않는다는 의미에서 '정확한' 것으로 간주된다. 영국 영어에서 종종 'RP'로 표기되는 표준 발음은 언론매체와 공인들에 의해 널리 사용되므로, 권위가 있고 많은 사람들에 의해 영어의 가장 바람직한 모습으로 간주되기도 한다.

"our language [English] is extremely imperfect" ··· "it offends against every part of grammar" ··· "most of the best authors of our age" commit "many gross improprieties which ··· ought to be discarded."

우리의 언어(영어)는 극도로 불완전하다 ··· 영어는 문법규칙의 모든 부분을 지키지 않고 있다 ··· 우리 시대의 최고 작가들은 대부분 ··· 타파 되어야 할 중대한 문법적 실수들을 저지르고 있다.
—딘 스위프트(1712) 『영어를 수정하고 개선하고 유지하기 위한 제언』

한국 영어와 미국 영어

영어가 공용화된 지도 벌써 반세기가 지났지만, 아직도 사회의 일부 부유층은 해외유학을 하고 있다. 언론보도에 의하면, 미국 유학생은 공용화 도입 초기를 정점으로 하여 점점 감소하는 추세에 있다고 한다. 그러나 예상과는 달리 감소 추세가 매우 완만하게 진행되고 있다는 사실도 주목해야 한다. 왜 그런가? 여기에는 많은 의미가 함축되어 있다. 이 땅의 언어가 영어인데도 왜 군이 미국으로 유학을 가는가? 이는 바로 미국 영어가 이 땅의 고급언어로 자리잡았기 때문이다. 고급언어는 어느 사회에나 존재한다. 물론, 학문적으로 고급언어란 없다. 다만, 특정 언어를 사용하는 집단이 사회에서 상류층에 속하게 될 때, 우리는 그 상류층의 언어를 고급언어로 간주하고 그 언어를 배우고자 하는 것이다. 엄밀하게 말하면, 이는 본말이 전도된 것이다. 말을 흉내낸다고 하여 상류층이 되는 것이 아니고, 고급계층이 되었을 때, 사용하는 언어도 고급 언어로 치부되는 것이다.

오늘날 미국 영어가 누리는 세계적 영향력과 힘을 부인하는 사람은 없다. 그런데 미국인들은 마음 깊은 곳에서는 아직도 영국 영어에 대한 콤플렉스를 지우지 못하고 있는 것 같다. 그것은 옛 식민지 종주국에 대한 집단적 콤플렉스의 기억 때문일 것이다. 미국 영어 내부에서도 뉴욕 방언이나 동부 방언이 매우 고급으로 치부되는 것은 이들이 누리는 사회 경제적 지위에 기인하는 것이다. 따라서, 우리가 미국 영어라고 했을 때, 특히 따라 하고자 하는 대상으로서의 미국 영어라고 했을 때, 그것은 바로 동부 방언을 의미하는 것이다. 영국 영어와 미국 영어가 다르듯이, 혹은 캐나다 영어와 호주 영어가 다르듯이, 한국 영어는 미국 영어와 다를 수밖에 없다.

한국 영어가 미국 영어에서 멀면 멀수록, 그것은 우리 선조들이 내세웠던 영어 공용화의 초기 목적으로부터 벗어나는 일이 될 것이다. 필리핀을 보라. 필리핀은 영어를 공용화한 지가 우리보다 훨씬 더 오래되었지만, 영어 공용화가 그들의 경제적 실리에 어떤 도움이 되었는지는 잘 알 수 없을 정도이다. 오히려 필리핀에서도 고등교육을 받은 사람이나 미국 유학을 한 사람만이 사회의 지배층을 형성하고 미국 사람들과 의사소통의 어려움을 겪지 않을 뿐이다. 필리핀의 시골 노인이 구사하는 언어가 미국 사람의 귀에 영어로 들리기를 기대하는 것은 어쩌면 낙타가 바늘구멍 빠져나가는 것을 기대하는 것보다 더 어려울지도 모른다.

한국 영어란 말은 결코 긍정적인 뉘앙스를 지닐 수 없다. 그것은 개선의 대상이자 타파해야 할 대상이다. 한국 영어는 불완전한 미국 영어일 뿐이다. 그것은 국제 경쟁력을 가로막는 훼방꾼이자, 일류국가를 꿈꾸지만 거기에 도달하지 못한 이류국가의 표징이다.

우리보다 수백 년 앞서서 영어를 공용화한 인도나 필리핀을 보자. 역설적이지만 공용화를 일찍 이행할수록 방언화가 더 심화되고 있음을 알 수 있다. 아무런 사전 준비 없이 인도 영어나 필리핀 영어를 알아듣는다는 것은 쉽지 않다. 인도인들 특유의 호기음(aspiration)*과 예측되지 않는 강세와 어조는 한참을 생각해 보아야 그에 대응하는 미국 영어의 문장을 생각해낼 수 있을 정도이다. '아이 해브 터허티 세르번츠'와 같은 인도 영어를 'I have thirty servants'로 알아듣기 위해서는 고도의 언어학적 민감성이 필요하다.

우리가 영어 공용화를 실시한 지 60년이 지났다는 것은 '이제 겨우'일 수도 있고 '벌써'일 수도 있다. 그러나 분명한 것은 시간이 지날수록 우리가 사용하는 영어는 기를 쓰고 모방하고자 했던 미국 영어로부터 점점 더 멀어지리라는 사실이다. 이는 마치 영국 영어에서 미국 영어가 갈라져 나온 후 점점 더 차이가 벌어진 것과 같다. 모든 언어는 변하는 것이니까.

미국 영어라고 다 미국 영어가 아닌 것도 잘 알려진 사실이다. 미국 흑인 영어는 백인 영어와 같은 땅에서 공존해 왔는데도 매우 다른 모습을 보이고 있다.

결론적으로, 우리는 어떠한 신묘한 방법을 동원한다 하더라도 결코

---

* 호기음

자음(consonant)을 분류할 때, /p/, /t/, /k/는 어두에 올 경우 강한 공기의 파열현상이 첨가되어 각각 [ph], [th], [kh]로 발음된다. 그러나 이 음들은 /s/ 다음에 올 때는 호기음이 되지 않는 특성이 있다.

미국 영어를 구사하는 사회를 만들 수 없다. 결국, 미국 영어를 구사하는 사람들이 필요하다면, 개별적으로 미국에 가서 영어를 배워 오는 수밖에 없는 것이다. 그것이 실제로 오늘날 벌어지고 있는 상황이기도 하다. 다른 나라들과 마찬가지로 결국 미국에서 훈련을 받은 인재들이 사회의 지도층에서 권력과 영화를 누리고 있음은 옛날이나 지금이나 변하지 않는 사실이다. 옛날에는 한국어를 사용하는 가운데, 영어를 구사할 수 있다는 한 가지 이유로 좋은 직장을 차지할 수 있었고, 지배층에 합류할 수 있었다면, 오늘날은 한국 영어와 구별되는 미끈한 미국 영어를 구사할 수 있는 사람들이 그러한 영화를 누릴 수 있다는 것뿐이다.

부익부 빈익빈

2083년 3월 2일자 *Morning Calm Post*지는 두 가지 대조적인 기사를 실었다. 하나는 통역이 필요 없이 유창하게 영어를 구사하며 외국 바이어들을 맞이하고 있는 토머스 박의 성공스토리이고 다른 하나는 일자리를 찾아 헤매는 가난한 노동자 존 킴에 대한 기사이다.

Two Sides of a Coin

reported by Brian Jang

"Where should I be placed?" John Kim asked and answered to his own question, "Nowhere." This is a story about a man who is not welcome to his own society. I met John Kim at the People's Park today. He was exhausted to put his slim body on one of the dirty benches of the Park and was almost dead, when I spoted him. Following is his sad story that we, as citizens of English kingdom, contributed to plot …….

동전의 양면

브라이언 장

"나는 도대체 어디로 가야 할까?" 존 킴은 혼자 묻고 대답했다. "아무 데도, 아무 데도 갈 수 없어." 이 이야기는 자신이 속한 사회 어느 곳에서도 환영받지 못하는 한 사람에 대한 것이다. 나는 존 킴을 오늘 인민공원에서 만났다. 그는 완전히 지쳐서 공원의 더러운 벤치에 그의 가냘픈 몸을 의탁하고 있었다. 내가 그를 발견했을 때, 그는 거의 죽은 것이나 마찬가지였다. 다음은 그의 슬픈 이야기이다. 영어왕국의 시민으로서 우리는 모두 그의 슬픔을 공모한 공범자들이다.

존 킴은 그의 청년기까지의 삶을 강원도 산간벽지에서 보냈다. 그는 문명의 혜택을 제대로 받지 못한 채 성인이 된 자신을 발견하게 되었다. 그가 구사할 수 있는 영어는 그저 의식주와 관련된 기초적인 어휘들 몇 개 정도이다. 소위 '점이어(漸移語)'라고 번역할 수 있는 피진(pidgin)*을 부모로부터 물려받은 존은 강원도 산골에서 생활하는 데 아무런 불편함도 느끼지 못했다. 그는 평소에 'I home go'와 'I go home'을 뒤섞어 사용했고, 'I do dinner-eating'과 같은 문장들을 만들어 사용하곤 했다.

---

* 피진어

둘 혹은 그 이상의 언어들에서 만들어진 매우 단순화된 언어로서 공통의 언어를 갖지 못한 둘 이상의 연중들이 발전시켜 사용하는 접촉어를 말한다. 피진이란 말 자체는 영어 화자를 접한 중국인들이 'business'란 어휘를 피진이라 줄여 말한 데서 유래했다고 한다. 피진어는 매우 제한된 범위에서 사용되고, 그 구조는 매우 단순한 특성을 가진다. 피진어는 아주 단순한 목적을 위해 사용되기 때문에, 종종 소멸되기도 한다. 그러나 피진어가 아주 오랫동안 사용되어 좀더 복잡한 구조를 가진 풍부한 언어로 탈바꿈되어 다음 세대에게 전수되었을 때 이를 크레올어(creole)라고 부른다. 파푸아뉴기니어는 크레올어의 대표적인 경우이다. 피진어와 크레올어에 대해서는 http://web.ask.com을 비롯한 많은 인터넷 사이트에 풍부한 자료와 설명이 있다.

산간벽지에서 밭 갈아먹고 살아온 그에게 그 이상의 영어가 필요 없었음은 물론이다. 두 언어가 접촉할 때 생기는 이러한 현상은 매우 자연스러운 과정이다. 카리브해의 크레올이 그렇고 동남아시아의 피진어가 그렇다. 피진이란 말도 실은 'business'란 영어 어휘의 중국어 발음을 이르는 말이니까 피진의 유래는 영어와 중국어의 접촉에서 생겼다고 할 수 있다. 그러한 현상이 우리 사회에서도 생기지 말라는 법은 없다. 1세대 언어를 피진이라 하고 2세대 언어를 크레올이라 하지만, 존 킴이 사용하는 영어가 피진인지 크레올인지는 분명하게 구분하기가 어렵다. 굳이 말하자면, 아직 피진의 상태, 즉 점이어 상태라고나 할까.

존 킴은 그런 사람이다. 생존에 필요한 몇 개의 어휘만을 사용해 온 존재. 언어적으로 말하자면, 겨우 동물의 상태를 벗어난, 그러나 인간의 지위에서 떨어져 버릴 수도 있는 그런 상태의 인간이다.

그런 그가 도시에 나와서도 과연 목숨을 부지할 수 있을까? 신이 만물을 만들었다면, 언어가 인간을 만들었다고 해야 하리라. 언어가 없는 인간이란 그러므로 인간이 아니다. 바로 존과 같은 사람말이다. 그가 도회지에 나와서 목숨을 부지하기 위해 할 수 있는 일이란 말 그대로 아무 것도 없다. 다만 있다면, 동물도 할 수 있는 그런 일뿐이다. 우리가 말(馬)의 힘이란 뜻으로 마력이라든가, 바람의 힘이란 뜻으로 풍력이란 말을 쓰기도 했었듯이, 그는 오로지 근육의 힘만으로 살아갈 수 있을 것이다, 이 도시에서. 말이 필요 없이 오로지 눈짓과 발짓과 혹은 몽둥이로 소통이 가능한 그러한 종류의 어떤 일—그걸 일이라고 한다면—그런 일만이 그에게 남겨진 축복일 것이다.

그러나 존이 그런 일자리조차 변변하게 얻지 못하는 것은 무슨 곡절 때문일까? 한때 우리 조상들이 피부색이 약간 다르다는 이유로, 가난한 나라에서 왔다는 이유로, 그리고 그냥 싫다는 이유로 학대하고 괴롭히던 이방인들과도 존은 다르지 않은가. 피부도 같고, 비록 떠듬거리지만 영어도 몇 마디 할 줄 아는 존은 어떤 운명의 장난으로 동물들이 차지해야 할 일자리조차도 얻지 못하는 것일까.

이유는 어쩌면 의외로 간단한 데 있는지 모르겠다. 우리 몸 속에 흐르는 악마의 피가 그를 동물의 일자리로부터도 쫓아냈을 것이다. 어린 시절, 시골 동네의 바보 아이들을 놀려주던 때를 떠올려 보자. 단지 말을 못한다는 이유로, 말을 더듬는다는 이유로, 혹은 말을 느리게 한다는 이유로 얼마나 많은 아이들이 그들보다 훨씬 더 많은 아이들로부터 놀림을 받고 집단 따돌림을 받았던가. 그것은 형태만 달리할 뿐 우리 아버지들도, 아버지의 아버지들도 다 조금씩은 공범에서 벗어날 수 없는 범죄였다. 존의 경우는 그것이 한층 극명하게 나타난 것뿐이다. 어디에서도 제대로 배울 수 없었기 때문에 영원히 배울 기회를 잃어버린 모국어 영어를 떠듬거리고, 알맞은 어휘들을 기억해낼 수 없게 된 것일 뿐이다. 우리 몸 속에 흐르는 악마의 피가 아직도 그를 울타리 바깥으로 몰아내는 것이다. 나와 다른 영어를 한다는 이유로 말이다. 내가 생각하는 영어와는 영 다른 영어를 내뱉는다는 단 한 가지 이유 때문에 말이다.

존을 위한 공간은 존재하지 않는다. 강원도 산 속에도, 서울의 빌딩 숲 그늘에도 그를 위한 한 평의 땅은 존재하지 않는다. 영어를 못하기 때문에. 그가 목숨을 부지하는 유일한 길은 인간이기를 포기하고 동물처럼 일하는 것이다. 끊임없이 근육을 사용하여야 빵을 입으로 가져갈 수 있을 테니까.

영어는 사회학적으로 뚜렷한 역할을 떠맡고 있다. 다시 말해, 존과 같은 사람을 하류층에, 그리고 미국 북동부 방언을 유창하게 구사하는 사람을 상류층에 자리매김하는 매우 중요한 기능을 담당하고 있는 것이다. 영어 공용화가 되었다고는 하지만, 여전히 사회의 상류층을 형성하는 것은 서울 영어가 아니라 미국 북동부 영어를 구사하는 사람들이다. 그들은 주로 미국 유학을 다녀왔거나, 오랫동안 그곳에서 살았거나, 아니면 고액 과외비를 들여 가면서 북동부 방언투를 배운 사람들이다. 이들은 방송과 신문, 정치, 경제, 문화의 최상류층을 형성하면서 사투리 영어를 구사하는 사람들을 대척점에 두고 있다. 사투리 영어를 구사하는 존과 같은 사람들이 하루의 빵을 걱정하면서 동물과 사람 사이를 오락가락하고 있는 사이, 미국 북동부 영어를 매끈하게 구사하는 이 사람들은 연일 상한가를 치는 주식값을 계산하며 다음 바캉스를 어디로 갈까를 고민하느라 머리가 다 하얗게 셀 지경이다. 부익부 빈익빈은 한때 그랬을 것으로 추측되는 교육에서 오는 것이 아니라, 영어에서 오게 되었다. '고급 영어=상류층', '사투리 영어=하류층'이란 공식이 확고하게 자리를 잡은 것이다.

멀기만 한 노벨상

2101년 9월 1일자 *Morning Calm Post*지는 슬픈 소식을 전하고 있다. 역사상 그 어느 때보다도 수상 가능성이 높았던 노벨 문학상* 수상이 실패로 돌아갔다는 소식이 전해졌다. 나라 전체가 침울해진 분위기이다. 온 국민의 눈과 귀가 쏠린 국영방송 <KTV>의 화면에는 침울한 표정의 아나운서가 노벨 문학상 수상 실패 뉴스를 전하면서 두문불출하고 있는 이애리나(58) 여사의 동정을 전하고 있다. 노벨 문학상 제정 200주년

---

*노벨 문학상

1901년에 제정되었다. 노벨 문학상 후보는 스웨덴, 프랑스, 스페인 아카데미가 추천하는데, 이 기관들은 매년 9월 전 세계 문학 관련 개인들이나 단체들에 후보 추천 의뢰장을 발송하여 그해 연말까지 추천을 받는다. 1월 한 달 동안 검토를 거쳐 2월 1일까지 선정된 후보자를 노벨 문학상 위원회에 넘기면 노벨 문학상 위원회는 스웨덴 아카데미가 지정하는 5명의 위원이 최종 수상자를 결정한다. 대략 300~400명에 이르는 후보작가들을 노벨 문학상 위원회는 8월 말까지 매주 목요일마다 만나 검토하고, 심의 과정 중 각국의 전문가들을 초청해서 자문을 얻기도 한다. 최종적으로 5, 6명이 추려져서 스웨덴 아카데미에 넘겨지는데, 이때 노벨 문학상 위원회는 자신들의 소견서를 첨부한다. 최종 후보작품은 원문으로 읽는 것을 원칙으로 하지만, 부득이한 경우 영어, 프랑스어, 독어, 스페인어 등 서구어로 번역된 여러 판본들을 입수해 읽게 된다. 비서구권 작가가 수상자로 선정되기가 어려운 이유의 하나를 찾을 수 있다.

노벨 평화상을 수상한 김대중 전 대통령

이라는 뜻깊은 해에 어느 때보다도 수상 가능성이 높다는 여론의 기대 어린 분석이 있었기에 국민의 실망감은 그 어느 때보다도 클 수밖에 없다.

사태가 더욱 꼬인 것은 노벨위원회가 사족으로 덧붙인 촌평 한 마디 때문이다. 위원회는 한국의 노벨상 수상 후보작이 완벽한 영어로 한 차원 높은 문체를 선보였지만, 민족적 특성이나 우주적 보편성을 강력하게 보여주지 못했다고 친절하게 해설을 제공했다. 다시 말하면, 수상 실패의 가장 큰 이유가 우리 조상들이 그토록 신경 썼던 전달언어의 문제가 아니라는 것이다. 오히려 영어의 문체를 한 차원 승화시켰다는 추킴의 말을 덧붙임으로써, 문학성의 빈곤을 지적하여 상처를 더 깊게 하는 결과를 가져오고 말았다. 문학비평가들과 각 분야의 논평가들이 방송과 신문에 분석기사와 논평들을 쏟아내고 있다. 역시 노벨 문학상이 우리와는 인연이 없다는 체념 섞인 운명론적 논평에서부터 이제는 인류 보

편적이면서도 독특한 국지성
을 가지는 작품의 생산이 필요
하다는 방향 제시에 이르기까
지 다양한 의견들이 넘쳐나고
있다.

◇'문학과 번역 심포지엄' 포스터

2002년에 개최된 문학과 번역 국제심포지엄 포스터

다시 물 건너간 노벨 문학상
수상의 꿈. 우리에게 노벨상만
큼 애틋한 느낌을 자아내는 것
도 그리 많지 않으리라. 그것은
노벨이란 낯선 두 글자가 우리
에게 알려진 이래로 영원히 변
치 않는 애틋함을 오롯이 보듬
고 있다. 노벨상! 그것을 우리
가 받은 적이 있긴 하다. 꽤 오
래 전, 그러니까 벌써 1세기 전에 한 전직 대통령이 노벨 평화상을 '최초
로' 받았었다.

노벨상 중에서도 가장 권위가 있다는 평화상을 우리나라에서 수상한
것은 그때나 지금이나 매우 자랑스럽고 뜻깊은 것이었다. 그러나 노벨
평화상은 어디까지나 다른 사람들의 추천에 의해 평가를 받아야 하는
만큼 본인의 노력도 중요하지만, 노벨상을 바라보고 어떤 일을 할 수는
없다는 측면이 있다. 다시 말해, 노벨상을 받기 위해 평화운동을 할 수
는 없다는 것이다. 그런 의미에서 우리는 늘 문학이나 경제, 혹은 화학
과 같은 분야에서 노벨상을 받지 못한 데서 오는 깊은 콤플렉스를 가지
고 있는 것이다.

노벨 문학상을 받으려는 절절한 노력은 수십 년의 역사를 가지고 있
다. 심지어 한 대학은 노벨 문학상을 받지 못하는 것이 마치 잘못되거나
수준 미달인 번역에 그 원인이 있는 것으로 진단하고, 노벨 문학상을 받

기 위한 번역 연구소를 차리기까지 하였다. 처량한 일이다. 노벨상이 도대체 무엇이기에 이렇게도 절절하게 목을 매야 한다는 말인지.

예로부터 동방예의지국으로 불렸던 우리 조상들은 무엇보다도 체면을 중시하고, 남의 평가를 소중히 여겨 오지 않았나 하는 생각을 지울 수 없다. 소위 '인정 투쟁'이라 부를 만한 행동양식을 보여 왔던 것이다. 안으로는 굶고 곯아도 밖으로는 헛기침을 해야 하고, 어떤 때는 비를 흠뻑 맞으면서도 절대 뜀박질과 같은 경거망동을 하지 않는 우스꽝스러운 행동을 하기도 했던 우리 조상들이다. 그래서인지는 몰라도 우리보다 선진국이다 싶은 나라의 손님들이 나라를 방문하면 도가 지나칠 정도로 친절하고, 심지어는 비굴하게 대하다가도, 체면과는 하등 관계가 없는 후진국의 노동자들에게는 필요 이상으로 거칠게 구는 일도 있었음을 역사는 우리에게 똑똑히 가르쳐준다.

선진국에서 수여하는 노벨상을 받는 것은 분명 우리의 체면과 자부심을 한층 높여주는 것임에 틀림없다. 그렇지 않다면 이렇게도 오랜 역사를 거치면서도 노벨상 열기가 지속될 수 없을 테니까. 경쟁국 일본이 열 손가락을 넘어가면서, 때로는 한해에 동시에 두 개의 노벨상을 받기도 하면서 노벨상을 그러모으는 것도 우리의 노벨상 노이로제에 한몫했으리라. 해외의 일본인 과학자들이 따온 노벨상까지 셈에 넣는다면, 그들의 노벨상 수상 실적은 훨씬 더 높아질 노릇이니 어찌 초조하지 않을 수 있는가.

노벨 문학상의 선정 과정이 과연 공정한가 여부는 여기서 논할 필요가 없을지도 모른다. 중요한 것은 일반적 관측대로 노벨 문학상의 수상을 위해서는 (훌륭한, 아니 심사위원들의 구미에 맞는) 번역이 매우 핵심적인 요소가 아닐 수도 있다는 점이다. 우리 조상들이 왜 그렇게 번역에 매달렸는지 알 수 없는 노릇이다.

그렇게 해서 우리는 오랜 번역 전통을 가지게 되었던 것이다. 아니 한걸음 더 나아가 우리 조상들은 영어 공용화란 전대미문의, 혹은 전 세

在美 소설가 美 프린스턴대 교수 임용

이창래씨 7월부터 강의

[프린스턴 AP=연합] 재미교포 소설가인 이창래(李昌來·37)씨가 오는 7월 미국 프린스턴대 교수로 임용된다.

프린스턴대는 李씨가 7월 1일자로 이 대학 인문학 및 창작과정 교수로 임용될 예정이라고 지난 12일 밝혔다.

세살 때 가족과 함께 미국으로 이민한 李씨는 예일대와 오리건대 대학원을 졸업했으며 1995년 『네이티브 스피커』로 미국 문단에 데뷔했다.

그는 사설 탐정소에서 일하면서 한국계 시의원을 감시하는 임무를 맡은 한 젊은 뉴요커의 이야기를 다룬 이 작품으로 헤밍웨이재단상·펜문학상·미국 도서상 등을 받았다.

李씨는 또 일제시대 종군 위안부의 문제를 다룬 소설 『제스처 라이프』(99년)로 아니스펠트-울프상과 아시아-아메리카 문학상을

받았다.

그는 93년 오리건대에서 문학석사 학위를 받은 뒤 이 대학 교수로 재직했고, 98년엔 뉴욕 시티대 헌터칼리지의 창작과정 학과장을 맡았다. 문단에 나오기 전에는 한때 월 스트리트에서 증권 분석가로 일하기도 했다.

프린스턴대 창작과정 학과장인 폴 멀둔 교수는 "李씨는 위대한 작가이자 위대한 선생이며, 훌륭한 인격을 갖춘 사람"이라고 평했다.

또 "그의 임용으로 우리 대학의 창작과정이 미국 최고가 될 것"이라고 말했다.

〈중앙일보〉 2002년 4월 15일

계적으로 유례가 없는 선택을 했던 것이다. 번역할 필요도 없이 아예 영어를 모국어로 하면 이런저런 경제적 이익과 더불어, 그렇게도 목말라했던 노벨 문학상도 거머쥐게 되리라는 계산도 없지 않았을 것이다. 영어로 쓰여지는 우리 문학! 그것은 분명 경쟁력이 있을 것이다. 이미 수십 년 전부터 우리의 교포들이 그것을 보여주었다. 재미 교포였던 이창래는 *The Native Speaker*란 자전적 소설을 고급 문예지인 〈뉴요커〉에 실음으로써 나이 서른도 안 되어 전 미국의 떠오르는 신진작가가 되었었다. 그의 소설은 한 아이비 리그 대학의 필독서가 되는 영광을 차지하기도 했다. 그렇게까지 유명하지는 않지만, 많은 교포 작가들이 소수민족 비율로 보면, 그야말로 극소수에 불과한 한국계 미국인 가운데서도 배출되고 있음은 자랑스러운 일이기도 하다. 이러한 현실은 일견 번역이 노벨상 수상의 알파요 오메가란 철석 같은 믿음을 꼼짝없이 받아들이게

만든다.

과연 노벨 문학상이 번역의 문제였던가. 언어장애를 극복하기만 하면 우리 민족이 금방이라도 노벨 문학상, 아니 문학상들을 휩쓸어 올 수 있다는 말인가. 유명한 소설가 이애리나 씨는 영어 공용화 시대에 태어난 원어민 영어 화자이다. 그녀는 어린 시절에 이미 두 편의 단편소설을 출간한 촉망받는 예비 작가였고, 그 약속대로 지금은 내로라 하는 저명한 소설가가 되었다. 어린 시절에, 물론 영어로 쓴 두 소설 *A girl in the blue house*와 *My love, Clifford!*는 나이에 비해 탄탄한 작품성과 섬세한 표현을 지닌 것으로 전문 평론가들로부터 칭찬을 받은 바 있다.

애리나 여사는 요즘 괴롭다. 사람들의 온갖 비난이 그녀에게 집중되기 때문이다. 그것은 실패한 한 작가에 대한 실망과 비난이 아니다. 오히려 그 반대이다. 그녀는 오늘의 최고 작가요, 한국 문학사상으로도 최고의 자리를 남에게 내줄 하등의 이유가 없는 대가임에 틀림없다. 그런 대작가가 비난을 받는 것은 너무 뛰어난 데서 오는 한 점의 불완전함에 대한 것인지도 모른다. 돌려 말할 것도 없다. 쉽게 말하자면, 그녀가 오늘 감내해야 하는 비난은 아직도 그녀가 노벨 문학상을 수상하지 못했다는 한 가지 이유뿐이다. 일일이 열거할 수도 없이 많은 소설들을 써낸 우리의 대표적인 국민작가가 왜 아직도 노벨 문학상을 받지 못한 것일까? 이제 평단의 논쟁은 그녀를 비난하는 데에서 냉철한 분석으로 옮겨 가는 추세이다.

노벨 문학상을 못 받은 것이 어디 애리나 씨 혼자만의 탓인가? 그렇지는 않을 것이다. 전문가들의 의견은 차츰 한곳으로 모이는 듯하다. 노벨 문학상의 선정이 비록 그렇게 공명정대하고 한 점 의혹도 없는 것은 아니지만, 어쨌든 가장 큰 선정 근거는 바로 문학적 보편성을 획득했느냐 하는 것이라는 데는 의심의 여지가 없다. 보편성은 어떻게 얻어지는가? 그것은 바로 가장 국지적인 데서 얻어지는 것이다. 굳이 독일의 철학자인 실러의 말을 빌리지 않더라도, 보편성은 분명 국지성과 뫼비우스의 띠처럼 연결되어 있다.

노벨 문학상을 받는 가장 빠른 길은 바로 가장 국지적인 특성을 도드라지게 그려내는 것이다. 우리는 그 예를 이미 150년 전에 노벨 문학상을 받은 일본의 가와바타 야스나리에게서 볼 수 있다. 그의 『설국』은 약간의 논란이 없는 것은 아니지만 일본적인 정서를 무척이나 잘 그려냈다는 평가를 받는다. 혹평가들은 원전보다 번역본의 문체가 아름다워서 노벨상을 탔다고도 하지만, 그런 폄훼의 말에 귀를 기울일 필요는 없다고 본다. 우리에게 필요한 통찰은 국지성의 오롯한 드러냄이야말로 수상의 첩경이란 단순한 사실일 뿐이다. 애리나 씨에게는 참 안된 말이 될지 모르지만, 우리는 이제 기대를 접고 다시 한 세대를 기다려야 할 것이다. 영어가 아니라, 번역이 아니라, 기술이 아니라, 정신이라는 사실. 가장 국지적인 그래서 가장 보편적인 문학작품을 써내는 것, 그것이 바로 노벨상 수상의 첩경이라는 이 단순한 사실을 애리나 씨는 깊이 인식해야 할 것이다.

아니 어쩌면 그녀는 이미 그것을 알 것이다. 이애리나가 누구인가. 당대 최고의 통찰력을 가진 대 소설가가 아닌가. 그렇다면 이제 남은 과제는 분명하다. 영어의 눈이 아니라 바로 한국인의 눈으로 한국인의 정서를 보는 것. 그것이야말로 세계적 보편성을 얻을 수 있는 유일한 길일 것이다.

다시 필요해진 외국어

마이클 정은 라틴 하이스쿨의 9학년 학생이다. 그는 요즈음 중국어에 대한 관심으로 밤을 지새우기 일쑤이다. 그가 중국어를 그 자체로 좋아하기 때문은 아니다. 그가 중국어에 열의를 보이는 데는 여러 가지 이유들이 있다. 우선 2106년부터 중국어 교육을 강화하겠다는 정부의 발표가 그의 열의를 부추겼다. 이미 학교에서 특성화로 정한 중국어가 가장 인기 있는 제1외국어일 뿐 아니라, 어쩌면 모국어인 영어를 밀쳐내고 언젠가는 만국어로 자리잡을 가능성이 있기 때문이다. 중국어는 세계에서 15억이라고 하는 가장 많은 인구가 사용하는 언어일 뿐 아니라 중국인들이 퍼진 지구상의 모든 곳에서 일정하게 통하는 언어이기도 하다. 국민소득이 증가하면서 중국이 전통적으로 적용해 온 한 자녀 갖기 제한법이 실효를 거두지 못하게 된 지도 벌써 수십 년이 되었다. 중국의 중산층들은 정부의 권고—강제할 힘이 없어진 정부가 점잖은 자세로 나온 것은 자본주의의 부산물일지 모르겠다—를 깡그리 무시하면서 강력해진 구매력을 무기로 원하는 만큼 자녀를 두게 된 것이다. 게다가 전 세계에 퍼진 화교 상권은 북극부터 남극까지 중국 본토의 상권에 못지 않은 세력을 구축하고 있다. 장사를 하려면 중국인을 외면할 수 없게 된 세상이다.

　마이클은 세계사 시간에 배운 이러한 지식을 바탕으로 자신이 활동할 다음 세대의 세계상을 그려 보면서 중국어를 열심히 공부해야겠다는 결심을 한층 더 굳건히 한다. 이제 영어라는 모국어 하나만 가지고는 세계 시장의 절반을 차지하는 중국 시장에서 대우를 받을 수 없다는 것이 그의 생각이자 친지들이 들려주는 이야기였다. 미국도 그러한 지위를 누리지는 못했었다. 미국이 유일 초강대국이라고 하던 시절, 그러니까 약 반세기 전에조차도 미국의 생산량은 전 세계 총생산량의 4분의 1 수준이었고, 소비량 역시 절반에 훨씬 못미치는 수준이었다. 미국은 오늘날의 중국과 비교해 보자면 군사력을 제외한 부문에서 매머드급까지는 아니었던 셈이다.

　마이클은 다른 어떤 언어보다도 중국어가 쉽게 느껴졌다. 우선 말의 순서가 영어와 같다. 중국어는 영어와 마찬가지로 주어–동사–목적어가 오는 언어이다. 따라서, 'I love you'와 같은 문장은 단어만 바꾸어주면 그대로 중국어가 된다.

영어: I   love   you

중국어: 我   愛   你

또 하나 예를 들어보자. 영어로 'thanks for cooperation'이란 말도 중국어로는 해당하는 어휘만 옮기면 된다.

영어: Thanks for cooperation

중국어: 感謝   協助

한 가지 더 좋은 점은 중국어에는 전치사라든가 접사와 같은 귀찮은 요소들이 없다는 것이다. 영어에서는 'for, of, in' 등과 같은 전치사들이 있어서 이들을 늘 조심해서 사용해야 한다. 아무리 모국어라 해도 이건 어쩔 수 없는 현실이다. 모국어로서 영어를 구사한다 해도 부정관사 'a'를 사용해야 할지, 정관사 'the'를 사용해야 할지가 때로 불분명할 수도 있다. 문법 선생님들이 언제나 잘못 쓰인 관사를 지적하는 것으로 자신의 소임을 다했다는 듯 학생들 앞에서 의기양양해하는 모습을 마이클은 너무나 자주 보아 왔다.

말의 순서만 같은 것이 아니라 발음도 아주 유사하다는 사실을 마이클은 금방 깨달았다. 영어의 [f]나 중국어의 [f]는 거의 같다. 중국어의 성조*가 다소 복잡하긴 하지만, 뭐 그리 문제될 것은 없다. 영어에도 인

---

* 성조(聲調)

중국어에는 각 음절에 고저승강(高低昇降) 또는 고저억양(高低抑揚)을 나타내는 성조가 있다. 서구어가 강약 액센트임에 비해서 중국어는 고저 액센트의 특징을 갖는다. 베이징 중심의 북방음계를 표준으로 한 현대중국어에는 네 가지 성조가 있는데, 흔히 이를 사성(四聲)이라고 한다. 중국어 하나하나의 음절은 반드시 이 사성 중 어느 하나로 읽어야 하며, 성조가 다르면 그 의미도 달라진다. 제1성은 높고 평탄한 소리로 가장 기본이 되며, 제2성은 급하게 상승하는 소리이며, 제3성은 낮게 처졌다가 다시 상승하는 소리이며, 제4성은 급하게 하강하는 소리이다.

토네이션이 있고, 액센트가 있으니까 그게 그거인 셈이다. 뿐만 아니라, 마이클은 발음의 구조도 영어와 중국어가 아주 유사하다는 사실을 발견하였다. 가령, 중국어의 '共'은 음의 시작인 [k]와 음의 중심인 [o], 그리고 음의 종결부인 [ng]로 이루어져 있다. 이는 영어도 마찬가지이다. 즉, 영어의 'kong'이란 단어 역시 어두의 [k]와, 음의 중심인 [o], 그리고 음의 종결부인 [ng]로 이루어졌다. 이를 그림으로 나타내보자.

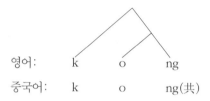

영어:　　　　　k　　　o　　　ng

중국어:　　　　k　　　o　　　　ng(共)

　물론, 많은, 어쩌면 모든 언어들이 이와 유사한 음절구조*를 가지고 있을 것이다. 그러나 다른 언어가 어떤지는 마이클의 관심사가 아니다. 그에게 관심이 있는 것은 중국어가 영어 발음과 비슷하여 배우기 쉽다는 현실적인 사실뿐이다.

　마이클은 중국어가 쉽다는 이유도 있지만 자신의 미래를 생각해 볼 때 중국어를 선택한 것이 정말 다행이라고 생각한다. 기울어 가는 영어 대신 이제 막 떠올라 전 세계 인구의 약 20%에 육박하는 사람들이 사용

---

* 음절구조

음절(syllable)이란 모음을 중심으로 자음이 결합하여 발음되는 단위로서 각 언어마다 서로 다른 구조를 가지고 있다. 예를 들면, 한국어는 CVC(자음+모음+자음)만이 하나의 음절을 이루므로 /kaps/(값)과 같은 단어는 실제로 /kap/으로만 발음하게 된다. 이때 /kaps + i/와 같이 다른 모음이 추가되면 /kap + si/로 음절이 재분석되기도 한다. 일본어는 음절이 가장 단순한 형태인 CV(자음+모음)으로만 구성되는데 이를 모라(mora)라고 부른다. 영어는 하나의 모음을 중심으로 최대 7개까지의 자음이 결합되기도 하는데, 예를 들면 sprinkles[sprinklz]는 모음 /i/를 중심으로 앞에 /spr/라고 하는 세 개의 자음과 뒤에 /nklz/라고 하는 네 개의 자음이 결합되어 있다.

하는 언어, 세계 시장의 절반을 차지하는 중국인 상권이 사용하는 언어를 배우는 것만이 살길이라고 생각한다. 그는 대학에 가서도 중국어를 전공하여 중국 전문가로서 기반을 쌓을 것이다.

마이클만 그런 것도 아니다. 그의 친구들 대부분이 중국어를 제1외국어*로 선택했고, 스페인어, 일본어, 혹은 스와힐리어와 같은 아프리카 언어를 선택한 친구들은 중국어 선택자에 비하면 아주 적은 숫자이다. 정부에서도 심각한 고민을 하고 있다고 언론은 전하고 있다. 중등학교 학생들이 너무나 압도적으로 중국어를 선택하고 있기 때문에 다른 외국어 전공자가 너무 적어져서 사회문제가 생기기 때문이다. 한때 세계를 호령하던 나라들의 언어, 이를테면 프랑스어나 독일어, 네덜란드어 등은 배우려는 학생이 거의 없어서, 이들 과목 선생님들은 이직이나 실직을 피할 수 없게 되었다. 일본어도 그와 유사한 운명을 맞이할 것으로 보인다. 이렇게 될 바에야 정부에서는 아예 중국어를 필수 외국어로 지정하고, 다른 외국어들을 선택과목으로 하려는 방안을 마련하고 있는 것으로 언론은 전하고 있다.

영어 실력, 좋아졌는가?

윌리엄 정(62)은 정원사이다. 일주일에 4일 동안 여러 집의 정원을

---

* 제1외국어

현재 우리나라에서 가장 많이 학습하고 있는 외국어는 영어이다. 이를 제1외국어라 할 수 있다. 프랑스어나 독일어, 일본어 등은 제2외국어라 할 수 있다. 그런데 미국에서는 영어를 공용어로 하고 많은 주에서 스페인어를 제2언어(second language)로 사용하고 있고, 필리핀의 여러 지역에서는 반대로 고유의 언어를 가진 상태에서 영어를 제2언어로 사용하고 있다. 학계에서는 외국어로서의 영어(English as a Foreign Language, EFL)와 제2언어로서의 영어(English as a Second Language, ESL)를 구분하여 사용하고 있는데, 그 이유는 영어의 교수와 학습이 두 경우에 서로 다르기 때문이다.

돌보아주고 잔디를 깎아준다. 그
리고 나머지 이틀은 여행을 하거
나 그림을 그리고, 혹은 가족과
휴양지를 찾는다. 수입이 많다
고는 할 수 없지만, 쪼들린 생활
이라고 할 수는 없다. 사람들이
정원가꾸기, 즉 가드닝을 최고
의 취미와 부의 상징으로 삼게
됨으로써 정원 전문가의 대우도
예전에 비해 훨씬 나아졌기 때
문이다.

그러나 윌리엄에게 고민이 없
는 것은 아니다. 그는 늘 언어 구
사에 자신이 없기 때문이다. 소
시민으로 생활하고 직업을 유지
하는 데는 별 문제가 없으나, 거
의 문맹에 가까울 정도로 책과는

담을 쌓고 살았던 젊은 시절의 잘못된 선택이 지금 여러 가지 불편을 자
아내기 때문이다. 그는 고등학교를 다니지 않았다. 도무지 골치 아프게
공부를 해야 할 이유를 찾지 못했으므로, 그는 고등학교에 진학하지 않
은 것은 물론, 그 이전에도 공부와는 담을 쌓고 살았었다. 신문을 읽을
수는 없지만, 모든 것은 손에 든 자동언어생성기(Automatic Language
Producer, ALP)로 해결할 수 있었다. 자동언어생성기가 대신 신문도 읽
어준다. 가녀린 여자의 목소리를 원할 때는 그런 목소리로 신문을 읽어
주고, 굵직한 베이스음의 남자 목소리가 그리울 때면 이 신통한 기계는
그런 목소리로 신문을 읽어준다. 시장에 가서도 이 기계가 상품의 이름
과 가격표를 대신 읽어주므로, 그가 애를 써서 글씨를 배울 필요는 없

세계 여러 나라 토익 점수 비교(1997~1998)

국가	듣기(SD)	독해(SD)	총점(SD)
브라질	312(121)	258(102)	570(215)
캐나다	399(98)	323(93)	722(183)
중국	256(107)	246(118)	502(217)
콜롬비아	289(115)	237(101)	526(206)
프랑스	320(102)	312(84)	632(179)
독일	428(81)	360(83)	788(158)
이탈리아	304(115)	295(104)	599(209)
일본	246(88)	206(93)	451(172)
한국	250(96)	230(105)	480(192)
말레이시아	363(108)	305(109)	668(211)
멕시코	289(115)	243(102)	532(209)
스페인	339(108)	301(99)	639(198)
스위스	348(112)	292(102)	640(208)
타이완	257(100)	218(102)	475(192)
태국	272(96)	215(88)	487(175)
베네수엘라	299(120)	257(97)	556(209)

었다.

그런데 정부에서는 요즘 국민들의 언어 실력이 선조들에 비해 형편 없이 나빠졌다고 난리이다. 교육부는 새로이 국민기초어휘시험을 도입해서 초등학교에서부터 이를 시행해야 한다고 주장한다. 국어학자들, 그러니까 영어학자들도 국민기초 영어 어휘를 800단어로 할 것인지, 3천 단어로 할 것인지를 놓고 의견이 분분하다. 국민들이 디지털로 대표되는 기계문명에만 기대고 스스로 영어를 읽거나 쓰는 실력이 너무 떨어짐으로써 지식 수준이 점점 후퇴하고 있다는 논란은 100년도 더 오래

된 논란거리이다.

역사적 기록을 보면, 100년 전인 2000년경에만 해도 대학진학자가 고등학교 졸업생의 약 30%가 넘었던 것으로 보인다. 대학들은 학생을 유치하기 위해 치열하게 유치전을 벌이고, 일부 대학은 동남아시아나 아프리카 등의 제3세계 국가에서 학생들을 유치하기 위해 온갖 노력을 다했음을 알 수 있다. 그러나 22세기 초반부인 요즘은 학생이 없어서가 아니라 대학이 인기가 없어서 또다시 유치전을 펼치고 있다는 보도이다. 단 1~2% 정도의 고교 졸업자만이 대학에 관심을 보일 뿐 나머지 대다수의 학생들은 아예 공부에 흥미를 보이지 않고 있다.

국어 실력, 다시 말해 영어 실력은 이제 100년 전보다도 훨씬 더 후퇴했다는 것이 전문가들의 일치된 견해이다. 일부 엘리트층을 제외하고 일반 국민들 중에는 영어를 전혀 읽고 쓰지 못하는 사람들이 부지기수이다. 영어 공용화를 하기 이전인 2000년대 초의 기록에 따르면, 우리나라의 문맹률은 거의 제로에 가까웠다. 요즘은 어떤가? 오히려 영어를 외국어로 학습하던 그때보다도 일반 국민들은 영어를 어려워하고 있다. 영어의 양극화 현상이 벌어지고 있다는 말이다. 한때 우리 조상들은 국토가 지역감정에 의해 동서로 양분되었다고 걱정했었지만, 이제는 영어 구사자와 비영어 구사자라는 새로운 국민분열이 벌어지고 있다는 우려가 단순한 기우인 것만은 아니다. 각종 통계수치가 이를 잘 나타내준다. 상층부의 엘리트들은 모국어인 영어 사용에 아무런 문제도 못 느끼고 국제적으로도 경쟁력을 갖추고 있다. 그러나 문맹자들은 전보다 더 늘어났고, 이들은 훨씬 더 비참한 사회적 환경으로 내몰리고 있다.

영어 공용화 이후 반세기를 지나 이제 100년을 바라보고 있지만, 우리가 바라던 영어 실력 제고는 요원하다는 것이 입증된 셈이다. 도대체 그 원인이 무엇일까? 왜 문맹률 제로에 가깝던 지식강국 코리아가 영어를 공용화한 이후 문맹률이 급격히 높아졌는가? 영어를 무기로 한 국제 경쟁력 제고가 왜 기대했던 대로 이루어지지 않는가? 글씨를 읽을 줄 몰라서 커피통의 그림으로 커피 종류를 구분했다던 미국의 어떤 농구선수 이야기처럼 문맹은 어느 사회에나 존재할 수밖에 없는 것인가? 전문가들은 한창 원인을 분석하고 처방전을 마련하느라고 부산하다.

영어 공용화 시대의 영어 문맹자. 어울릴 것 같지 않지만 이런 현상이 실제로 벌어지고 있는 엄연한 현실에 대해 회의론자들은 영어 공용화 정책이 처음부터 잘못된 것이라고 반격을 가하기 시작했다. 현실을 보면 이러한 공격에 대해 달리 할 말이 없을 듯 싶기도 하다.

사라져 가는 한국어 교육

"간추린 오늘의 주요 뉴스입니다. 정부에서는 강원도 강릉시에 위치한 국립1대학에 내년부터 한국어학과를 개설한다고 발표했습니다. 정부의 이러한 조치는 그간 모국어인 영어와 제1외국어인 중국어에 대한 편중된 연구로 인해 조상들의 언어인 한국어에 대한 연구가 소홀했다는 반성에 따른 것이라는 부연설명이 있었습니다."

—Today 뉴스 스페셜

영어 공용화가 실시된 지 거의 100년이 가까워 오는 지금, 영어가 공용어라기보다 국어로 대접받고 있다는 데 대해 아무도 이의를 제기하지 않는다. 공용어라는 것이 최소한 두 개의 언어를 상정하는 것이지만, 지금은 공용어 상황이 아니라 영어의 파라다이스, 즉 영어 단일어 시대인 것이다. 100년 전에 우리 조상들이 국어로 사용하던 언어인 한국어는 이제 박물관 언어가 되었다. 한국어를 보기 위해서는 비유가 아니라 정말로 박물관에 가야 한다. 다만 뜻있는 소수 학자들이 특수한 목적을 가지고 한국어를 연구할 뿐이다. 대학에서도 교양과목으로 한국어를 개설하고 있지만, 그것을 수강하는 학생들은 아주 드문 것이 오늘의 현실이다. 학생들은 모국어인 영어 외에 중국어에만 온통 관심을 기울일 뿐 한국어에 대해서는 짐짓 무관심으로 일관하고 있다.

세상에 변하지 않는 것은 없다. 사람도 변하고 민족도 변하고 언어도 변하는 것이 이치이다. 영어라는 언어가 브리튼섬에 도착한 449년 이전에는 그곳에 살던 주민들이 켈트어라는 언어를 사용하였지만, 그러한 사실을 아는 사람은 많지 않다. 1600년대에 일단의 청교도들이 북아메리카 대륙으로 이주하기 전(그런데 그 이주민들은 우연히도 브리튼섬에 도착한 앵글로 색슨들의 후예이다. 앵글로 색슨들은 역마살이 낀 것인지, 이후 호주 대륙으로도 흘러들어 간 후 돌아가지 않았다) 그곳에서는 수많은 종류의 인디언 언어들이 사용되었음을 생각하면 오늘날 영어가 전 세계에서 사용되고 있다는 사실은 정말 이해하기 힘든 기현상임에 틀림없다.

영원한 것은 없다! 그렇다면 한국어를 깡그리 잊어버리고 영어만을 사용하고 교육하는 오늘의 현실을 어떻게 이해해야 할까. 일부 대학에서 교양과목 정도로 한국어를 교육할 뿐 중·고등학교에서는 한국어란 과목이 존재하지 않는 이러한 현상을 어떻게 이해할 수 있을까. 언어를 바꾸었다고 해서 전에 사용하던 언어를 깡그리 무시하는 것은 어떠한 명분으로도 정당화될 수 없다. 그것은 명분으로도 그렇고, 실용적 관점에서도 그렇다. 현재 사용하지 않는다고 해서 사라진 언어를 연구하지 않는다면, 선조들의 지식과 지혜를 어떻게 후대에 전수할 수 있을까. 한국어를 기피하고 영어와 중국어에만 온 정신을 쏟는 것 같은 요즘의 세태는 뜻있는 사람들의 심각한 우려를 자아내고 있다.

영국은 앵글로 색슨족의 나라이다. 그들은 켈트족이 거주하던 브리튼섬에 진주한 이후, 지금까지 머물면서 앵글로 색슨의 나라를 건설했고, 켈트어를 대신해 영어를 국어로 정착시켰다. 한때 프랑스어의 위세에 눌려 영어가 존망의 기로에 놓인 적도 있지만, 이 언어는 이후 미국과 호주로 건너가면서 세계어로 군림하게 되었고, 마침내 한반도에서도 공용어를 거쳐 명실상부한 국어로 자리잡았음은 주지의 사실이다. 그러나 중요한 것은 브리튼섬의 영국인들은 아직도 켈트어를, 그리스어를, 라틴어를 심층적으로 연구하고 유지하기 위한 노력을 기울인다는 것이다. 영국이 자랑하는 옥스퍼드대학은 그리스어, 라틴어를 비롯한 고전어들은 물론, 한때 그들의 피정복민이었던 켈트족의 언어를 연구하는 학과를 개설하여 학위를 제공하고 있다.

한국어는 공식 무대에서 사라졌다. 이 땅에 언어가 있다면 오직 영어만이 존재할 뿐이다.

4장
이젠 중국어
영어 공용화 그 후 100년

2106년	초등학교에서 중국어를 정식 과목으로 채택
2107년	초 · 중 · 고교에 원어민 중국어 교사(5000명) 채용 계획 무산
2108년	노벨상 후보에 오른 한 작가가 영어를 버리고 중국어를 공용어로 하자는 급진적 주장으로 물의를 일으킴
2109년	대학 내 '중국어 전용 구역' 앞다퉈 설치
2100년	총리실에서 '22세기 한국의 구상'에서 중국어 공용화론 검토
2111년	제주도를 중국어 공용화 시범 지역으로 선정
2113년	중국 대학 진학 유학생 수가 미국 대학 진학 유학생 수를 앞섬
2118년	베이징 중국어를 사용하지 않는 중국 유학생이 취업에 불리한 대우 받음
2120년	중국어 무자격 외국인 강사 적발
2121년	미국방언협회 2120년의 말로 'Hypochondria' 선정
2122년	미국방언협회 2121년의 말로 'CHINA' 선정
2123년	영어와 함께 중국어도 공용화하자는 사회적 논의가 급물살을 타기 시작

새로운 물결

영어 공용화 1세대는 다소 혼란을 겪었지만, 영어 공용화 2세대는 아무런 불편 없이 그 혜택을 누렸다. 이제 영어 공용화 3세대가 활동하는 시기가 된 것이다. 이들 3세대에게도 영어 공용화가 표면적으로는 아무런 문제가 없는 듯하다. 영어 공용화는 결국 '미국화의 길'이었다. 그 미국화를 바탕으로 영어 공용화 3세대는 좀더 이상적인 미래를 맞이할 준비가 되어 있다.

그런데 지금, 영어 공용화 3세대 앞에 새로운 세계 물결의 파고가 감지된다. 세계가 미국 일변도에서 점차 새로운 세계 질서 속으로 들어가고 있는 것이다. 우리는 이제껏 '미국화'를 앞서서 실현하면 경제적으로 부강해지고 문화적으로 세련되어서 선진국으로 들어가는 발판이 확고해질 것이라는 믿음이 있었다. 그런데 우리 목표의 지향점이던 미국이 흔들리고 있다. 왜 우리는 '세계화의 길'이 곧 '미국화의 길'이라는 환상을 가지고 살아왔을까? 왜 그토록 편협하게 우리 스스로를 미국화에만 던져 놓고 다른 문화에는 관심을 가지지 못했을까?

한국민은 이제 그들에게 던져진 '미국 이후의 새 세계에 어떻게 적응해 나갈 것인가' 하는 현실적 물음에 직면해 있다. 물론, 하루아침에 미국의 세력이 약화되고 바로 중심축이 중국으로 넘어갈 것으로 보이지는 않지만, 미국의 절대적 헤게모니가 그 빛을 점차 잃어 가고 있는 것도 사실이다. 중국은 이미 21세기 후반부터 거대한 규모의 인력을 바탕으로 세계의 경제권을 독점해 오고 있는 터였다. 우리는 이제 세계 곳곳에 퍼진 중국의 거대한 상권을 놓치면, 바로 생존의 위협을 받게 된 것이다. 100년 전의 경제적 논리에 편승하여 영어 공용화 문제로 혼란스러웠던 코리아는 이제 다시 동일한 논거로 중국어 공용화에 대한 피할 수 없는 선택의 시점에 와 있다.

변화하는 것은 아름답다 - 중심축의 이동

붉은색 바탕에 금빛 한자가 새겨진 중국 간판들이 지구촌 곳곳에 휘날리고 있다. 아프리카 빅토리아 폭포의 휴게소나 무공해 휴양지로 새로이 각광 받는 북극의 얼음호텔에서도 차오민 누들이나 완탕 수프 따위의 대중적인 중국 요리를 능숙한 젓가락 솜씨로 즐기는 여행객들을 쉽게 볼 수 있다. 여행객들은 간단한 일상 대화나 중국음식 주문 정도는 성조에 맞춰 정확한 중국어로 발음할 수 있는 자질도 갖추었다.

회고해 보면, 한국에도 화교촌이 형성된 것은 1883년부터인데, 제물포항 개항과 더불어 중국인들이 대거 입국하면서 자리를 잡았고, 1920년대에는 인천항 부두 노동자를 상대로 자장면이 처음 선보여 큰 인기를 끌기도 했다. 그 당시 중국 음식점, 쿵푸 도장, 중국 한의원 등으로 명맥을 유지했던 화교촌이 2100년대 와서는 금융산업, 문화산업, 첨단 정보산업 등으로 그 영역이 완전히 바뀌어 갔다. 'Made in China'가 값싼 물건의 대명사에서 하나쯤은 갖고 싶은 고급스러운 물건의 상징으로 자리잡았다. 심지어는 미국의 대통령이 자국민의 중국어 교육의 필요성을 강조하기 위하여 차이나타운을 방문하여 간단한 중국어 회화를 하는 모습이 텔레비전 뉴스에 소개되기도 했다.

서양에 부는 '老子' 열풍

지난 세기 말 독일 · 프랑스 · 일본 · 미국 등지에서 『도덕경(道德經)』 출판 붐이 불었었다. 또 듣건대 외국 문자로 발행된 저작물 가운데 발행부수가 가장 많은 것은 기독교의 경전인 『성경』이고 그 뒤를 『도덕경』이 따르고 있다는 것이다.

1990년에 중국도교학회가 〈중국도교(中國道敎)〉라는 잡지를 발행하기 시작한 것을 생각하면 서양의 '라우즈' 바람에 영향을 받았다는 말을 피할 수 없을 듯하다.

서양에서 활약하는 화교 출신 학자 장쉬퉁(張緒通)의 경우 『도의
종합관리(道的綜合管理)』라는 저서에서 '無爲而治(작위를 가하지 않
고 다스린다)'의 중요성을 역설해 많은 독자들의 심금을 울리고 있다.

그는 또 '功成事遂, 百姓皆謂我自然(일이 성공하고 만사가 순조로
우니 백성들이 모두 우리의 자연스런 뜻이라고 이른다)'라는 구절의 중
요성도 역설하고 있다.

서양인들은 환경오염을 반성하고 물욕을 버리며 빈부격차를 줄이는
문제에서 '라우즈'로부터 배우는 점이 많아지고 있음을 솔직히 시인하
고 있다.

이런 사실은 미국의 8개 출판사가 경합을 벌인 가운데 한 출판사가
13만 달러를 들여 신판 『도덕경』의 판권을 사들였다는 이야기에서도
잘 알 수 있다.

—〈베이징저널〉 2003년 3월 28일

2123년 현재 국제적인 세 가지 화두는 중국 위안(yuan), 새로운 사
이버 경제, 중국어로 압축된다. 중국 위안은 미 달러와 유럽의 유로화
의 장기적 약세를 틈타 금융시장의 판도를 변화시키고 있다. 불과 120
여 년 전만 해도 미국 달러, 개방 경제, 영어가 세계 경제의 큰 흐름이
었다.

그렇다면 우리 문화의 현주소를 파악하고 탈출구를 제시하려는 시
도는 무의미한 것이 아닐까? 만약 역사의 기록이 문명의 생성, 발전,
소멸의 과정에 대해 분명히 밝히고 있다면 몰락을 피할 수 있는 해결책
이나 탈출구란 없다고 할 수 있다. …(중략)…

또한 미국이 무슨 특권이라도 있어서 멸망이라는 역사의 원칙에 예
외가 될 것이라고 생각해서는 안 된다. 미국은 예외라는 생각은 전형적

인 미국식 오만일 뿐이다.

　　　　　—모리스 버만/심현식 역(2002)『미국문화의 몰락』16쪽

　'역사는 현재의 거울'이라고 했던가. 한국인이 경제적 이유로 영어
를 공용어로 받아들인 120여 년 전 모습이 오늘날의 상황과 흡사하다.
우리에게 영어는 좀더 풍요로운 사회로 진입하고 세계화의 물결에서
주변국으로 떨어지지 않으려는 의지의 선택이었다. 물론, 국민 모두가
이러한 선택을 옹호한 것은 아니었지만, 대부분의 국민은 영어 공용화
로 인해서 우리에게 돌아올 풍요로움은 혹시나 있을지도 모를 정체성
의 혼란보다는 훨씬 가치 있는 것이라고 판단했고 그 믿음은 영어 공용
화의 선택을 재촉하게 했다. 그러나 상황은 바뀌고 있다. 이제 세계의
중심축이 서서히 이동하고 있는 것이다. 더구나 영어 공용화의 결과로
우리는 물질적 풍요를 얻었지만, 한편으로는 '바나나 민족'이라는 따돌
림도 받아야만 했다. 영어만이 전부가 아니라는 자각이 시민들 사이에
점차 싹트기 시작한 것이다. 이러한 의식의 대전환을 더욱 부추기는 것
은 자연스럽게 우리와 역사적으로 문화적으로 가까운 새롭게 떠오르는
중국이다.

　중국의 국가 경제력 성장과 더불어 과거 영어가 차지했던 지위를 이
제는 중국어가 누리고 있다. 예전에 지식인들이 영어를 독점했던 것처
럼 오늘날의 지식인들은 중국어를 독점하고 있다. 새 경제질서와 다변
화된 새로운 사이버 경제주의 경쟁사회에서 성공하는 길은 온 국민이
중국어로 새롭게 무장하는 일이다.

　중국어가 새겨진 옷, 중국어로 뒤덮인 거리의 간판, 중국어 노래가사
등을 쉽게 접할 수 있게 되었다. 이제 영어 철자는 틀려도 별로 창피하
게 생각하지 않지만, 중국어 획수는 철저하게 지키려는 모습이 대학생
들 사이에 널리 퍼져 있다. 중국 본토 발음으로 쏼라쏼라거리는 중국 유
학생들의 의기양양한 모습을 우리 주변에서 흔히 접할 수 있게 되었다.

中經濟 "30년내 美 잡는다"

굴 삼는 중너
1) 세계경제의 중심, 중국

하루에 548개 꼴 사영기업 탄생
가전·통신 생산량 이미 세계1위
GDP 43%규모 부실채권 난제로

중국경제는 개혁·개방 이후 20여년 동안 연평균 10%대의 육박하는 고도 성장을 기록하며 아시아경제의 동력으로 자리를 잡고 있다. 사진은 상하이 푸둥 룽의 낡은 용기를 한 가입된 베이징 중심거리의 시민들이 바삐 오가고 있다.

〈대한매일〉 2003년 1월 1일

중국어는 이제 우리 생활 속에 깊숙이 자리잡고 있다.

'바나나 민족'과 '바나나 세대'

한국인의 영어 공용화 역사가 올해(2123)로 100주년을 맞는다.
이제 대부분의 한국인에게 영어가 모국어이다. 아니 모국어 수준으

이젠 중국어 **159**

로 영어를 사용하고 있다. 120여 년 전의 과감한 모험이 이제 결실을 보고 있다. 더 이상 영어를 배우려고 엄청난 교육비를 들이지 않아도 되며, 미국에 조기 유학을 보내서 영어만이라도 '건지려는' 몸부림을 치지 않아도 된다. 영어 학습에 대한 근원적 고민이 이제 끝난 것이다.

그런데 언어 장벽을 극복한 우리들에게 장밋빛 앞날만 기다리고 있지 않다니! 세계인들은 우리를 'Banana Race'로 부른다. 겉모양은 코리안인데 자신의 문화나 민족적 주체성에 대해서는 전혀 알지 못하고 서구 문화에만 젖어 있기 때문이란다. 그들은 우리가 잘 아는 서구 문화에 대해서는 전혀 궁금해하지 않고 코리안의 고유 문화가 무엇인지 알고 싶어한다. 왜, 그들은 우리가 잘 모르는 것들만 족집게처럼 찾아내서 집요하게 알려고 하는 걸까? 우리의 고유 명절은 무엇이며, 즐겨 먹던 음식과 즐겨 부르던 노래를 알려 달란다. 지금 우리가 즐겨 먹고 즐겨 부르는 노래가 그들이 먹고 듣는 것과 똑같은 것인데도.

1935년 12월 25일 수요일

오늘은 크리스마스다. 미국인이나 영국인이, 조선 기독교인들이 크리스마스의 신성함에 대해 자기와 똑같은 감정이나 느낌을 가졌으면 하고, 아니 이 신성한 시즌을 기뻐했으면 하고 기대하는 게 가당키나 한가? 그건 분명히 가당치 않은 일이다. 감정이 원숙해지고, 풍부해지고, 신성화되려면 시간이 필요하다. 조선인이 어느 과학분야에서는—지식의 영역에서는—최고 수준에 도달할 수 있을지도 모른다. 그러나 지금 조선인들이 크리스마스에 대해 미국인이나 영국인과 똑같은 감정을 가질 수는 없다. 아니 바랄 수조차 없다. 왜냐하면 그 감정은 영국인이나 미국인에게는 시와 소설, 역사, 전통 그리고 무엇보다도 가정생활을 통해서 수세기를 거치면서 원숙해지고 풍부해지고 신성화된 것이기 때문이다.

— 김상태 편역(2001)『윤치호일기 1916~1943 -한 지식인의

서구인들은 공식 모임에서는 친근감을 갖고 우리를 대해주지만 비공식 모임에서는 '바나나 민족'이라고 부른다. 우리는 이러한 대우를 영어를 사용하지 않는 중국어권, 독일어권, 스페인어권, 아랍어권 등에서 더욱 심하게 받는다. 영어로 꿈도 꿀 수 있는 우리가 왜 이렇게 무시를 당하는 걸까?

원래부터 영어를 사용한 영국인이나 미국인들이 일상생활, 사소한 결정을 하는 작은 일 등에서는 친절한 것처럼 보이지만 중요한 의사결정을 하거나 승진, 혼인 따위의 결정적인 순간이 되면 끼리끼리 울타리를 정해서 우리들을 국외자로 따돌릴 때마다, 우리는 우리 자신의 정체성이 무엇인지 당황한다. 지금부터 120여 년 전에, 미국인이 세계 1위를 독점하다시피 한 야구나 골프에서 이례적 성공을 거둔 박찬호나 박세리 등도 이러한 무시를 여러 번 당했다. 당시 미국에서 최고로 성공한 사람들에 대하여 '황색 특급'이니 '황색 바람' 따위로 표현하는 것에도 유색인종에 대한 '차별' 의식이 도사리고 있었다.

우리는 누구인가? 우리는 왜 저들과 다른가? 똑같이 영어를 말하는데, 거의 같은 발음을 구사하는데……. 아직 과학의 발달은 인간의 외형을 바꿀 수 있는 유전자의 해독에는 미치지 못하고 있다. 아무리 성형수술 기술이 발달한 요즘이라도 그 부작용이 만만치 않다. 탈색 수술의 경우, 시술 후 10년이 지나면 얼굴에 반점이 생기고 심하면 피부가 벗겨진다. 째진 눈을 좀더 크게, 황색 피부를 백색으로 손쉽게 바꿀 수 있는 날은 언제일까? 그 희망이 이루어진다면 차별대우는 사라질까? 혹은 김치와 마늘을 먹지 않고도 살 수 있는 식성의 변화까지 유전자 조작으로 바꿀 수도 있다면, 코리안의 정체성에 대해서 갈등하는 일도 없어지지 않을까?

'바나나'의 설움은 언제까지 계속될 것인가? '차별'과 '차이'를 구별

못하는 지구촌의 미성숙함은 22세기인 오늘에도 여전하다. '빠다 냄새' 풍기는 기가 막힌 발음을 하더라도 '째진 눈'에서 오는 이질감은 2123년에도 극복되지 않고 있다.

지금으로부터 120년 전인 2003년 우리의 선조들은 미주 이민 100주년을 기념하였다. 1903년 1월 13일 미국 상선 갤릭(Gaelic)호의 3등석에 탔던 121명 중 의료시설의 부족으로 배 안에서 19명이 사망하고, 56명의 남자와 21명의 여성, 25명의 어린이 등 총 102명의 한인들이 하와이 호놀룰루항에 기착했다. 사탕수수 농장의 일꾼으로 '기회의 땅'에서의 노동이민이 그렇게 시작된 것이다. 헐벗고 굶주린 지긋지긋한 가난의 설움을 후손에게는 물려주지 않으려는 절박함이 그들을 배에 오르게 했다. 그들이 '아메리칸 드림'을 이루고자 20여 일 간의 거친 파도와 싸우며 발을 디딘 땅은 포와도(布蛙島, 하와이의 옛 이름). "포와도엔 돈나무가 열리고 미국 본토는 길이 황금으로 되어 있다."는 꿈 같은 소문이 사실이기를 바라면서.

그럼에도 월급 16달러는 충분하지 못했다. 어떤 사람은 기억하기를 그의 생활비는 한달에 12달러 55센트라고 했다. 그래서 그는 "우리는 희망을 잃었다. 우리가 공부를 하려면 음식 먹는 것을 포기해야 했고 고국으로 돌아가려고 해도 뱃삯을 마련할 수가 없었다."라고 말했다.

그리고 한 이민자의 딸은 다음과 같이 기록했다.

"나는 오랜 세월이 지난 후 아버지에게, 우리가 하와이에서 바나나를 먹을 수 있었느냐고 여쭈어 보았다. 아버님은 바나나 한 다발에 5센트면 살 수 있었으나 우리는 살 수가 없었다고 말씀하셨다. 우리가 하와이에 도착했을 때는 입은 옷과 이부자리뿐이었으므로 바나나를 살 돈도 없었다고 말씀하셨다. 우리는 짚으로 지붕을 인 숙소에서 살았으며 땅바닥에서 잤고 가구 하나하나를 장만하기 위하여 그야말로 밑바

최초의 한인 이민선 갤릭호

닥에서부터 절약하며 시작해야만 했다고 말씀하셨다."

　　　　—웨인 페터슨/정대화 역(2003)『하와이 한인 이민1세 –
　　　　　　　　　그들 삶의 애환과 승리(1903~1973)』38쪽

　　우리를 '바나나 민족'이라고 부르는 따가운 시선은 지난날 우리의 선
조가 이민선을 탄 상황을 돌아보게 한다. 한국의 미국 이민자들이 노력
만 하면 모든 것이 이루어진다는 '기회의 땅'에서 겪은 어설픈 희망에
대한 좌절감이 후손들에게 반복되는 것인가?

　　어느 사회나 그러하듯이, 미국 사회에도 사회적 계층은 엄연히 존재
한다. 상류 계층은 흔히 WASP(White Anglo-Saxon Protestant)로 불리는
백인 영국계 신교도들이 대부분을 차지한다. 이 계층은 개인의 능력에
따라 한계 없는 출세가 보장된다. 말 그대로 그들에게 미국은 '기회의
땅'이다. 지난날 미국 이민 100주년을 맞이한 한인들이 왜 대부분 세
탁소나 슈퍼마켓 등의 상권을 차지하였는지는 오늘 우리에게 시사하

한인사회, 커지는 정치·경제적 파워

"영업시간을 규제하는 시(市) 조례는 헌법이 정한 형평의 원칙에 어긋난다."

1999년 10월1일 미국 뉴저지주 해컨색 고등법원은, 2년 동안 계속됐던 한인들의 법원투쟁이 승리로 마무리되자 캘리세이즈 카크 세탁업주 권리옹호를 주도했던 시 당국의 영업시간 제한조치에 대해 조너선 해리스 판사는 "엘리자베스 시 상권의 36%를 차지하는 한인 상가의 영업시간을 제한한 것은 한인의 상황화의 실종 흐름과도 시기상 맞다"라고 지적했다.

먹고살기에 바빴던 미국 한인에게 정치는 오랫동안 '그림의 떡'이었다. 그러나 소득수준이 향상되면서 '유권자 등록운동'이 벌어지고 미국사회 적응의 척도인 '기부문화'에도 눈을 돌리는 등 정치의식이 급격하게 높아지고 있다.

▽한인의 '辛 점은' 상권=뉴욕 맨해튼의 유대인 세탁소를 사들인 김영환씨(50)는 토요일에도 오후 8시까지 가게를 지킨다. 직원이 30명이나 되지만 뉴욕시 내 177호 호텔을 단골로 둔 덕택에 쉴 틈이 없다.

뉴욕시 내 세탁소는 모두 5000여개. 이 중 60%인 3000여개가 한인 소유다. 연방정부가 세탁관련 환경법안을...

... 중 하나위 그렸을 정도다. 그는 1999년 예산이 모자라 문을 닫게 된 산타모니카를 내 한국관을 지원한 것을 계기로 약 1600억달러를 기부해 샌프란시스코 시민이 존경하는 '박물관 살리기 운동'의 도화선이 됐다. 유고명(鵬尙明) 샌프란시스코 ...

▽'흥부 리 아시아예술문화센터'=1903년 미국에 뿌리를 내린 샌프란시스코 한인인 이종선(李鍾善·74) 암벽스텐죠 회원 예기든 나오며 어째가 으뜨렀다고. 중국계가 가혹했놓은 이 상 중심가 부근에서 지난 3월20일 '흥부 리(chonamoon lee)' 아시아예술문화센터'가 탄생했다. 아시아계 이민자의 이름이 대도시 박물관 이름에 붙은 것은 이번이 처음이다.

종근당 창업자 이종근(李鍾根)씨외 동생인 이 회장은 군사정부당 협회 요청을 뿌리치고 1970년 캘리포니아 실리콘밸리에 컴퓨터 회사를 차려 아메리칸 드림을 이뤘다.

민간 법인으로서 이 회장의 성공담은 흔한 축제이야기...

뉴욕 세탁소 60% 소유… 첨단분야로 눈돌려

박물관 거액 기부등 '주류사회 노크' 본격화

유권자 등록 운동… 정치적 영향력 확대 관심

마련할 때면 한인세탁협회의 회장을 찾아가야 한다.

한인의 '주류진입' 또 다른 시장은 월가(街)와 실리콘밸리(街)의 작은 슈퍼마켓인 델리 그로서리. 뉴욕의 1만3000여개 델리·그로서리 중 한인 8000여개의 주인이 한인이다. 맨해튼의 델리마켓은 가게의 비싼데도 경쟁력이 워낙관광 2000~3000원이 쏟고 있다.

두 시장은 과거엔 유대계나 이탈리아계 미국인이 독차지했으나 남의 부지런한 한인에게 상권이 넘어왔다. 유대인 등 이민사회 '선배'들이 이 주류사회의 스테이크가는 과정을 이제는 한인이 따라 밟는 셈이다.

'콤퓨팅' 기업엔 미국도, 최근엔 꿈의 정보기술(IT) 분야에 한인들이 뛰어들면서 한인 사회의 파워는 감수록 켜지고 있다. 1983년 한인으로 첫 미국 주식 상장 기록을 세운 TTP...

한인이 아무리 미국적 사고방식과 모국어 화자 수준의 영어를 구사하고 원만한 사회적 능력을 겸비하였더라도 문화적 취향이나 외향적 모습의 차이 때문에 불합리한 대우를 받는 사례가 빈번히 나타나게 된다.

찬호와 미국 그리고 차별

아주 오래 전 UCLA 남자 농구 팀은 무적이었다.

전설적인 감독 잔 우든이 이끌었던 UCLA에는 카림 압둘 자바라는 대형 센터가 있었다. 압둘 자바는 UCLA에서뿐만 아니라 NBA에서도 초대형 센터로서 맹활약하며 수백 종류의 기록을 세운 바 있다.

〈동아일보〉 2002년 12월 31일

는 바가 크다.

인종의 용광로인 미국 사회는 실제로 같은 인종끼리 어울리는 차별화의 문화이다. 공식적인 자리에서는 장벽이 없어 보이지만, 눈에 보이지 않는 심리적, 사회적, 인종적 장벽이 늘 있다. 한 개인의 사고방식이 아무리 미국적이라고 해도 '김치 냄새', '마늘 냄새', '째진 눈', '황색 피부'를 가지고는 그들의 대열에 합류할 수가 없다. 사실 이는 한국인이 흑인을 '깜둥이', 중국인을 '되놈'이라고 놀렸던 태도와 크게 다르지 않은 것이다. 이러한 차별은 한 개인의 성취를 방해하는 요인으로 작용하기도 한다.

압둘 자바가 가장 존경했던 감독은 바로 우든이었는데 존경했던 만큼 섭섭한 감정도 많았다. 바로 단 한 마디의 말 때문이었다. 우든 감독은 평소에 신사적이고 선수들을 아들처럼 대하는 것으로 잘 알려져 있었다. 하지만 우든 감독도 인간인지라 너무 화가 났을 때 압둘 자바를 향해 "nigger(검둥이)"라는 표현을 썼다. '인격자' 우든 감독의 입에서 평생에 두 번 이상 나오기 힘든 단어였을 것이다.

정말 존경했던 감독의 입에서 흑인을 비하하는 말인 'nigger'가 발음됐을 때 압둘 자바의 마음 속에는 한순간, 섭섭함과 동시에 치욕감이 밀려들었을 것이다. 당시만 해도 흑인 차별에 대해 흑인들은 극도로 민감한 반응을 보일 때다.

무대는 2001년 다저스 스타디움으로 바뀐다.

다저스의 감독과 투수 코치 그리고 박찬호의 전담 포수 채드 크루터는 '코리안 특급'을 일제히 맹비난했다. 박찬호가 8월 들어 단 1승도 올리지 못하고 또 2경기에서 부진을 보인 것에 대한 반응이었는데 올시즌 22차례나 퀄러티 스타트를 기록한 선수에게는 가혹할 정도였다.

만약 케빈 브라운이 이런 상황에 있었다면 가능했던 일일까. 설사, 감독과 투수 코치, 그리고 크루터가 '다른 뜻(?)'이 없었다고 했을지라도 박찬호는 압둘 자바가 받았던 비슷한 느낌을 받았을 것이다. "아, 또 이렇게 차별을 받는구나."

박찬호의 발차기 사건 때, 그가 했던 말을 우리는 잘 기억하고 있다. 아시안으로서 메이저리그에서 뛸 때 눈에 보이지 않는 차별이 있다고 그는 말한 적이 있다. 미국에 살고 있는 나도 이런 경험이 많아 억울하고 답답할 때가 한두 번이 아니었다.

…(중략)…

미국은 인종차별이란 것이 우리가 생각하는 것보다 상당히 뿌리깊고 심각하며, 강한 폭발력을 지닌 뇌관과도 같은 풀기 쉽지 않은 문제이다. 인종 문제에 대한 이해 없이는 미국 문화를 제대로 이해하기에는 어렵다고 말하는 전문가들도 있다. …(하략)…

— 박병기(ICC편집장), 〈동아일보〉 2001년 8월 23일

미국의 한국인 이민 2세를 '바나나 세대'라고 칭한다. 이는 피부색은 황색이지만 사고방식은 백인과 같은 이민 2세대를 황색 껍질에 덮여 있는 흰색 내용물에 비유한 표현이다. 이민 1세대에 비해서 미국화된 이민 2세대에 대한 비난이 '바나나 세대'라는 표현 속에 녹아 있다. 사실 이러한 현상은 미국적 환경에서 자란 이민 2세대에게는 피할 수 없는 것이다. 그런데 그들에게 한국적 사고방식을 갖고 있지 않다고 비난하는 것은 사리에 맞지 않는 감정적 주장에 지나지 않는다. 그들은 자신이 처한 환경에서 적자생존하기 위해서 그러한 모습(미국적 사고방식)을 갖게 된 것에 불과하기 때문이다.

> 미국에는 소위 '인종 판단(Racial Profiling)'이란 말이 있다.
> 경찰관들이 쓰기 시작한 이 말은 미국에서 유색 이민자들이 생활하기가 얼마나 힘든지를 보여주는 단적인 예가 될 수 있다.
> 음주 단속이든지, 길거리에서의 불심검문이든지, 아니면 수사선상에 있는 피의자든지 경찰관들이 어떤 용의자를 수사할 때에 작용하는 일종의 선입견이 바로 '인종 판단'이다.
> 일부 경찰서는 경찰관들을 교육시킬 때 이 '인종 판단'을 복무규범에 넣어서 사용하다가 논란이 된 적도 있다.

— 이영돈(2003)『미국 환상깨기』230쪽

한국계 미국인은 그가 아무리 영어를 유창하게 구사하더라도, 테러와 같은 미국의 국가 안보를 위협하는 사건이 발생하면, 예외없이 얼굴 인식을 위한 홍채 촬영과 DNA 유전자 검사를 받아 이를 유전자 정보은

행에 등록해야 한다. 이는 백인계 미국인을 제외한 모든 유색인종의 미국인들에게 적용된다. 이 법안은 2001년 9·11 연쇄테러의 여파로 유사한 테러를 방지하기 위하여 2003년 부시 미국 대통령이 유학생 등 외국인들의 출입국을 강화하는 '국경 보안 강화 및 비자 입국 개혁법'에 서명한 이후로 강화되기 시작했다. 한국계 미국인이나 한국인으로 미국에 입국하고자 하는 사람은 예외없이 그의 생물학적 정보가 담긴 카드를 소지하고 있어야만 하며, 경찰이나 보안 관계자로부터 신분 확인 요구가 있을 때에는 이 카드를 제시하여야만 한다. 이는 외국계 미국인은 범죄를 저지를 수 있다는 가정 하에 강제적으로 유전자를 채취하는 것으로 유색인종에 대한 인권은 철저히 무시되고 있다.

우리는 이제 영어를 완벽하게 사용하지만, 미국이나 영국에서는 우리를 제대로 인정해주지 않고 있다. 사회 일각에서는 영어 공용화를 모든 것을 손쉽게 해결해줄 수 있는 '도깨비 방망이'로 착각한 것이라는 반성이 일고 있다. "영어만 잘하면 모든 것을 얻을 수 있다."고 꿈꾸며 서둘러 영어 공용화에만 온갖 노력을 기울였던 결과를 오늘 우리가 맛보고 있다. 우리의 안이함을 되돌려 치료받을 수 있을까. 사실 120년 전에도 이와 같은 사실을 확인할 수 있었다. 조금만 세심하게 검토했다면, 영어가 그렇게 절대적인 2000년대에도 미국 교포의 자녀가 한국에 오면 모두 부자가 되고 성공해야 하지만 실제로는 그렇지 못했던 현실을 간파할 수 있었을 것이다. 영어 자체만으로는 부자가 되기 어려운 것은 120년 전이나 지금이나 변화되지 않는 진실이다. 우리보다 오래 전에 영어를 공용어로 사용한 필리핀은 영어 잘하는 대학 출신 가정부를 해외에 수출하는 정도이지만 그 나라의 경제력이 달라지지는 않았다.

이젠, 자이지엔(再見)!

미국방언협회(ADS)*는 2122년 1월 6일 '2121년의 말'로 CHINA를 선정했다. ADS는 CHINA가 세계 경제계에서 차지하는 중국의 위치와 역할에 따른 지구촌의 관심사를 잘 반영하고 있어 올해의 말로 선정했다고 밝혔다. CHINA라는 단어는 지난 한해에 텔레비전과 라디오를 통해 가장 많이 방송되었으며 2121년 미디어에서도 가장 광범위하게 사용된 단어로 밝혀졌다.

한편, '2120년의 말'로는 미국 경제의 급격한 쇠락으로 인해서 많은 사람들이 우울증을 겪고 있는 세태를 반영한 'Hypochondria'가 선정되었었다.

세계인들은 지금 중국어 학습에 열을 올리고 있다. 이미 우리는 22세기를 맞이한 2100년에, 일본인들이 21세기 일본의 구상*을 발표한 것과 같이, '22세기 한국의 구상'에서 영어와 중국어를 공용어로 삼을 것을 정부에서 추진한 바 있다.

이러한 세계적 추세에서 우리가 예전부터 중국과 지리적으로는 가깝고 문화적으로 오랜 유대의 전통을 가진 것은 큰 행운이 아닐 수 없다. 조선시대 태조 2년(1393)에 사역원(司譯院)*을 설치하고 중국말을 익히

---

* 미국방언협회(American Dialect Society)
  영리를 위한 것이 아니라 학술적 공동체를 위해서 조직된 단체로 북미의 영어에 대한 연구를 목적으로 하며, 북미의 영어에 영향을 주거나 받은 다른 언어나 다른 언어의 방언에 대해서도 연구한다. 매년 1월 초 '올해의 단어'를 선정하여 발표한다.
* 21세기 일본의 구상
  2000년 1월 일본의 오부치 게이조 총리의 개인 정책 자문 그룹에서 만든 것으로, 새 천년을 맞아 경제대국 일본이 나아가야 할 청사진을 제시하고 있다. 국제 대화 능력의 향상을 위해서 사회인 전원이 실용영어를 능숙하게 구사할 수 있도록 목표를 설정하고, 공공기관의 간행물은 일본어와 영어 2개 국어로 작성하며, 장기적으로는 영어를 제2공용어로 삼을 것을 주장한 바 있다.

게 하였으니, 중국어를 배우는 게 한국인에게 새삼스러운 것은 아니다. '동무 따라 강남(江南) 간다', '강남(江南) 갔던 제비가 돌아오면' 등의 일부 속담에 남아 있는 것을 보더라도 우리 문화가 중국과 매우 밀접했다는 것을 알 수 있다. 속담은 그 민족의 생활을 담고 있는 것이니까. 한때 '뙤놈처럼 의심이 많다', '뙤놈 인심 같다' 등과 같은 중국을 비하하는 표현도 있었지만, 중국과 우리나라는 전통적으로 '형제지국(兄弟之國)'의 관계를 맺은 가까운 이웃이었다.

집현전 부제학(副提學) 설순(偰循) 등이 상서하기를,

"신 등이 보옵건대, 주상 전하께서 본국의 학술이 천협(淺狹)하고, 중국어의 와류(訛謬)된 것이 있음을 깊이 우려하시와, 우리나라 젊은 자제들을 중국에 보내어 입학하게 하시려다가, 곧 칙유를 다시 내려 국내에서 학업에 힘쓰게 하시고, 이에 일찍이 선발한 바 있는 수찬(修撰) 신(臣) 신석견(辛石堅)·부수찬(副修撰) 신 남수문(南秀文)·저작랑(著作郎) 신 김예몽(金禮蒙) 등에게 이내 사역원(司譯院)에서 그 업을 수습(修習)토록 명하시니, 사대하시는 그 정성이 실로 더할 수 없이 지극하신 바 있습니다. …(중략)… 그러하온데, 지금은 다만 중국어를 습득할 뿐이니, 중국어란 배우기가 몹시 어려워서, 어려서부터 익혀도 오히려 정숙하지 않은 것을 우려하옵니다. 이제 신석견 등은 나이가 이미 지나고 혀가 이미 굳어서, 비록 오랜 세월을 두고 연습을 쌓는다 하더라도 공을 이루기가 어려워서, 도리어 보통 통역에 종사하는 자만도 못할 것입니다. …(중략)… 바라옵건대, 재능에 따라 임용하시는 밝으

---

* 사역원(司譯院)

고려·조선시대의 번역·통역 및 외국어 교육기관이다. 고려시대에는 주위 여러 나라와 문물 교류를 위하여 역관(譯官)을 두고 한어(漢語)·거란어·여진어·몽골어·일본어 등을 학습했다. 조선시대에는 건국 초기에 한어(漢語)만을 교습하다가 몽골어·왜어(倭語)·청어(淸語:여진어) 등을 학습했다.

신 단안을 내리시와, 신석견·남수문·김예몽 등을 도로 본전(本殿)으로 나오게 하시어 그 학문을 전공하게 하시면 이보다 다행함이 없을까 하나이다."

하니, 임금이 영의정 황희와 좌의정 맹사성에게 문의하기를,

"집현전 상서에 신석견·남수문·김예몽 등에게 주어진 중국어 수습의 과제를 그만두도록 하고, 본전의 근무로 도로 돌려주도록 청하였으나, 내 생각에는 문학 연구와 중국어를 겸해 수습하여도 학문 연구에 손실을 가져올 리가 없을 것이고, 또 오경과 사서를 모두 중국말로 읽는다면 국가에 보익됨이 많으리라고 믿으니, 이를 논의하여 계달하라."

하였다. 황희 등이 아뢰기를,

"순전히 중국어를 학습하게 하여 사대에 도움이 되도록 하는 것이 옳습니다."

하니, 임금이 말하기를, "그럴 것이다." 하였다.

— 『조선왕조실록』 3집 536쪽 세종 16년

중국어 고급 학습자는 표준어인 보통화(普通話)*의 발음만 익힐 것이 아니라, 간체자(簡體字)* 사용에도 익숙해야 한다. 베이징어와 보통

---

* 보통화(普通話)

한국어의 표준어에 해당하는 언어를 중국어에서는 '보통화'라고 칭한다. 중국은 한족, 장족, 후이족, 위구르족, 몽골족, 티베트족, 먀오족, 바이족 등의 다민족으로 이루어졌다. 한족이 92%, 58개 소수민족이 8%를 차지한다. 소수민족은 국토의 50~60%에 퍼져 있기 때문에 한족이 사용하는 한어가 중국에서 폭넓게 통용되지만, 한어를 습득했다고 해도 모든 중국인과 의사소통을 자유롭게 할 수 없다. 더구나 한어도 베이징어, 상하이어, 푸젠어, 광둥어 등으로 나뉘기 때문에 서로간에 말이 잘 통하지 않는다. 따라서, 표준어를 정할 필요가 있게 되는데, 1956년 베이징 국무원에서 보통화 보급에 대한 지시를 내려서 베이징을 중심으로 한 북방 방언을 바탕으로 하여 인위적으로 만들었는데, 베이징어보다는 하얼빈(동북3성)의 발음이 보통화에 더 가깝다.

* 간체자(簡體字)

전통적인 자체(字體)의 한자를 '번체자(繁體字)'라고 하는데, 복잡해서 사용하기에 불편하다. 중국문자개혁위원회에서 1955년 이후 일부 한자를 간략화한 '이체자정리표(異體字整理表)'

중장년층에까지 퍼진 중국어 학습 열풍

화가 일치하는 면도 있지만, 다른 면도 있기 때문이다. 또한, 중국어 유학을 준비하는 사람은 한어수평고시(漢語水平考試) 준비를 철저히 해서 좋은 점수를 얻어 자신이 원하는 대학을 갈 수 있도록 해야 할 것이다.

중국한어수평고시(HSK)는 중국어 능력 평가고시로서, 중국어를 모국어로 하지 않는 사람을 대상으로 하는 중국어 능력 검정시험인데, 중국 내 소수민족도 한족대학(漢族大學)을 가려면 필수적으로 이 시험을 보아야 한다. 이 시험은 특정 교재나 교과과정의 내용을 근거로 삼는 것이 아니므로 응시자는 특정 교재의 내용으로 고시 준비를 할 필요는 없다. 그 수준은 초·중등은 5100여 개, 고등은 9000여 개의 어휘를 자유롭게 활용할 수 있는 정도이다. HSK는 기초, 초중등과 고등으로 나뉘어 있으며, 기초시험은 중국어를 6개월~1년 6개월 정도 공부한 수준이라

를 제정한 이래, 1964년 '간체자(簡體字)' 2283자를 만들어 사용하고 있다. 이는 '간화한자(簡化漢字)'라고도 한다. 번체자는 대만·홍콩·한국 등에서, 간체자는 중국 대륙·싱가포르에서 각각 사용된다. 간체자는 한국이나 일본에서 쓰고 있는 약자(略字)와 일치하는 것도 있지만, 미묘한 차이를 보이는 것들도 있기 때문에 사용자는 이를 잘 구분해야만 한다.

면 충분히 응시할 수 있는 정도의 난이도이다. 한어수평고시 최고점은 청취 495점, 독해 495점으로 총 990점이다. 수험생은 廳力理解(듣기), 閱讀理解(독해), 綜合表達(종합이해, 괄호 넣기), 作文(작문), 口術(읽기와 말하기) 등을 종합적으로 준비해야 한다.

최근에 중국으로 유학을 준비하는 많은 젊은이들이 해당 대학에서 요구하는 점수를 따지 못해서 애를 먹고 있다. 특히, 한국인은 듣기 시험에서 점수가 제대로 나오지 않는다고 하는데, 좀더 높은 점수를 얻기 위해서는 지문을 들을 때에 발화자의 억양이나 어투에 유의해야 한다. 만일 모르는 단어가 나오더라도 당황하지 말고 가능한 주의력을 집중해서 아는 단어를 하나라도 더 들어야 한다. 이를 바탕으로 정황을 파악해야만 올바른 답을 고를 수 있다.

중국한어수평고시 강좌, 중국어 청력 이해, 중국어 단어 암기장, 중작, 중국어 독해책 등의 중국어 교재 시장의 규모가 나날이 커가고 있다. 심지어는 영유아 중국어 교재 시장 규모도 해마다 곱절씩 늘어가는 추세이다.

중국어다운 중국어를 사용하자

요즘 중국어 학습 광고에서는 단기간에 중국어를 습득할 수 있는 묘책이 있는 것처럼 선전하고 있다. 어느 날 갑자기 12시간 안에 중국어가 들린다는 '중국어귀'라는 제품이 인터넷 배너광고에 등장하고, 12일 간 단지 중국어 시디를 듣는 것만으로도 중국어 실력이 향상된다는 귀가 번쩍 뜨이는 광고가 곳곳에 도배되다시피 하고, 6개월 내에 중국어를 현재 사용하고 있는 영어만큼 말할 수 있다는 허황된 주장도 생활 주변에서 종종 접하게 된다. 이러한 광고에 현혹되어 소비자들은 비싼 제품 구입비와 중국어 강의료를 지불했지만, 제대로 된 중국어를 구사하는 사람은 주위에서 찾아볼 수 없다. 외국어를 6개월 만에 끝낸다는 것은 언어학적으로 볼 때 도저히 받아들일 수 없는 주장이다. 예전에도 다른 나라의 말('오랑캐말'이라고 얕잡아 봄)을 '까다로운 말'(夷語 格大論 罵, 『조선관역어』*)이라고 하지 않았던가.

우리는 이제 중국어를 영어와 같이 유창하게 말할 수 있기 위해서는 체계적인 교육을 받을 필요가 있다.

초·중·고교 학생들의 중국어 교육 과열 분위기에 편승해 서울 시내 외국어 학원들이 무자격 외국인 강사를 채용하는 등 불법행위가 성행하고 있다. 외국어 강사 중에는 자국어가 중국어가 아닌 에티오피아인은 물론 중국인과 결혼한 내국인 여성까지 포함돼 있는데도 일부 학원들이 중국 대학 출신의 원어민 강사라고 속이는 일까지 벌어지고 있다.

시청에 따르면, 2120년에 무자격 외국인 강사 28명과 이들을 고용한 외국어 학원 원장 21명 등 49명이 경찰에 적발돼 출입국관리사무소에 신병이 넘겨지거나 명단이 통보됐다고 한다. 출입국관리법상 외국인 강사는 입국시 회화지도용인 'E2'비자를 발급받아야 하지만, 이들은 일반 연수용인 'D4'나 공무용인 'A2'비자 등을 발급받아 입국, 체류 자격 외의 활동을 했던 것으로 드러났다. 이에 대해 교육청 관계자는 "최근 중국어 교육 과열 현상이 발생하고 원어민 강사를 선호하는 사회 분위기 때문에 무자격 외국인 강사를 채용하는 학원들이 늘어나는 것 같다."고 전한다.

---

* 조선관역어(朝鮮館譯語)
중국인들이 주변 국가의 어휘를 나라별로 모아 놓은 『화이역어(華夷譯語)』 속에 들어 있는 것으로 조선어 어휘집이다. 15세기 말이나 16세기 초에 제작되었을 것으로 추정되며, 천문문(天文門), 지리문(地理門), 시령문(時令門), 화목문(花木門), 조수문(鳥獸門), 궁실문(宮室門) 등의 19개 부문으로 나누고, 597개의 생활 어휘가 포함되어 있다. 맨 위에 한자 어휘를 적고, 중간에 조선어 고유어 발음을 중국 한자어의 발음으로 한자로 표기하고, 맨 아래에 조선 한자 어휘의 발음을 한자로 기록하여 조선어와 중국어를 대역해 놓았다.

조선시대에는 역관들의 중국어 실력을 향상시키기 위하여 중국 현지에 역관들을 파견하는 방법 외에 중국의 원어민을 강사로 초빙하여 중국어를 가르치도록 하는 방법을 취하기도 하였다. 그 예로 세종 23년 10월에 중국의 遼東鐵嶺衛軍人인 李相을 국경 지방에서 서울로 초청하여다가 수개월간 承文院 生徒와 講肄生들에게 吏文과 중국어를 가르치게 하였다.

漢音傳音漸致差訛 慮恐倘有宣諭聖旨難以曉解 朝廷使臣到國 應待言語理會者少 深爲未便 幸今李相粗識文字 漢音純正 擬合存留傳習(『世宗實錄』권94, 23년 10월조)

이상 예문은 중국의 사신이 올 때 중국어에 능통한 자가 적어 불편을 겪고 있는데 다행히 李相의 중국어발음이 純正하므로 그를 남기어 중국어를 가르치도록 한다는 기록이다.

─ 梁伍鎭(2000) "한국에서의 중국어 역관 양성에 대한 역사적 고찰"

우리 사회 각계각층의 중국어에 대한 열기는 가히 놀랄 만하다. 그러나 부정확한 발음에 대한 무관심 또한 놀랍다. 현대사회에서 텔레비전과 인터넷의 영향력은 절대적이다. 그런데 텔레비전과 인터넷 방송의 아나운서들 열 명 중 아홉 명 정도는 성조를 구별하지 않고 발음한다. 영어와 달리 중국어는 성조에 따라서 그 의미가 달라지기 때문에 이를 철저하게 지키지 않는 것은 있을 수 없는 일이다. 특히, 3성과 2성을 제대로 구분해야 한다. 또한, 중국어를 중국어답게 하는 역할은 경성(輕聲)*인데, 이에 대한 철저한 발음 교육이 필요하다.

---

* 경성(輕聲)
중국어에는 두 음절 이상의 단어 중에서 마지막 단어가 성조를 잃고 짧고 약하게 발음되는 경우가 있는데, 이 소리를 경성이라고 한다. 경성은 사성조 안에 포함되지는 않지만, 아주 많이 쓰이고 있으며, 앞에 어떤 성조가 오느냐에 따라 음의 높낮이가 달라진다. 조사(我的

사회 일각에서는 중국어 조기 교육 열풍이 불면서 중국어 발음을 능숙하게 할 수 있다는 이유로 어린이 때 혀수술을 시키려는 극성 부모도 보이지만, 전문 의사에 따르면, "혀의 길이가 정상인 아이가 이 수술을 받는다 해서 중국어 발음이 좋아지는 것은 아니다."라고 한다.

일상생활에서 어법에 맞는 중국어를 사용하도록 모두가 노력해야 한다. 부정확한 발음의 중국어, 소위 'Enginese(영어식 중국어)'는 사용하지 말아야 한다. 우리가 사용하는 중국어 중에는 올바르지 않은 중국어가 상당히 많다. 중국인들의 웃음거리가 되지 않기 위해서는 한한사전(漢漢辭典)을 찾아보는 습관을 어릴 때부터 길러야 한다. 다른 사람들이 사용한다고 해서 어법에 맞지도 않는 중국어 단어를 사용할 것이 아니라 차라리 영어를 사용하는 것이 낫다. 엉터리 중국어는 중국 본토인들이 전혀 알아듣지 못한다.

조선족 학생들의 한어 수준 향상

우리 주 조선족교육개혁이 더는 미룰 수 없는 시급한 과제로 떠오르고 있다. 학과목과 교재개혁 진전이 느리고 교원대오가 불안정하며 교수질 제고도 한족 학교에 비하여 뒤떨어지고 있다. 특히 조선족 학생원천이 대폭으로 감소되는데다 갈수록 많은 조선족 학생들이 한족 학교에 전학해 가는 데서 적지 않은 조선족 학교들은 학교를 정상적으로 운영할 수 없는 변두리에까지 이르고 있다.

조사에 따르면 목전 우리 주 조선족 학생들이 소학교를 졸업할 때 한어식자량은 1300자에 달하고 초중을 졸업할 때 한어식자량은 3000자에 달하며 고중을 졸업할 때 한어 수준은 근근이 한족 학교 소학교 졸업생 수준에 이르고 있다고 한다. 조선족 학생들의 한어 수준이 높지

---

wode, 來了laile), 접미사(椅子 yizi, 句子 juzi), 동음이 중첩된 명사나 동사의 제2음절(弟弟 didi, 星星 xingxing), 동의나 이의의 병렬로 된 단어의 제2음절(朋友 pengyou, 收拾 shoushi), 방위사(家里 jiali, 屋里 wuli) 등에 사용된다.

못한 원인으로 대학교에 진학한 후 강의를 듣기 힘들고 학습에서도 한족 학생들보다 뒤떨어지는 등 큰 어려움을 겪고 있다. …(중략)…

주교육학원에서는 조선족교육개혁연구실을 설립하였으며 사범학원 분원에서도 전업을 조절하고 학과설치를 개혁하여 한어로 수업을 받는 학과범위를 확대하였다. 화룡시를 비롯한 여러 시, 현 조선족 학교들에서는 "두 가지 언어"교수 개혁시점을 실행하였는데 목전 전 주에는 조선족개혁실험학교가 22개소가 있는데 이 학교들은 경상적으로 "두 가지 언어"화 개혁실험현지회의와 조선어문교수연구회 등 전문회의를 개최하여 우리 주 조선족교육개혁발전의 발걸음을 다그치고 있다.

—〈연변일보〉 2003년 2월 26일

중국어를 제대로 구사하기 위해서는 중국식으로 사고하는 습관을 키워야 한다. 우리나라와 중국의 문화적 차이에서 오는 표현들은 우리 식으로는 이해할 수 없다. 예를 들어, 영어의 'dragon'은 'His wife is a dragon.'의 문장에서처럼 사악함을 상징하지만, 중국어의 '용'은 '龍袍(용포: 임금이 입는 옷)', '龍顔(용안: 임금의 얼굴)'에서처럼 제왕의 상징이나 '龍鳳(용봉: 뛰어난 인물)'처럼 상서롭고 고귀함을 상징한다. '揮金如土(휘금여토)'는 '돈을 흙 쓰듯 하다'의 뜻인데 '돈을 헤프게 쓰다'를 의미한다. 그런데 우리에게 '흙 쓰듯 한다'는 표현은 잘 이해되지 않는다. 언어체계에서 어휘는 그 민족의 문화를 가장 많이 반영하기 때문에 중국어 어휘는 중국인의 사고체계를 반영할 수밖에 없다. 따라서, 우리가 고급 중국어를 구사하기 위해서는 미국식 사고를 버리고 중국식으로 사고하는 습관을 일찍부터 들여야만 한다.

중국 여대생 양양(22)과 결혼을 약속한 찰스 정(33)은 비단으로 만든 예쁜 '우산(雨傘)'과 다이아몬드가 박힌 '시계를 선물한다(送鐘, 송종)'는 내용의 메일을 보냈다가 낭패를 당한 경험이 있다. 중국어는 동음어가 다른 언어에 비해서 상대적으로 많은데, 이러한 결과 중국어에서는 한 단어가 음이 같거나 유사한 다른 단어를 연상시키는 해음(諧音) 현상이 존재하는 사실을 몰랐기 때문이다. 예를 들어, 결혼 선물로 '우산'을 택하지 않는 것은 우산을 나타내는 '傘(산)'자가 '헤어지다'는 뜻의 '散(산)'자와 같기 때문이며, 시계를 선물하지 않는 것은 '送鐘(송종: 시계를 선물하다)'의 표현이 '送終(송종: 장례를 치르다)'의 어구와 음이 같기 때문이다. 따라서, 어떤 표현을 할 때, 해당 발음과 관련된 표현에서 부정적 의미나 금기되는 의미가 있는지 살펴보아야 한다. 이러한 언어 현상을 제대로 이해해야만 중국인과의 의사소통에서 큰 실수를 범하지 않을 수 있다.

중국어 공용화에 대한 반대와 찬성

여당의 정책기획단이 중국어 공용화론을 제기하자 이에 대한 반대 여론이 들끓고 있다. 영어학회가 반대 성명을 냈고 교육부도 반대 입장을 분명히 했다. 정책기획단에 참여한 일부 시민단체조차 '정치인들의 돌출성 발언'이라고 비난하고 나섰다.

여당측은 '일부 언론에 의해 와전됐을 뿐 확정된 바 없다.'고 해명했지만, 중국어 공용화 논의는 여전히 우리 사회의 현안이 되고 있다. 요즈음의 지식인들 중에는 중국어의 무분별한 사용으로 자신을 현학적으로 보이게 하려는 경향이 있다. 비록 그들이 사용하는 어휘가 학술용어에 국한한다 하더라도 이로 인한 영어의 오염은 불을 보듯 뻔하다. 지식인들은 자신들의 사회적 책임을 절실히 느끼고 언어 사용에 대해서도 깊은 관심을 가져야 한다.

중국어 공용화를 주장하는 사람들이나 새로운 사이버 경제 옹호자들은 마치 중국어를 잘하지 못하면 사이버 세계화 시대에 낙오되는 양 온갖 호들갑을 떨고 있다. 일부에서는 제주도에 한해서만 중국어 공용화를 하자는 다소 후퇴된 안도 제안하고 있다. 한편, 모 대학에서는 오는 2125년까지 영어와 중국어가 동시에 통용되는 '중국어 공용 캠퍼스 (Bilingual Campus)'화 계획을 발표하기도 했다.

그래도 사회 일각에서는 중국어 공용화에 대한 찬성 견해가 조심스럽게 제기되고 있다. 다음은 한 신문의 사설에 소개된 글이다.

중국어가 계급이다*

전 세계가 경제 흐름이 실시간으로 운영되는 사이버 경제 시대, 아무리 실력이 뛰어나도 중국어를 모국어처럼 읽고 쓰고 듣고 말해야만 핵심 인재로 대우받는 세상이 된 것이다. 문제는 정부의 공교육만 믿고선 아무리 열심히 해도 '태생적 한계'를 극복하기 힘들다는 데 있다. 중국어가 계급이라는 말이 나오는 것도 이 때문이다.

중국어, 특히 중국어 회화를 잘해서 중요한 위치에 있게 된 이들은 대체로 부모 잘 만나 중국어권 국가에서 태어났든가, 어려서 중국 생활을 한 계층에 속해 있다. 다 큰 뒤 중국에서 학위를 받아 온 사람이나 심지어 전문통역사들도 이들 중국파의 자연스러운 중국어를 따라가기 쉽지 않다. 다행히 중국 체류 중 2세를 낳아 길렀다면 이 같은 중국어의 한은 대물림하지 않아도 된다. '깨친 엄마'들은 이런 판세를 체험적으로 안다. 초중고교생의 조기 유학이 해마다 두세 배씩 폭증한다는 최근 보도가 말해주듯, '기러기 가족'을 감수하고라도 애들을 어릴 때 내보내는 절대적 이유는 중국어라도 꽉 잡고 돌아오길 바라기 때문이다. 자식만은 자신과 다르게 살기를 원하는 엄마들은 일찌감치 중국어 사교육에 돈을 퍼붓거나 직접 끼고 앉아 테이프를 들려준다. 초등학교에서 벌써 중국어를 꽤 한다는 아이는 중상류층 또는 시간과 교육자본이 넉

---

* 이 글은 〈동아일보〉(2002년 9월 16일)에 게재된 김순덕 논설위원의 '영어가 계급이다'를 패러디해서 쓴 것이다. 원문의 '영어'를 '중국어'로 바꾸었다. 상황에 맞게 일부 어휘도 바꾸었다 (예: 미국을 중국으로, 2007년을 2107년으로).

넉한 엄마를 둔 소공녀 소공자들이라고 보면 틀림없다. 그래서 대부분의 학자가 주장하듯이 차라리 중국어를 공용화하는 것이 나은 방법으로 보인다. 공용화라는 말이 거슬리면 말레이시아처럼 교육언어라 해도 좋고 아예 '미운 말, 우리말처럼 하기 운동'이래도 상관없다. 개인의 인생은 물론 국가의 장래를 좌우하는 중국어 습득을 부모의 능력 또는 개인적 비극으로 두지 말고 국가가 해결하라는 의미에서이다.

중국어 공용화에 반대하는 이들의 주된 논지는 첫째 영혼이 말살된다, 둘째 계층 간 갈등을 부추긴다, 셋째 필요한 사람만 각자 공부하면 될 일을 왜 전 국민이 고생해야 하느냐 등으로 모아진다.

그러나 중국어를 쓴다고 해서 영어를 잊고 영혼까지 사라지게 되리라는 생각은 일제강점기식 논리이다. 그들에게 월드컵 경기 때 영어를 하나도 못하면서도 목청껏 한국팀을 응원했던 재중교포 2, 3세들을 보여줬으면 좋겠다. 애국심은 나라가 자랑스러울 때 절로 우러나는 것이지 중국어 때문에 한국에서 태어난 것을 한스러워하면서 생기는 게 아니다.

중국어 하는 사람과 못하는 사람 사이의 계층이 벌어질 것이라는 우려에 대해선 "국가에서 책임진다는데, 능력이 되는 자만 알아서 해야 하는 지금보다 더 하겠느냐"고 되묻고 싶다.

'필요한 사람만⋯⋯'의 주장을 달리 말하면 "중국어를 무기로 세계 무대에서 돈 버는 건 우리가 할 테니 당신들은 생업에나 종사하라"는 얘기이다. 지금 중국어를 필요로 하는 국민, 필요 없는 국민이 따로 있지 않다. 남아프리카공화국에선 꼬마 축구선수들도 중국어를 익힌다. 선진국 프로팀에 진출하려면 중국어가 필수이기 때문이다. 미국도 대도시에선 유치원부터 중국어를 가르치고 싱가포르는 초등학교부터 '중국어'로 교육하고 있는데, 우리나라는 2107년까지 초중고교에 원어민 교사 5천명을 채용한다는 교육부의 계획도 예산을 못 받아 무산됐다니 참으로 한가롭기 그지없다.

우리의 무대는 한반도에서 그치지 않는다. 가만히 있으려 해도 우리 땅에 들어온 외국인들은 중국어로 우리를 고문하며 갈퀴로 이윤을 긁어 가는 형편이다. 중국과 중국이 주도하는 사이버 경제화를 우리가 좋아하든 좋아하지 않든, 이 세계적 격랑 속에서 생존 또는 승리할 수 있는 핵심 경쟁력은 중국어, 그 소리나는 단일 화폐다. 언어학자 로빈 레이코프가 저서 『언어 전쟁』에서 일갈했듯 언어는 현실을 규정하고 변형시키는 힘이고, 이 파워는 지금 중국어가 갖고 있다.

더 이상 손바닥으로 하늘을 가릴 수는 없다. 우리가 한국인의 자부심을 갖고 중국어를 우리말처럼 할 수 있도록 이제 국가가 나서야 한다.

5장
한국어가 사라진 뒤

영어 공용화 그 후 500년

우리가 잃어버린 것들

민족 의식이 형성되고 이에 따라 속어인 모국어가 보편어*인 라틴어의 역할을 대신하는 것은 중세와 근대를 가르는 중요한 특징이다. 중세에서 근대로의 전환을 알리는 상징적 사건이었던 종교개혁 운동이 라틴어로 된 성서를 모국어로 번역하는 것과 맞물려 있는 것도 이런 맥락에서 이해할 수 있다. 모국어로 된 문학 작품의 생산, 모국어 문법의 정립, 모국어 사전의 편찬 등이 이루어지는 근대 500여 년 동안 모국어는 인류 문화를 가꾸고 이끄는 중심에 서 있었다. 하지만, 세계화가 급속도로 진행되는 현재, 역사는 새로운 전환기를 맞이하고 있다. 미국을 중심으로 진행되는 세계화는 영어를 세계 보편어의 위치에 올려 놓았고, 모국어는 500년 만에 등장한 강력한 보편어와 힘겨운 생존 경쟁을 벌여야 할 처지에 놓였다.

중세를 지배했던 보편어를 누르고 근대 500여 년 동안 이어져 온 모국어 전성시대가 새로운 보편어의 등장으로 심각하게 위협받는 지금, 모국어 전성기간이었던 500년만큼의 시간이 흐른다면 모국어는 어떤 운명을 맞을 것인가? 그리고 우리의 모국어인 한국어는 어떻게 될까?

네댓 살의 아이가 영어학원에 혹은 영어 유치원에 다니는 것이 자연스러운 지금, 영어는 국제 통용어의 위치를 벗어나 일상 생활 언어의 자리까지 넘보고 있다. 이와 함께 영어 공용화 정책은 명분과 논리에 근거한 논의 단계를 지나 선택의 단계로 접어든 듯한 분위기이다. 남은 문제

---

* 보편어

강력한 정치, 문화적 영향력을 바탕으로 유일무이한 국제 통용어가 되는 언어. 중세 서양의 라틴어가 대표적이다. 동양에서는 중국의 한자가 보편 문자의 역할을 했다. 영어를 세계 보편어로 보는 것은 문제가 있지만 미국의 강력한 영향력을 감안하면 중세의 라틴어에 비견될 만하다.

는 '영어 공용화를 선택하느냐 그렇지 않느냐'는 것뿐이다. 한국어의 미래를 이야기하면서 '영어 공용화' 문제를 지나칠 수 없는 것은 이 때문이다. 이렇게 해서 영어 공용화가 된다면 한국어의 미래는 어떻게 될 것인가? 영어 공용화 이후 한 세대가 교체되는 30여 년 뒤, 또 한 세대가 교체되는 60여 년 뒤, 1세기 뒤, 그렇게 시간이 흘러 500년 뒤, 한국어는?

우리는 한국어가 사라질 것으로 가정하였다. 500년 후의 세계는 한국어가 완전히 사라져 버린 세계, 음성 인식이 가능한 자동 번역기가 보편화되어 어떤 말을 하건 듣는 사람은 제가 듣고 싶은 언어로 번역하여 들을 수 있는 세계, 따라서 한 사회의 공용어를 한두 개의 언어로 제한할 필요가 없는 세계가 된다. 모국어가 특별한 의미를 갖지 않는 미래, 그러나 미래의 후손들은 한국어가 사라짐으로써 잃어버린 것들을 찾아 과거로 여행을 떠난다.

타임 캡슐이 발견되면서 이야기는 시작된다. 영어 공용화 이후 100년 후를 가정한 4장의 배경에서 400년이나 흐른 뒤이다. 26세기를 사는 후손들이 21세기에 매설된 타임 캡슐을 이해하는 과정을 통해 500여 년 동안 일어난 일을 가늠할 수 있을 것이다.

500년 전 제작한 타임 캡슐이 개봉되다

리모컨의 NEWS 버튼을 누르자 오늘의 헤드라인이 거실 스크린에 떠올랐다. 'Uri'는 헤드라인을 살펴보다가, "500년 전 제작한 타임 캡슐이 개봉되다"라는 헤드라인을 선택하였다. "지금까지 발견된 타임 캡슐보다 매설 시점이 더 오래된 타임 캡슐이 발견되어 관련 학자들이 내용물 분석에 착수했습니다. 이 타임 캡슐은 2010년 1월 1일에 매설된 것으로 기록되어 있는데, 특히 관심을 끄는 것은 그 당시 사용한 언어와 문자의 모습이 특이하다는 점입니다." 리포터의 음성을 들으며, 설명 화면을 보던 'Uri'는 음성 인식 리모 컨에 언어, 문자 등에 대한 상세 정보를 요구한다는 메시지를 입력하였다. 스크린에 세계 언어와 문자에 대한 정보 목록이 떠올랐다. 타임 캡슐에서 발견된 언어, 문자와의 비교를 요구하자 비슷한 계열의 문자가 없다는 메시지가 출력되었다.

　　매설 일시가 2010년 1월 1일, 개봉 일시가 2510년 1월 1일이라고 찍 힌 타임 캡슐이 발견되었다. 그동안 몇 개의 타임 캡슐이 발견된 적은 있었지만 소규모의 것이었고, 개봉된 자료도 지금 알고 있는 역사적 사 실을 뒤엎을 만한 획기적인 것은 나오지 않았다. 그런데 이번에 발견된 타임 캡슐은 그 크기로 봐서 상당히 많은 자료를 소장하고 있을 것으로 추정될 뿐만 아니라, 코리아 지역에서 발견된 타임 캡슐 중 가장 오래된 것이라는 점에서 사람들의 관심을 끌었다.

　　타임 캡슐의 내용물들은 뉴스에 상세히 소개되었다. 그러나 몇 가지 물품들은 낯선 것이어서, 전문가들조차도 이것의 기능을 정확하게 설명 하지 못했다. 따라서, 물품들에 대한 설명이 기록되어 있는 것으로 추측 되는 비디오 테이프, 마이크로 필름, 시디롬 등과 같은 시청각 자료를 작동시킬 수 있는 장치를 완성하는 일이 급선무였다. 자료 해독 장치가 완성되자 전문가들은 시청각 자료에 대한 본격적인 분석에 들어갔다.

　　사람들은 500년 전의 코리아 문화가 지금과 완전히 다르다는 점에 놀랐다. 비디오 테이프에 나온 사람들의 얼굴 모습도 비슷하고, 도시의 모습도 일부 비슷한데, 놀이나 음식이나 언어 등은 전혀 딴판이었다. '송편'이란 음식과 과일 등을 상에 올려놓고 '차례'라는 것을 지내는 사 람들의 모습, '윷'이라는 것을 던지며 놀이를 하는 모습, 나이 든 사람에 게 '세배'라고 하며 엎드려 고개를 숙이는 모습 등은 낯설고 신기했다.

　　더 놀라운 것은 그 당시 사람들이 사용하고 있는 말을 누구도 알아들 을 수 없다는 사실이었다. 언어 분석기는 이 말과 현재 대부분이 사용하는 영어나 중국어와의 유사성은 30%로 언어 보편적 유사성의 정도를 넘지 않는다는 분석 결과를 내놓았다. 현존하는 다른 말들과 비교한 결과도 마찬가지였다.

언어 분석기의 분석 결과만을 놓고 본다면 당시 사람들은 지금의 말과는 다른 계통*의 말을 사용하였을 것이다. 문장 구조는 세월이 흘러도 변하기 힘들기 때문에 비디오 테이프에 나타난 말이 현재 사용되는 말들 중 어느 하나의 고어형이라 볼 수 없기 때문이다. 일부 어휘의 경우 영어나 중국어 어휘와 유사점을 발견할 수 있었지만 체계적인 관련성을 발견할 수는 없어 같은 계통의 언어임을 증명할 수는 없었다. 단지 코리아가 예로부터 아메리카나 중국과 언어 문화적 교류가 빈번한 지역이었음을 안 것으로만 만족해야 했다.

400년 전에 매설된 타임 캡슐이 발견되어 뉴스거리가 된 적이 있었지만 영어나 중국어가 아닌 다른 언어 자료가 발견되었다는 보고는 없었다. 따라서, 영어나 중국어와는 전혀 다른 언어로 말하는 사람들이 등장하는 자료는 분석가들을 혼란에 빠뜨렸다. 이 타임 캡슐의 기록물이 2010년의 모습을 담은 것이라면, 100년 사이에 한 언어가 급격하게 몰락하여 잊혀졌다고 봐야 하기 때문이다. 현재 남아 있는 언어는 20여 개에 불과하지만, 이전에는 수천 개의 언어가 공존하였다는 점에서 한 언

---

* 언어유형

인류의 언어는 각양각색이나 몇 유형으로 분류할 수 있다. 세계의 언어를 이처럼 유형으로 구분하는 학문이 언어 유형론(linguistic typology)이다. 언어 유형론의 첫째 목적은 어떤 언어 특질을 중심으로 그 언어 전체를 특징지으려 하는 것이며, 둘째는 유형으로 분류하거나 유형화에 나타난 언어의 보편적 특징을 파악하려고 하는 것이다. 즉, 각 언어의 음운구조, 어휘 및 의미구조, 형태 및 구문구조의 특징 등에 따라 언어의 유형을 나누지만, 그 유형의 세계적인 분포나 통계를 기초로 보편성을 찾기도 한다.

* 언어계통

모든 언어는 어떤 기원에서 분화하여 지금에 이르렀다고 가정된다. 같은 기원에서 분화한 언어를 하나로 묶어서 어족(語族, language family)이라고 한다. 동일 어족에 속하는 언어는 같은 조어(祖語)에서 분화한 관계로 어떤 공통성이나 유사성이 있다. 이 공통성이나 유사성은 음운 대응, 기본 어휘의 비교, 문법구조의 비교를 통해 찾는다.

어의 소멸이 불가능하지는 않을 것이다. 하지만 문제는 100년 사이에 한 언어가 완전히 사라져 버릴 수 있느냐는 것이다. 500년이란 시간 차이를 고려하더라도 이 지역에서 폭넓게 사용되었던 언어의 흔적조차 찾을 수 없다는 사실은 불가사의였다.

문자와 언어의 비밀을 풀다

몇 주 후 Uri가 타임 캡슐과 관련된 뒷이야기를 알고 싶다는 메시지를 음성 인식 리모컨에 입력하자 분석 내용과 분석 과정에 대한 이야기가 설명 화면과 함께 출력되었다. 문자의 구성 원리와 언어 구조에 대한 설명은 상당히 흥미로워 새로운 문자와 언어를 공부해 보고 싶다는 생각까지 들었다. "그런데 왜 이런 말을 지금까지 몰랐을까?"라는 질문을 입력하자, "파악 중입니다."라는 메시지가 출력되었다.

500년 전 사용되었던 문자와 언어가 흔적도 없이 사라진 수수께끼를 푸는 데 흥미를 보이는 언어 분석가들이 늘어났다. 5천 년이라면 몰라도 500년, 더 정확히 말하면 100년 정도의 시간에 하나의 문자와 언어가 사라져 버릴 수 있는가?

언어 분석가들은 그 당시의 문자와 언어를 정확히 알기 위해 타임 캡슐 속의 각 물품들을 상세하게 분석하였다. 그 중 '우리말(KOREAN)'이라는 제목이 찍힌 한 장의 시디롬과 책자가 많은 언어 분석가들의 관심을 끌었다. 지금 쓰고 있는 알파벳과 전혀 다른 문자로 쓰여진 책의 내용에 대해 이런저런 이야기들이 오고갔다. 그러나 군데군데 있는 삽화의 내용으로 미루어 볼 때 이 책은 물품의 설명서는 아니었다.

이집트 상형문자의 비밀을 풀 수 있게 한
로제타 스톤

기원전 196년에 제작된 높이가 117cm, 너비가
74cm인 로제타 스톤은 1799년 나폴레옹의 이집트
원정 때 발견되었다. 그 후 고고학자들은 여기에
나타난 상형문자를 해독하기 위해 노력했는데, 프
랑스의 상폴리옹(Jean François Champollion)도
그 중 하나였다. 그는 1808년 상형문자를 해독하
는 과정에서 우연히 상단, 중단, 하단의 내용이
같다는 아주 중요한 사실을 발견하였는데, 그 발
견의 실마리는 '클레오파트라'라는 명칭이었다. 그
는 상단, 중단, 하단의 문구에서 규칙적으로 이 클레오파
트라가 등장한다는 것을 발견하고 이것이 같은 내용이 아닌가 하는 의구심을
품고 연구한 결과 같은 뜻의 글이라는 것을 발견하였다. 이로써 하나하나의 글자를 대
조하고 밝힘으로서 그때까지 몇천 년 동안 전혀 파악되지 않았던 상형문자의 정체가 밝
혀지게 되었다.

'우리말(KOREAN)'이라고 쓰여진 제목 중 'KOREAN'이라는 괄호
속 글자로 봐서는 코리아 지역에서 쓰였던 말의 설명서일 것 같은데, 지
금 코리아에서 쓰는 문자나 언어들과는 아무런 관련도 없을 뿐만 아니
라, 이 문자와 언어가 사라진 경위를 설명하지 못한 상황에서 이를 코리
아 언어의 설명서라고 할 수도 없었다. 그렇다면 여기 있는 『우리말
(KOREAN)』이라는 책은 무슨 책이며, 여기에 쓰여진 문자와 언어는 도
대체 무엇일까?

그동안 특별히 분석할 자연 언어가 없어, 동물과 인간 사이의 자동번
역기나 외계 생물체의 신호 분석에 매달렸던 언어 분석가들은 이 신기
한 문자와 언어의 분석에 혼신의 힘을 기울였다. 코리아 지역 외에서도
이 문자를 읽는 법과 이 문자로 쓰여진 내용을 해독하는 일은 호기심 많
은 언어 분석가들의 관심을 끌기에 충분하였다.

그해 국제언어분석학회는 '코리아 지역 언어 역사에서 『우리말

(KOREAN)』의 의의'라는 주제로 열렸다. 여러 언어 분석가들은 각자의 시각에서 이 책과 시디롬의 가치를 이야기하였다. 언어 분석가들의 견해는 대체로 두 가지로 나뉘었다. 첫째는 700여 년 전 발견된 바 있는 고대 인도의 파니니 문법과 비교하는 견해였고, 둘째는 600여 년 전에 만들어진 인공어 에스페란토와 비교하는 견해였다.

고대 인도의 파니니 문법은 고대 인도에서 사용되던 고전 산스크리트어를 간명화하여 만든 문법으로 언어 교육과 언어 전승의 편리성을 도모한 것으로 볼 수 있으며, 에스페란토는 광범위하게 사용되지는 않았지만 언어의 장벽을 극복하기 위해 인공적으로 만든 국제 공용어라는 특성을 가지고 있었다. 이러한 역사적 사실을 염두에 둘 때 이 책자와 시디롬은 500년 전 코리아 지역에서 개발된 인공 언어의 설명서이거나 그 당시 사용되던 언어를 간명화하여 정리한 문법 교육서라는 게 언어 분석가들의 주장이었다.

파니니 문법은 지금도 인류 최고(最古)의 문법서로 문법사에서 거론되어 오는 것이고, 에스페란토어는 현재 사용되지는 않지만 국제 공용어를 지향한 대표적인 인공어의 예로 언어학계에 알려져 있는 것이다.*

---

* 국제 공용어와 인공어

국제 공용어는 국제적 의사소통의 수단으로 사용되는 언어를 말한다. 근대 이전에 서양의 국제 공용어는 라틴어라고 볼 수 있으며, 동양의 국제 공용어는 한문이었다. 특히 라틴어와 한문은 국제적 교류뿐만 아니라 그 시대의 지적 활동 전반에 관여했다는 점에서 보편어의 위치를 차지하였다. 현대에는 영어, 러시아어, 중국어, 프랑스어, 독일어, 아랍어처럼 국제적으로 영향력을 가진 언어를 국제 공용어라 하는데, 이 중 영어의 세력이 월등하게 강하다는 점에서 영어만을 국제 공용어라 하기도 한다. 그러나 이러한 국제 공용어는 하나의 모국어라는 점에서 불평등할 뿐만 아니라 복잡하고 예외가 많아 특별히 노력해야만 제대로 말할 수 있다는 단점을 지니고 있다. 이런 점에서 새로운 언어를 국제 공용어로 만들려는 시도가 있었다. 에스페란토가 대표적인데, 이는 자연언어가 아니라 사람이 만든 언어라는 점에서 인공어라고 한다. 이외에 국제 공용어에 대한 특수한 시각은 스탈린의 견해에서 찾을 수 있다. 스탈린은 전 세계적 규모에서의 사회주의 승리 이후에는 자연스럽게 민족어가 국제어로 대체될 것이라고 보았는데, 그 국제어는 영어나 러시아어와 같은 언어가 아니라 민족어의 우수한 요소를 흡수한 새로운 언어이다.

파니니(Pāṇini)의 문법서인
팔장편(Aṣṭādhyāyī) 일부

　파니니의 문법은 기원전 5세기 무릇 2천4백여 년 전에 고대 인도에서 성립된 당시의 언어 고전범어문법이다. 그런데 1786년 이 문헌이 유럽에 소개되자, 사변적, 철학적이던 언어학이 실증적, 과학적인 언어학으로 반전하고 비약하는 계기가 되었다. 특히, 이 문법은 실제로 언어를 규정된 그대로 생성해내는 약 4천 규칙으로 구성된 것으로, 이 문법과 사전을 암송하면 고전범어를 규범 그대로 생성하여 재현할 수 있다.

　　　　　　　　　　　　　—전수태(2002)『산스크리트 문법』

　발견된 책자와 시디롬을 파니니 문법과 비교한 언어 분석가들은 고대 산스크리트어(Sanskrit)를 완벽하게 재구할 수 있게 한 파니니 문법과 같이,『우리말(KOREAN)』을 통해 500여 년 전 코리아 지역에서 쓰였던 언어를 재구할 수 있을 것으로 기대했다. 그들은 『우리말(KOREAN)』이라는 문법책이 코리아 지역에서 사용되었던 말을 언제든 재구할 수 있게 특별히 설계한 문법책이라고 보았다.

　다른 언어 분석가들은 이 책자와 시디롬에 기록된 내용은 에스페란토와 같은 인공적 국제 공용어를 설명한 문법책으로, 여기 설명한 언어는 코리아에서 개발한 인공적인 국제 공용어라고 말하였다. 무척 규칙적이고 체계적인 언어 기술로 봐서 이는 일반적인 자연언어의 문법 기술로 볼 수 없다는 의견이 지배적이었기 때문에 이러한 가정은 폭넓은 호응을 얻을 수 있었다. 그러나 타임 캡슐에 소장된 모든 물품에 이 언어와 문자가 기록되어 있는 걸로 봐서 이는 단순한 보조 언어가 아니라 이 당시 모든 사람들이 보편적으로 사용하던 언어일 가능성도 높아 반론 또한 만만치 않았다.

　논의가 진행되면서 이러한 두 가설이 모두 설득력이 있는 만큼『우리말(KOREAN)』이라는 문법책의 의의 또한 두 가지 측면에서 모두 살

▲에스페란토를 상징하는 기

▶자멘호프
(Ludoviko Lazaro Zamenhof, 1859~1917)

에스페란토(Esperanto)는 1887년에 폴란드 안과 의사 자멘호프 박사가 국제 공용어로 삼기 위해 창안한 인공 언어이다. 자멘호프가 태어난 폴란드의 비알리스토크는 당시 러시아 지배 아래 있었으며 유태인인 자멘호프는 유태인, 폴란드인, 독일인, 러시아인들이 서로 다른 언어로 씀으로 인해 갈등과 불화가 생긴다고 판단하고, 모든 사람들이 쉽게 배울 수 있는 국제 공통어를 고안하게 되었다. 유럽의 여러 언어에 능통하였던 그는 그들 언어의 공통점과 장점만을 모아 예외와 불규칙이 없는 문법과 알기 쉬운 어휘를 기초로 한 언어 에스페란토를 창안하였다. 에스페란토는 자멘호프의 필명으로 '희망하는 사람'이란 뜻이며 나중에 이 언어의 이름이 되었다. 에스페란토는 세계 언어의 평등을 기반으로 한 국제어를 만들자는 이상에서 비롯된 언어로, 이 이상을 실현하기 위해 에스페란토를 배우는 사람들은 '1민족 2언어주의'에 입각하여 같은 민족끼리는 모국어를, 다른 민족과는 중립적이고 배우기 쉬운 '에스페란토' 언어의 사용을 주장하는 '세계 언어 평등권 운동'을 진행하고 있다.

에스페란토의 언어구조는 규칙적이고 예외가 없는 것이 특징이다. 이는 에스페란토가 국제어를 지향하는 인공어이기에 가능하다고 볼 수 있다. 에스페란토의 문자는 모두 28개로 a, e, i, o, u 등의 5개의 모음과 23개의 자음으로 구성되어 있다. '1자 1음(一字一音)'의 원칙에 따라 모든 문자는 하나의 소리를 내고 또한 소리나지 않는 문자도 없으며, 강세(强勢)는 항상 뒤에서 둘째 음절에 있다.

—에스페란토 문화원

펴볼 수 있다는 것으로 의견이 모아졌다. 즉, 소멸될 말을 재구할 수 있도록 계획적으로 설계한 문법책이면서 동시에 국제 공용어를 목표로 간명화한 코리아어 교육용 문법책이『우리말(KOREAN)』이라는 것이다.

국제언어분석학회는 500년 전 당시 코리아 지역에서 사용된 언어를 재구하는 프로젝트를 학회 차원에서 진행하기로 의견을 모으고 연구를 시작했다. 기록물에 나타난 실제 음성을 분석하여 당시 말소리의 체계를 파악하였다. 그리고 언어 분석기*가 분석한 내용을 『우리말(KOREAN)』에 첨부된 어휘집과 비교하여 문장 분석과 의미 분석을 완벽하게 마쳤다.

『우리말(KOREAN)』을 분석한 내용은 누구든지 볼 수 있게 정리되었다. 일부 사람들은 분석 결과를 어떻게 받아들여야 할지 몰라 혼란스러워했다. 완벽한 언어라고 알고 있었던 영어나 중국어보다 더 정교한 문법 체계와 음운 체계를 갖추고 있는 언어가 이곳 코리아 지역에서 사용되고 있었다는 사실은 충격적이었다.

『우리말(KOREAN)』에 설명된 문자 체계 또한 정교하기 이를 데 없었다. 기본 글자를 중심으로 하여 문자를 파생시키는 과정, 그리고 해당 소리의 발성시에 보이는 조음 기관의 모습을 본뜬 글자 모양 등에 대한 설명을 보면서 모두들 옛 사람들의 지혜에 감탄하였다. 그리고 이런 문자와 언어가 흔적도 없이 사라져 버린 사실에 놀라움을 금치 못했다.

문법책과 함께 발견된 몇몇 책자에서는 충격적인 사실을 담고 있는 논문이 여러 편 발견되었다. 특히, 당시 코리아어가 전 세계적으로 볼 때 사용자가 열두 번째로 많은 언어였고, 2003년에만 해도 54개국 394개 대학에서 한국어학과나 한국 강좌를 개설하여 학습한 언어였다는

---

* 언어 분석기

자연어 이해의 단계를 구분하면, 문장에서 최소의 의미 단위를 추출해내는 형태소 분석 (morphological analysis) 단계와 통사 구조를 파악하는 구문 구조 분석(syntactic analysis) 단계, 의미 구조를 추출하는 의미 분석(semantic analysis) 단계, 그리고 문장들 사이의 관계를 분석하는 문맥 분석 단계(discourse analysis) 등 네 가지의 분석 단계로 나누어진다. 이들 단계 중 형태소 분석 단계는 입력으로 받은 자연어에서 최소의 의미 단위인 형태소를 추출하여 자연어 분석의 최소 단위를 제공하는 단계로서 자연어 이해 시스템에서 가장 기본이 되는 단계이다.

사실은 놀라운 것이었다. 많은 언어가 소멸되었다는 것은 잘 알려진 사실이었지만, 현재 20여 개의 언어가 사용되고 있다는 사실을 미루어 볼 때, 열두 번째로 사용자가 많은 언어가 소멸되었다는 것은 믿기 어려웠다.

중국어, 영어, 아랍어, 프랑스어, 독일어, 스페인어 등은 아직까지 사용되고 있고, 음성인식이 되는 자동 번역 시스템*이 보편화되면서부터는 이들 언어 사용자 사이의 의사소통에는 아무런 혼란도 없었다. 이제 사람들은 기분에 따라 아랍어를 사용하기도 했고, 어떤 사람들은 취미로 한 언어를 배워 자기 집안의 언어로 삼기도 했지만 크게 문제되는 것은 없었다. 코리아 지역에서 사용되었던 언어가 남아 있었다면 어떠했을까? 언어의 소멸을 안타까워하는 사람이 늘어나기 시작했다.

사용자 수가 많은 언어를 15위까지 들면 다음과 같다. 사용자 수의 단위는 백만 명이다.

표준 중국어	885
스페인어	332
영어	322
뱅갈리어	189
힌디어	182
포르투갈어	170
러시아어	170

---

* 자동 번역 시스템

자동 번역 시스템은 사람의 손을 거치지 않고 한 언어를 목표로 하는 다른 언어로 번역하는 기계 번역 프로그램을 말한다. 일반적으로 디지털화된 문서나 책의 번역을 의미하지만, 궁극적으로는 실제 대화를 인식한 뒤 곧바로 번역하여 음성으로 출력해주는 자동 번역기를 목표로 한다. 이를 위해서는 정확한 언어 분석과 음성 인식 그리고 음성 합성 등의 기술이 뒷받침되어야 한다. 현재 자동 번역 시스템은 문서의 번역에서도 만족할 만한 결과물을 내놓지 못하고 있는 수준이지만, 언어학과 컴퓨터공학 분야에서의 활발한 연구를 감안할 때 완벽한 자동 번역 시스템의 출현도 멀지 않았다.

일본어	125
독일어	98
중국 오어(吳語)	77.1
자바어	75.5
한국어	75
프랑스어	72
베트남어	67.6
텔레구어	66.3

— 조동일(2001) 문화적 관점에서 본 영어 공용어화『새국어생활』11-4

하나의 언어가 사라질 때까지

Uri는 전 세계의 도서관과 박물관을 대상으로 한 검색을 시도했다. 당시의 코리아 문자가
한 글자라도 포함된 자료는 모두 불러 오라고 입력하자 "자료 없음"이라는 메시지가 출력
되었다. 그리고 뒤이어 고문헌 자료실과 시디롬 보관소에 대한 수동 검색이 필요하다는
권고 메시지가 출력되면서 현재 검색을 진행 중인 언어 분석가가 7명 있다는 정보도 첨
부되었다.

『우리말(KOREAN)』에 대한 연구가 진행되면서 흥미로운 사실들이
하나둘 밝혀지자, 언어 분석가를 중심으로 도서 투시 검색기를 이용한
수동 검색이 시작되었다. 도서 투시 검색기는 데이터베이스에 누락될
수 있는 데이터를 찾기 위해 특별히 고안된 것으로, 책표지에다 갖다 대
면 책 내용 중 검색 핵심어와 관련 있는 내용이 나올 때마다 이를 스캔

하여 입력해주는 기계였다. 그러나 도서관과 박물관의 고문헌 자료실은 300~400년 전 도서들로만 채워져 있어 관련 책자는 한 권도 찾을 수 없었다. 그런데 시디롬 보관소에서 당시 코리아어 문자가 포함된 시디롬들이 다수 발견되자 언어 분석가들은 충격과 흥분에 휩싸였다.

상식적으로 볼 때 도서관과 박물관의 고문헌 자료나 시디롬 보관소에 보관된 자료들은 모두 데이터베이스로 구축되어 있어야 한다. 그리고 사용자는 필요한 자료를 음성 인식 리모컨을 통해 검색할 수 있을 뿐 아니라 언제든지 그 내용을 파악하여 이용할 수 있어야 한다. 그런데 시디롬 보관소에 있던 자료들 중 상당수가 데이터베이스에서 누락된 것이다.

이런 일이 일어난 이유는 디지털 도서관*의 데이터베이스 구축 작업 시 조직적으로 코리아 문자로 된 내용물만을 누락시켰기 때문일 것이다. 역사학자들은 400~500여 년 전쯤부터 코리아 지역에서 이 지역의 언어를 거부하는 광적인 분위기가 상당 기간 지속되었을 것으로 추정하였다. 이 밖에는 코리아 문자로 쓰여진 자료만 데이터베이스에서 누락된 채 시디롬 보관소에 묻혀 있는 사실을 설명할 길이 없었다.

시디롬 보관소의 자료를 분석하면서부터 500여 년 전의 코리아 상황을 좀더 분명히 알 수 있게 되었다. 자료 분석에는 자동 요약 시스템*의

---

* 디지털 도서관

디지털 도서관의 가장 중요한 기술 기반은 종이나 아날로그 매체를 디지털화해 데이터베이스(DB)로 구축하는 것이다. 디지털 도서관을 구축함으로써 언제 어디서든 필요한 자료를 제공받을 수 있다. 도서관의 정보 이용자는 네트워크에 연결된 자신의 개인용 컴퓨터(PC)를 이용해서 디지털 도서관에 접속을 하게 된다. 디지털 도서관에서 제공하는 검색 엔진 시스템은 사용자에게 정보가 어디에 위치하는가에 무관하게 원하는 정보의 검색 및 제공 기능을 빠르고 쉽게 제공해준다. 따라서 정보 이용자는 시간이나 공간의 제약 없이 언제든지 원하는 정보를 얻을 수 있게 된다. 우리나라에서는 책이 아닌, 데이터베이스화된 자료만 이용할 수 있는 디지털 도서관이 서울 서초구 반포동 국립중앙도서관 인근에 1800명이 동시에 이용할 수 있는 규모로 들어설 계획이다. 디지털 도서관은 컴퓨터와 오디오, VTR, DVD를 통해 책 이외의 데이터베이스화된 자료를 이용할 수 있는 곳이다. 2005년 착공해 2007년 완공 예정이다.

도움을 많이 받았다. 자동 요약 시스템은 그 당시의 모든 출판물을 요약하고, 각 분야별 상황과 전체 사회 상황을 정리하여 출력해주었다. 이를 통해 코리아어(2000년 당시에는 코리아어를 한국어라고 했다는 것도 새롭게 파악된 사실이다)가 흔적도 없이 사라진 경위를 알 수 있게 되었다.

코리아어로 된 모든 자료가 데이터베이스에서 누락된 경위는?

자동 요약 시스템에서 출력한 내용은 아래와 같다.

2000년 당시 신자유주의에 입각한 세계화론이 거세게 일면서 무한 경쟁을 부추기는 논리와 정책이 난무하였다. 그 당시 가장 강한 나라는 미국이었으며, 모든 분야가 무한 자유 경쟁에 돌입하면서 세계 질서는 미국 중심으로 재편되었다. 한국에서는 이러한 시대 상황에 따라 영어를 공용어로 해야 한다는 주장이 강하게 제기되었다. 그리고 세계 역사상 유례가 거의 없던 자발적 영어 공용화가 한국 정부의 절대적인 지원하에 추진되었다. '우리말을 사랑하는 모임'에서는 이를 '한국어 죽이기'라고 하면서 거세게 반발했지만, 대세를 되돌릴 수는 없었다.

---

* 자동 요약 시스템

자동 요약 시스템은 요약 작업을 프로그램화하여 입력 문서에 대한 요약 결과를 자동으로 생성해내는 것을 말한다. 이는 요약의 방식에 따라 추출 요약과 생성 요약 시스템으로 구분된다. 추출 요약은 원문서에서 말의 일부를 추출해서 그대로 옮겨 놓은 것이고, 생성 요약은 원문의 내용을 요약하여 새로운 문서의 형태로 만드는 것이다. 현재 상용되는 자동 요약 시스템은 MS WORD, 훈민 워드 2000에 내장된 자동 요약 정도이며 다양한 요약 알고리즘을 접목한 소프트웨어는 개발 중이다.

영어의 필요성이 터무니없이 과장되면서 영어 시장은 급속도로 팽창하였고, 너도 나도 영어 교육 프로그램을 개발하는 데 심혈을 기울였다. 사회의 여론을 선도하는 신문사에서도, 지성의 산실이라는 대학에서도 영어 시험 제도를 만들어 그 선전에 열을 올렸고, 초등학교와 중학교, 고등학교, 대학교 각급 학교별로도 영어 교육, 영어 전용 강의, 영어 전용 구역 제정 등을 시행하면서 영어 공용화 정책을 직·간접적으로 지원하였다.

오직 영어를 잘하기 위해 수십조에 이르는 천문학적인 교육비가 투입되었다. 영어를 잘하기 위해 조기 유학을 보내고, 영어로만 말하는 유치원이 생기기 시작하더니, 영어로만 말하는 초등학교와 중학교, 고등학교가 우후죽순처럼 생겨났고, 외국 대학의 유입과 함께 대학의 모든 강의는 영어 강의로 전환되었다. 교육비의 대부분이 영어 교육에만 투입되고, 외국 대학의 분교가 한국 대학을 잠식해 들어가면서 한국의 학문 수준은 급격히 떨어지기 시작했다. 한국 사회에서 학문은 곧 영어 학습일 뿐이었다.

사람들은 점점 한국어를 말하고 배우는 것 자체가 시간 낭비라고 생각하기 시작했다. 영어만 써도 아무런 불편이 없을 뿐만 아니라, 잘만 하면 더 좋은 대접을 받을 수 있으니 한국어를 사용하는 사람의 수가 눈에 띄게 준 것은 당연한 현상이었다. 오히려 집 안에서조차 영어 습득에 장애가 된다고 한국어를 사용하지 못하게 규율을 정해 놓는 가정이 생기기도 했다. 제3세계에서 한국에 취업하려는 노동자들이 한국어 대신 영어를 배워야 하는 기현상도 나타났다.

결국, 정부에서는 영어 공용화를 시행하게 되었고, 더 나아가 효율성이라는 명분 아래 학교와 기업 등을 영어 전용 구역으로 정하기에 이르렀다. 매스컴에서는 국가의 영어 정책이 사회의 요구를 반영하지 못한다고 개탄하는 사회 지도층 인사들의 주장을 집중적으로 다루었다. 특히, '영어가 왜 필요한가'라는 글로 영어 공용화의 필요성을 주장한 바

1997년 영어 공용화 논의를 사회적 이슈로 끌어낸 〈조선일보〉에서는 2002년 『태교, 이제 영어로 하세요』라는 책을 출판했다.

신문 광고에는 "아이는 엄마가 노력하는 만큼 똑똑해집니다. 대한민국 엄마들이 제대로 확실히 영어 조기 교육 치맛바람을 일으켜 아이가 커서 영어를 힘들게 배우느라 많은 시간을 낭비하는 일이 없었으면 좋겠습니다."는 내용의 글이 실려 있다.

『태교, 이제 영어로 하세요』의 표지
(이인숙, 2002년 8월)

있는 원로 소설가는 '지금 왜 한국어가 필요하지?'라는 글을 연이어 발표하면서 한국어 무용론을 전파하였다. 그는 한국어 정책과 관련된 예산을 영어 정책 예산으로 전환하고, 한국어와 관계되는 국가 기관 및 연구소를 폐지할 것을 촉구했다. 그리고 영어 공용화 이후 어린이들의 학습 부담이 늘어난 것을 안타까워하면서 아이들을 위해서라도 한국어 교육을 포기해야 한다고 주장했다. 심지어는 한국인이라는 의식이 영어 습득의 장애가 된다는 주장을 제기하기도 했으며, 이에 동조하는 경제학자들은 명실상부한 세계화를 위해 영어 공용화와 더불어 달러 공용화를 실시해야 한다고 주장하기도 하였다. 이들은 모두 국가 경쟁력 향상을 명분으로 삼아 영어 공용화를 주장했던 사람들이었다.

이런 흐름 속에서 미래학자들 대부분은 21세기 내로 한국어가 공식 언어에서 사라질 것이라고 예측하였다. 그리고 이런 예측은 곧 현실화되기 시작했다.

한국어로 쓰여진 책을 읽을 수 있는 사람이 줄어들면서, 모든 출판물이 영어로 나오게 되었다. 시간이 흐르면서 그 이전의 책이나 영화 등은 자연스럽게 폐기처분되거나 재활용 시장으로 내몰렸다. 도서관에서도 한국어로 쓰여진 책은 장소만 차지하는 귀찮은 존재가 되었다. 한국어로 쓰여진 책은 대출하여 가는 사람이 한 명도 없었고, 사용자들은 새로운 책을 요구하였다. 새 책을 들여놓을 장소가 부족해지자 도서관장들은 한국어로 쓰여진 책들을 단계적으로 폐기하기 시작했다. 한국 학계에서 양식 있는 지성인이 할 수 있는 일은 문화적으로 가치 있는 서적을 영어로 번역하는 일이었다. 그러나 그런 번역조차도 지원 부족으로 제대로 진행되지 못하였다.

자동 요약 시스템은 자료 평가문의 마지막 문장을 다음과 같이 출력하였다.

"얼마 되지 않아 한국어로 된 모든 것이 사라지게 될 것이다."

코리아어 문법책이 타임 캡슐에 들어가기까지

Uri는 『우리말(KOREAN)』이라는 문법책이 왜 만들어졌고, 왜 타임 캡슐 안에 소장되었는지 궁금해졌다. 코리아어를 무시하는 분위기가 팽배했었다면 타임 캡슐에 이러한 문법책을 집어 넣을 엄두를 낼 수 있었을까? 그러던 차에 파니니 문법과 『우리말(KOREAN)』을 비교했던 한 언어 분석가의 말이 떠올랐다. 그렇다면 코리아어가 소멸될 것을 예측한 사람들이 『우리말(KOREAN)』을 타임 캡슐에 넣었던 것은 아닐까?

자동 요약 시스템은 『우리말(KOREAN)』이 타임 캡슐에 들어가기까지 과정을 정리해 다음과 같은 내용을 출력했다.

온 국민의 절대적인 성원 아래 '영어 공용화' 실시가 눈앞에 다가오면서 한국 사회는 혼란 상태에 빠져들었다. 교육의 목적까지 효율성을 제일로 하는 이상 창조적 사유를 중요시하는 인문학은 더욱 설자리를 잃게 되었으며, 한국학은 그 중 가장 전망이 불투명한 분야로 남게 되었다. 2003년 한국 정부는 '국어 기본법'을 제정하면서 한국어의 발전을 모색하기도 했지만 거세게 밀려드는 영어 공용화 주장에 밀려 '국어 기본법' 자체가 유명무실해졌다. 이러한 사태에 직면한 학계는 이미 영어 공용화에 대한 반대 논리를 개발할 필요성과 의욕을 상실한 상태였다. 이미 영어 공용화는 논리로 반대할 문제가 아니었기 때문이다.

일부 학자들은 한국어를 보존할 방도를 마련하는 게 더 시급하다고 생각했다. 그리고 한국어의 보존을 위한 문법 기술 프로젝트가 이들에 의해 진행되었다. 이들은 한국어가 없어질 가능성이 농후한 이상 이를 박물관 언어의 형식으로라도 보존할 방도를 모색하기 시작했다.

국어 기본법의 주요 내용(요약)

□ 국어 기본법의 기본 이념 명시(제2조)

규정 취지

- 대한민국 공식 언어로서 국어가 갖는 민족 문화적 의미와 국어 발전을 위한 국가와 국민의 역할과 책임 등에 대해 포괄적으로 규정하였다.

규정 내용

- '국어는 우리 민족 제일의 문화유산이며 문화 창조의 원동력이라는

점에 비추어

- 국가와 국민은 국어를 올바로 쓰는 데 힘써야 하고 국어의 보전과 발전을 위한 적극적인 노력을 강구함으로써
- 지식·정보 전달의 효율화와 우리 민족의 언어적 통일성의 확대에 기여하며 국어를 잘 보전하여 미래 세대에게 계승할 수 있도록 함을 이 법의 기본이념으로 명시하였다.

□ 국어 발전을 위한 국가 등의 의무 규정

국가와 지방자치단체의 일반적 의무 사항(제5조)

국어 발전 기본 계획의 수립과 시행 의무(제7조와 제8조)

국회 연차 보고서 제출 의무(제9조)

국어 문화 실태의 조사(제10조)

국어 책임관의 임명(제12조)

□ 국민의 언어 사용에 관한 원칙 명시

언어 생활에서 국어 사용의 원칙 규정(제13조)

- 국민의 모든 언어 생활은 국어로 함을 원칙으로 하며, 어문 규범에 맞게 하여야 한다는 점을 명시하였다.
- 또한 국가는 불필요한 한자어, 외래어, 새로 들어오는 외국어에 대하여 쉬운 우리말로 순화하여야 한다고 규정하였다.

공용문서 등의 한글 사용 원칙(제15조)

- 공공 기관의 공용 문서, 법규 문서, 그 밖의 서류는 한글로 작성함을 원칙으로 한다는 점을 규정하였다.
- 또한 꼭 필요한 경우에 한자나 외국 문자를 괄호 안에 넣어 쓸 수 있도록 하고, 다른 법률이 정하는 바에 따라 경제 특구 등에 한해 외국어로 작성된 공문서를 접수·처리할 수 있는 예외를 인정하였다.
- 그리고 특히 법령은 한글로 작성하되, 법규 문서의 중요성을 감안하여 제15조 제4항에서 법령 주관 기관의 장이 법령을 제정하거나

개정하는 경우 법령안의 어문 규범 준수와 표현 순화에 대하여 문화관광부 장관과 미리 협의할 수 있도록 하였다.

□ 어문 규범의 제정과 준수에 대하여 규정

어문 규범의 제정 절차를 규정함(제14조)

어문 규범의 준수에 대하여 규정함(제17조)

국어 관련 교과용 도서의 발행에 관한 사항(제16조)

□ 국어의 국외 보급과 진흥에 관한 규정

국어의 국외 보급을 위한 국가의 의무를 규정함(제21조)

국제국어진흥원의 설립(제22조)

국어진흥기금의 설치(제23조)

□ 국민의 국어 능력 향상에 관한 규정

국어 능력 검정 시험의 실시(제27조)

국어 상담소의 설치 장려(제28조)

한국어 보존 프로젝트를 진행하는 학자들은 한국어를 배우기 쉽고 간명한 언어로 재구성할 필요성을 제기하고 이를 위한 연구를 진행하였다. 이 과정에서 언어 습득을 쉽게 하기 위해 문법을 간명화하는 작업이 진행되었다. 배우기 쉬운 언어라면 사람들이 쉽게 접근할 수 있지 않을까 하는 기대 때문이었다. 그리고 다른 한편으로 한국어가 위기에 빠진 사태에 대응하는 적극적인 전략으로 한국어의 국제화를 모색하였다. 한국어의 국제화는 한국어를 국제 보조어로 만드는 것이었다. 이 또한 언어와 문법의 간명화와 밀접히 관련되었다.

앞으로 이 과제의 전개는 시대적으로 대략 3단계로 구분할 필요가 있다. 제1단계는 현행 규범을 되도록 준수하면서 정확하고 명료한 우리말을 습득케 하는 신문법을 지향하고, 제2단계는 현행 규범을 목적에 맞게

1000가지 언어 디스크에 새겨 1000년뒤 후손에 물려준다

美 '로제타프로젝트' 추진

전세계의 1000가지 언어를 집대성해 1000년 뒤 이 가운데 소멸됐을 언어들을 해독·복원할 수 있게 하려는 '제2의 로제타 스톤(Rosetta Stone)' 계획이 미국 샌프란시스코의

창세기도 포함돼 있다.

기록 방식은 컴퓨터 파일이 아니라 초고성능 현미경으로 읽어낼 수 있도록 니켈 디스크 위에 미세하게 새겨진다. 재단측은 이 디스크를 모두 1000개 제작해 도서관과 박물관

등에 배포할 계획이다. /뉴욕=李哲民 특파원 chulmin@chosun.com

전 세계의 1000가지 언어를 집대성해, 1000년 뒤 이 가운데 소멸됐을 언어들을 해독·복원할 수 있게 하려는 '제2의 로제타 스톤(Rosetta Stone)' 계획이 미국 샌프란시스코의 한 재단에 의해 추진되고 있다. 로제타 스톤은 1799년 나폴레옹의 이집트 원정 때 발견된 고대 이집트의 상형문자가 기록된 돌. 이 돌에는 그리스 문자도 함께 기록돼 있어 상형문자의 해독이 가능했다.

'로제타 프로젝트(www.rosettaproject.org)'를 이끄는 '롱 나우(Long Now) 재단'의 의도는 10일에 하나꼴로 소멸되는 현 지구상의 언어 6000~7000개 중 1000개 언어로 쓰여진 같은 내용의 문장을 디스크에 담아 1000년 뒤에 이 중 사라진 언어를 살아남은 언어와 비교해 이해할 수 있게 하자는 것. 포함 언어는 아프리카 일부 부족어부터 영어까지 망라된다.

이 프로젝트가 비교할 문장으로 선택한 것은 지금까지 1000여개 언어로 번역된 성경 창세기의 첫 3장과, 300개 언어로 번역된 세계인권선언문. '태초에 하나님이 세상을 창조하셨다'는 문장으로 시작하는 한국어 창세기도 포함돼 있다.

기록 방식은 컴퓨터 파일이 아니라, 초고성능 현미경으로 읽어낼 수 있도록 니켈 디스크 위에 미세하게 새겨진다. 재단측은 이 디스크를 모두 1000개 제작해 도서관과 박물관 등에 배포할 계획이다.

—〈조선일보〉 2001년 6월 7일

수정하여 합리화하면서 전통적 언어규칙이라도 필요하면 가공하여 쉽게 하는 신문법을 지향하는데, 그 시기는 남북통일과 같은 전환기가 될 것이다. 제3단계는 어떤 사유로 우리말이 소멸될 시기에 대비하여 간명한 규범으로 언제나 부활되는 신문법을 지향케 하려고 기대한다

— 김민수 외(2002) 『우리말의 규범생성문법 연구』 28쪽

한국어 학자들은 한국어 보존 프로젝트에 파니니 문법이라는 고대 문법의 전례를 원용하였다.

파니니 문법은 다듬은 고전범어를 대상으로 하여 완전히 습득하기에 성공한 문법교본의 성격이기 때문에, 당면한 우리말의 국제화를 완수할 새로운 문법의 지남침이 되리라고 전망하게 되었다. 다음으로 연구를 거듭하면서 신기한 것은 하나의 자연언어를 인위적인 문법규칙으로 동결한 일이고, 더욱 신기한 것은 수천 년 그것을 끊임없이 전승한 일이다. 그 요인은 변치 않은 말로 기도하려는 종교적 이유에 있었겠으나, 언어를 고정시키고 전승시킨 요인은 그 문법규칙으로 공식화된 기술에 있다. 즉, 그 인공적 문법에 구비된 것이 개개의 문법을 총괄치 않고 낱낱이 규칙화하여 세밀한 분석으로 발음과 의미의 차이를 정확히 명시한 점에서 규범생성문법의 모형이다.

— 김민수 외(2001) 『파니니 문법의 규범생성모형 연구』

한국어 학자들은 사람들이 최소한의 노력으로 한국어를 쉽게 배울 수 있도록 한국어를 간명화하고 문법 기술을 최대한 간결하게 하였다. 한국어의 특징이 훼손되지 않는 범위 내에서 어휘를 대폭 줄이고, 음운 체계를 간략하게 하고, 표현 기법을 간단하게 하는 가공 작업이 시작되었다. 또한, 문장 구조의 원리에 입각하여 문장 유형(sentence pattern)을 확정하고 이를 규칙화하였다. 그리고 언어를 말하고 배우는 새로운

문법 교육 기법을 선보였다. 그 결과물이 지금 타임 캡슐 안에 소장된 『우리말(KOREAN)』이었다.

『우리말(KOREAN)』이 완성된 후 각급 학교에서의 한국어 교육과 외국어로서의 한국어 교육에 이를 활용하려고 했지만, 영어의 힘에 밀려 한국어 교육은 이미 유명무실해진 상태였다. 결국, 영어 공용화 실시가 기정 사실화되자 일부 한국어 학자들은 『우리말(KOREAN)』을 타임 캡슐에 넣기로 하였다. 몇백 년 후라도 이 문법책을 해독만 하면 한국어를 언제든지 부활시킬 수 있으리라는 기대 때문이었다. 2010년 새해 첫날 타임 캡슐이 서울 남산의 한 지점에 매설되었다. 『우리말(KOREAN)』이 500년 간의 깊은 잠에 빠진 것이다.

'우리말'에서 '우리'가 무슨 뜻인지를 알아내다

Uri는 요즘 신이 났다. 요 근래 가장 유행하는 단어가 자기 이름과 같은 '우리'이기 때문이다. 『우리말(KOREAN)』이라는 문법책에서 사용된 '우리'의 의미를 물어 보면 컴퓨터는 언제나 '너와 나'라는 대답만 되풀이한다. 그럼 우리말은 너와 나의 말?

책자와 시디롬의 표지에 있는 '우리말'이라는 말이 'KOREAN'에 대응하는 말이라는 것은 발견 초기부터 알려진 사실이었다. 그런데 '한국(KOREA)'이라는 단어의 의미가 밝혀지면서, '우리말'의 의미에 대한 논란이 일었다. '말'이 '언어'라는 뜻이라면 그럼 '우리'의 의미는 무엇인가? '한국'이 국가 명칭이었다면 언어 이름은 '한국어'라고 했을 텐데, 왜 당시 사람들은 '우리말'을 한 언어의 명칭으로 사용하였을까?

의문에 대한 답을 구하는 과정에서 사람들은 그 당시 코리아 지역이 남과 북으로 나뉘었다는 사실을 새롭게 알았다. 당시 학자들은 남과 북으로 나뉜 코리아 언어를 표현하려면 '한국어'라는 명칭을 사용하면 안 된다고 생각한 것이다. '한국'은 '남쪽'에서만 사용하던 국가명이었기 때문이다. 그런 이유로 '우리'라는 말을 써서 코리아 지역의 언어를 표현한 것이다. 그럼 왜 '우리'였을까?

'우리'라는 말은 'We, Our'의 의미일 텐데, 생활 속에서 'We, Our'라는 말을 특별히 표현할 일은 없다. 그래서 이 말의 개념이 뚜렷이 잡히는 건 아니다. 언어를 사회 공동체와 관련지어 생각하는 사람은 아무도 없기 때문이다. 코리아 지역에서만 해도 중국어를 쓰고 싶은 사람은 중국어를 쓰고 영어를 쓰고 싶은 사람은 영어를 쓰면 된다. 취향이 유별난 사람들은 러시아어나 아랍어를 쓰기도 하지만 의사소통에 문제될 것은 없다. 서로 다른 언어를 사용하는 사람들 사이의 의사소통은 자동 번역 시스템의 도움을 받으면 되기 때문이다. 이런 이유 때문에 내가 왜 이 언어를 사용하는가에 대해서 심각하게 생각하는 사람은 없다. 이제 언어의 선택은 각자의 취향일 뿐이다.

자동 요약 시스템은 그 당시의 출판물을 요약해 '우리말'의 의미를 정리해 출력하였다.

하나의 코리아어를 남쪽에서는 '한국어'라고 하고 북쪽에서는 '조선어'라고 불렀는데 반세기 넘게 단절되어 살다 보니 '한국어'와 '조선어'도 서로 차이를 보이기 시작했다. 그러나 많은 사람들은 남과 북이 하나의 민족이기 때문에 통일이 되어야 한다고 생각했고, 통일을 위한 노력의 일환으로 남북 언어의 동질성을 회복하려고 하였다. '한국어'와 '조선어'라고 불리던 말의 명칭을 '우리말'이라 부른 것도 이런 시도 중 하나였다.

그러나 세계화와 영어 공용화를 주장하는 사람들에게 민족 의식은 거추장스러운 구시대의 유물이었고, 남북 언어의 동질성을 회복하려는 시도는 무의미하고 현실성 없는 탁상공론이었다. 영어 공용화 논쟁이 통일을 원하는 사람과 원하지 않는 사람 사이의 힘겨루기 양상으로 비치기도 한 것은 이런 이유에서였다.

대다수 한국인들은 영어 공용화가 가져올 사회·문화적 파급 효과를 생각하지 못한 채 이에 적극 동조하였고, 남북 언어의 통일을 위한 정책은 순식간에 폐기되었다. 결국, 남한은 영어 공용화 정책을 시행하였고, 얼마 가지 않아 남북한의 문화적 교류가 사실상 단절되면서 남북의 이질화는 걷잡을 수 없이 진행되었다. 영어 공용화를 한다고 했지만, 남한에서 나오는 대부분의 출판물에 영어가 쓰였고 영상물에도 영어만 쓰였기 때문이다. 남과 북이 서로 소통하고 동질성을 느낄 수 있는 기반이 사라진 것이다.

영어 공용화 실시 후 남한은 미국의 정치, 경제, 문화 블록에 완전히 편입되었다. 한국과 조선은 나라의 이름으로만 한국인의 머릿속에 기억되었다. 한국의 미국화는 급격히 진행되었지만, 한국인들은 분단의 폐해로부터 자유로울 수 없었다.

이런 한반도 위기의 가설은 ① 2020~2030년의 패권전쟁론 ②2010~2020년의 신냉전론 ③2010년까지 한반도 평화 및 통일기반 시한론 등으로 구분하여 살펴볼 수 있다. …(중략)… 여러 가지 요인들을 종합하여 결론적으로 말하면, 2020~2030년 사이에 패권전쟁이 벌어질 것이라고 많은 미래학자들이 본다는 사실이다. 이를 전제로 할 때, 패권전쟁에 앞선 2010~2020년 신냉전이 전개될 것이라는 논리이다. 논리의 근거는 미국의 신냉전 의지와 징후이다. 이를 요약하면, 첫째, 미국의 패권의지는 여전하며 강력하다는 것, 둘째, 미국은 '분명하고도 실제로 존재하는 위협'을 필요로 한다는 것, 셋째, 미국이 신냉전에서 군사자본주의적 이익을 노린다는 것 등이다. …(중략)… 패권도전국으로서는 우선 중국을 들 수 있다. 1997년 미국 국방부의 『국방백서』에 의하면, 2015년 경이 되면, 중국이 미국의 패권지위에 도전하는 국가로 등장할 가능성이 높다고 전망했다. 1998년 OECD에서 발간된 영국 앵거스 매디슨의 '중국 경제의 장기적 성과' 보고서도 중국 경제의 미국 추월시기를 2015년이라고 주장해 이 시기가 되면 중국이 패권에 도전할 가능성이 있다고 내다봤다.　　　　　　　　　　　　—정상모(2002)『신냉전 구도와 평화』

　　미국은 강력한 라이벌로 부상하는 중국을 견제하기 위한 군사, 경제적 정책을 다각도로 시행했다. 특히, 일본, 한반도, 중국, 러시아, 유럽, 동남아시아를 이어주는 철도의 완성으로 미국의 영향력이 급속히 줄어들 조짐을 보이자 미국은 일본과 한국을 통제해 중국을 견제하고자 했다.

남북한 언어 통일을 위한 노력

기계화를 위한 한글의 로마자 표기법 남북한 통일회의
—1988년 파리, 1990년 파리, 1991년 코펜하겐, 1992년 파리

　　1987년 5월 모스크바에서 시작된 남북 로마자 표기 단일화 협상은 5년 동안 진행되었으며, 그 결과 1992년 '제5차 기계화를 위한 한글의 로마자 표기법 남북한 통일회의'에서 자음의 경우 북측 안을, 모음은 남측 안을 수용하는 단일표기법안에 합의하였다.

코리안 컴퓨터 처리 국제학술대회
—1994년, 1995년, 1996년, 1999년, 2001년 중국 연길시

　　1994년에 시작된 이 학술대회는 남북 민간 차원의 학술 교류로, 2001년 '제5차 코리안 컴퓨터 처리 국제학술회의(ICCKL 2001)'까지 이어졌다. 5차에 걸쳐 학술대회가 진행되는 동안 국어 정보 분야 남북한 표준화 방안이 마련되었다. 컴퓨터 자판, 정보기술 분야 표준 용어 제정, 음성 말뭉치(corpus) 공동 개발, 인터넷 도메인의 한글이름 공동

개발, 언어·수학·정보능력 검정시험의 공동 출제·시행, 중국 연변 내 정음공학연구센터 설립 등에 합의하였다.

1999년 국제 표준 정보기술 용어사전 출간

1996년 8월 12일부터 14일까지 중국 연길시에서 개최된 '96 Korean 컴퓨터 처리 국제학술대회'에서 남북한 학자들은 정보처리용어 통일안을 만들었고, 이때 합의된 용어를 〈정보처리용어표준사전〉이라는 이름으로 1997년 5월까지 공동으로 출판하여 보급한다고 합의하였다. 이 합의를 바탕으로 출간된 사전이 『국제 표준 정보기술 용어사전』이다.

2002년, 5개 국어 정보기술 표준용어사전 발간

(사)한국어정보학회와 한국통신문화재단은 6·15 남북공동선언 2주년을 맞아 한국어와 북한말, 그리고 영어, 중국어, 일본어로 된 『정보기술 표준용어사전』을 펴냈다. 이 사전은 한국어정보학회와 북한의 조선교육성프로그람교육센타, 중국 조선어신식학회 등 3개국 학자들이 지난 1994년부터 8년 간 공동 작업 끝에 펴낸 것으로 이 사전 발간을 계기로 남북 학자들은 정보기술용어의 표준화와 용어 통일의 계기를 마련하였다.

2001년, 남북한 언어 동질성 회복을 위한 국제학술회의

2001년 12월 14일부터 16일까지 중국 베이징에서 국립국어연구원, 중앙 민족대학, 사회과학원 언어학연구소가 공동으로 주최하였다. 남북 공동 말뭉치 구축, 방언사전 공동 편찬, 통일국어 사전의 공동 편찬, 어휘정리 공동 작업, 한자어 사용기준 책정 등이 논의되었다.

—참고: 김민수 편(2002) 『남북의 언어 어떻게 통일할 것인가』, 박영준·시정곤·정주리·최경봉 지음(2002) 『우리말의 수수께끼』, 국립국어연구원 편(2002) 『남북 언어 동질성 회복을 위한 제1차 국제학술회의 논문집』

남한의 미국 편향적 정책이 심화됨에 따라 중국과 북한의 관계는 더욱 밀접해졌으며, 미국과 중국의 대립이 격화될 때마다 한반도는 끊임없이 전쟁의 위협에 시달렸다. 평화를 위해서는 자주적인 통일이 필요했으나, 남과 북은 통일에 필요한 공통 기반을 거의 다 상실한 상태였다. 전쟁의 위협이 증대함에 따라 남과 북의 적대감은 더욱 커지고, 한국어가 잊혀져 감에 따라 민족적 동질성은 아예 인식할 수 없는 상태로까지 되었다.

지금 코리아 지역과 그 북쪽에 위치한 조선과는 인류학적 차원에서의 동질성만 확인될 뿐, 언어, 문화적인 동질성은 찾을 수 없다. 그리고 옛 자료에 자주 등장하는 '민족'이라는 개념은 이제 생소한 개념이 되어버려, 북쪽 지역과의 민족 공동체 의식이란 상상할 수조차 없다. 그런데 도서관 시디롬 보관소에서 발견된 자료가 해독되면서 타임 캡슐이 매설된 2010년 이후 100년의 역사가 밝혀지게 되었고, 남북 사이의 역사적 수수께끼도 함께 풀리게 되었다. 특히, 북쪽과 남쪽의 인종적 유사성에 비해 언어 문화가 완전히 다른 이유가 밝혀지게 되었고, 중국, 조선, 코리아, 일본 중에서 코리아와 일본만 영어를 사용하는 이해하기 힘든 현상도 발견된 기록물을 통해 어느 정도 설명할 수 있게 되었다.

21세기 일본의 구상 – 일본 지식인들의 밀레니엄 비전

게이조 총리의 개인 정책 자문 그룹인 '21세기 일본의 구상을 위한 간담회'의 보고서가 대내외적으로 화제가 되고 있다. 새 천년을 맞아 경제대국 일본이 나아가야 할 청사진을 제시했다는 점만으로도 세간의 이목을 집중시키기에 충분하지만 그 중 몇몇 내용이 너무도 대담한 제안이어서 파장을 증폭시키고 있다. …(중략)…

국제 대화 능력의 향상을 위해서 사회인 전원이 실용영어를 능숙하게 구사할 수 있도록 목표를 설정하고, 공공기관의 간행물은 일본어와 영어 2개 국어로 작성하며, 장기적으로는 영어를 제2공용어로 삼을 것을 주장하고 있다. …(중략)…

한글과 한문 병기문제를 두고도 말 많은 우리에게, 영어의 제2공용어화 논의는 납득하기 어려운 부분이 될 수 있다. 일본에서도 이에 대해 미국식 가치의 일방적 주입은 안 된다는 비판이 일고 있다. 그러나 이런 류의 주장이 이전에 없었던 것은 아니다. 비록 실현되지는 못했지만 영어의 제2공용어화보다 훨씬 노골적이고 강도가 높은 일본어 폐지론이 그것이다. 즉, 20세기를 목전에 둔 명치유신 후에는 '영어의 국어화', 제2차 세계대전 직후에는 '프랑스어의 국어화'가 주장되기도 했다. 이와 같은 역사적 사실을 떠올려 보면 영어의 제2공용어화는 현실적 논란에도 불구하고 절대 불가능한 일은 아닐지 모른다. …(중략)…

글로벌한 제도, 기준, 룰의 적극적 수용, 집단보다는 개인의 지혜나 아이덴티티의 중시, 영어의 제2공용어화, 협치의 실현, 기회의 평등과 공정한 격차의 인정 등 보고서의 곳곳에 배어 있는 이러한 정신은 명치유신과 제2차 세계대전의 패배를 겪으며 끊임없이 견지해 온 서구 따라잡기, 서구 추월하기라는 거시적 틀의 연장선에 놓여 있다. 즉, 서구화라는 국가목표의 달성을 위해 아시아를 버리고 구미에 편입되고자 한 탈아입구(脫亞入歐) 노선에서 입구를 견지하고 있는 것이다. …(하략)…

—박용구(2000) "21세기 일본의 구상-일본 지식인들의 밀레니엄 비전," 『한국외국어대학교 외국학종합연구센터 국제 지역 정보』 4-2(통권70호)

사람들은 영어 공용화가 시행되기 얼마 전까지 끊임없이 지속되었던 남북한 언어의 통일을 위한 노력이 영어 공용화와 함께 순식간에 물거품이 되어 버린 역사를 되짚어 보면서 충격과 허무를 함께 느꼈다. 충격과 허무는 역사에 대한 관심을 증폭시켰다. 이런 사회 분위기에서 "영어 공용화가 시행되지 않았더라면", "남북이 통일되었더라면" 등과 같은 가상의 역사 드라마와 다큐멘터리가 여러 편 제작되기도 하였다.

코리아어를 사용하는 사람이 생기기 시작하다

Uri는 요즘 코리아어를 배우는 데 열중이다. 신세대 축에 들려면 최소한 코리아어 몇 마디쯤은 해야 하기 때문이다. 코리아어는 아직 자동 번역이 되지 않아 배우지 않고서는 잘 이해할 수 없기 때문에 젊은이의 언어로만 쓰였다.

학생들 사이에서는 코리아어를 섞어 이야기하는 게 유행이 되었다. 대화 중에 코리아어를 섞어 쓰는 사람들은 단연 인기를 끌었다. 400여 년 전 중국어를 섞어 쓰는 게 유행이 되면서 코리아 지역에서 영어에 일부 변화가 있었는데, 코리아어를 섞어 쓰는 것은 요즘에 생긴 새로운 유행이었다.

여럿이 대화를 할 때, 자기들만의 이야기를 코리아어로 하는 사람들도 있었다. 나이 많은 사람들은 이들의 대화를 잘 알아듣지 못해 자동 번역 시스템이 처리할 수 있는 말만 할 것을 제안하기도 하였다. 그러나 신선한 표현을 갈망하는 젊은 학생들에게는 소 귀에 경 읽기일 뿐이었다.

코리아 문자의 독특한 모양도 사람들의 관심을 끌었다. 편지를 보낼 때, 코리아 문자를 이용하여 영어나 중국어를 표기해 보내는 동호회도 생겨났다. 다른 사람들은 전혀 그 편지의 내용을 이해하지 못했고, 문자 인식 프로그램도 코리아 문자를 지원하지 않기 때문에 이를 번역해 볼 수도 없었다. 이런 점이 젊은이들에게는 큰 매력이었다. 자기들만의 이야기를 하면서 키득거리는 재미에 푹 빠진 젊은이들은 한 글자라도 더 배워 그 대열에 합류하려고 노력했다.

디자이너들도 글자 모양을 이용해 옷을 만들고, 생활용품들에도 코리아 문자가 들어간 제품이 인기를 끌었다. 코리아 문자가 쓰여진 티셔츠는 젊은이 취향의 것이고, 영어나 중국어가 쓰여진 티셔츠는 중장년층이 즐겨 입는 현상도 나타났다.

코리아어가 하나의 언어로 인정되다

Uri는 자동 번역 시스템에 코리아어를 등록시키는 사업을 추진하는 모임에 가입해 활동하고 있다. Uri는 관련 자료를 정리해 미국과 중국에 있는 자동 번역 시스템 구축 회사에 보내는 일을 맡았다. 코리아 지역에서 사용되는 자동 번역 시스템은 미국과 중국의 회사에서 만든 것이어서 이 회사의 승인을 받아야만 언어를 추가할 수 있기 때문이다. 그런데 200~300년 동안 자동 번역 시스템에 새로운 언어를 추가한 적이 없었기 때문에 회사로서도 무척 난감한 모양이었다. 현재 자동 번역 시스템 회사들의 최대 관심사는 말하는 사람과 똑같은 음성으로 번역된 말을 출력하여 그 사람의 감정까지도 완벽하게 전달하는 시스템의 개발이었기 때문이다. 회사로서는 사용자가 극소수인 죽은 언어 하나 추가하지 않는다고 해서 문제될 것은 전혀 없었다.

"언어장벽 사라진다"

20년후 동시번역시스템 등장

'더 이상 외국어 때문에 스트레스를 받지 않아도 되는 날이 올까?'

세계미래학회는 최근 발행한 학회지 '미래주의자'(5, 6월호)에서 2020년이 되면 자동동시번역시스템이 나와 언어장벽이 사라질 것이라고 장담했다.

이에 따르면 외국 여행자는 해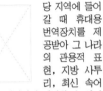당 지역에 들어갈 때 휴대용 번역장치를 제공받아 그 나라의 관용적 표현, 지방 사투리, 최신 속어까지도 완벽하게 이해할 수 있게 된다는 것.

미래학자 샘 레만 윌지그는 이 학회지에 기고한 글에서 "이는 공상소설에나 등장할 얘기가 아니다"며 "이미 마이크로소프트 필립스 IBM 인텔 등 세계적인 기업들이 앞다퉈 자동동시번역시스템 개발에 투자하고 있다"고 밝혔다.

그는 "언어 장벽이 사라지면 해외 여행이 급격히 늘고 국제교역이 활기를 띠는 등 인간의 생활상이 크게 달라질 것"이라고 말했다. 〈김성규기자〉
kimsk@donga.com

〈동아일보〉 2001년 4월 16일

코리아어를 배우는 사람들이 하나둘 늘어나면서 자동 번역 시스템에 코리아어를 등록하려는 움직임이 일기 시작했다. 코리아 지역의 각 자치회에서는 자동 번역 시스템을 구축하는 회사에 코리아어를 등록시킬 것을 제안하기로 했다. 코리아어를 자동 번역 시스템에 구축하기 위한 모임이 만들어지고, 아메리카와 중국에 있는 자동 번역 시스템 구축 회사에 관련 자료를 전송하고 대표를 파견하였다. 대표들은 현재까지는 사용자가 극소수인 죽은 언어이지만, 배우기 쉬운 언어이기 때문에 머지않아 사용자가 급증할 것이기 때문에 등록시킬 가치가 있다고 회사측을 설득했다.

자동 번역 시스템을 구축하는 아메리카와 중국의 회사는 코리아어를 등록시키는 데 미온적이었다. 죽은 언어를 자동 번역 시스템에 등록한 예가 없었다는 것이 이유였다. 그러나 관련 자료에 포함된 『우리말(KOREAN)』의 분석 결과를 검토하고 나서는 약간 긍정적으로 바뀌었다. 옛 코리아어가 자동 번역 시스템에 곧바로 적용할 수 있을 만큼 정교하고 간명하게 정리되어 있어 투자비가 거의 들지 않을 뿐만 아니라, 현재 코리아 지역에서의 코리아어 유행을 볼 때 수익성도 있을 거라고 판단했기 때문이다. 회사의 사업 승인이 떨어지자 작업은 의외로 빨리 진행되어, 몇 주가 지나자 바로 자동 번역 시스템에 등록되었다. 코리아어가 비로소 하나의 공용 언어로 인정된 것이다.

공용 언어로 인정된다는 것은 자동 번역 시스템에 그 언어가 실리는 것을 뜻한다. 만일 코리아어가 규칙화하기 어렵고, 사람들의 관심을 끌지 않았다면 공용 언어로 인정받기 힘들었을 것이다. 그러나 『우리말(KOREAN)』의 발굴과 함께 세상의 빛을 본 코리아어는 간단하고 규칙화되어 있을 뿐만 아니라 사람들의 관심도 높아서 공용 언어로 인정받을 수 있게 되었다. 일부 사람들은 코리아어를 자동 번역 시스템에 등록시켜준 회사의 문화적 안목을 칭찬하기도 하였다.

언어정보처리 기술의 발전이 한 언어의 발전과 밀접하게 관련되리라는 예측은 500년 전에도 있었다. 자동 요약 시스템에서 추출한 아래의 글은 500년 전 사람들이 코리아어의 보존과 발전을 위해 코리아어 정보처리에 얼마나 많은 노력을 기울였는가를 보여준다.

한글이라고 하는 유용한 도구를 활용하여 어떻게 우리 한국어를 발전시켜야 하는지에 대해 살펴보자. 언어공학이라는 측면에서 보면, 앞으로 한 언어의 경쟁력은 얼마나 우수한 응용 제품들을 생산할 수 있는가에 달려 있다고 해도 지나친 말이 아니다. 컴퓨터와 대화하는 꿈 같은 일들이 과연 어느 언어를 중심으로 발전하게 될까?

만약 가까운 미래에 영어로는 컴퓨터와 인간의 대화가 어느 정도 자유롭게 된 반면, 한국어나 일어로는 대화의 제약이 상대적으로 많이 존재한다면, 영어의 의존도는 지금보다 훨씬 심해질 것이다. 또한 영어를 일어로, 일어를 영어로 자동 번역하는 수준이 만족할 만큼 상당히 높은 반면, 한국어를 영어로, 영어를 한국어로 번역하는 수준이 이에 미치지 않는다면 일어에 대한 의존은 상상을 넘어설 정도로 극심해질 것이다.

거꾸로, 인간과 컴퓨터가 한국어로 자연스럽게 대화하는 수준으로 한국어 공학이 발전하고, 한국어를 중심으로 영어, 일어, 중국어와 같은 주요 언어들이 만족할 수준으로 자유롭게 자동 번역된다고 가정해 보자. 한국어의 위상은 매우 높아질 것이며, 상대적으로 현재 일어나 중국어가 차지하고 있는 위상은 평가 절하될 것이 분명하다. 이제 언어의 국제 경쟁력은 언어공학의 수준으로 판가름나게 된 것이다.

한국어 공학의 비약적 발전을 위해서, 한국어학 전공자들이 한국어의 산업적 응용에 대해 관심을 더 많이 기울여야 할 것이다. 지금과 같은 추세로는 산업적 요구에 비해 전공자들의 수가 턱없이 부족하기만 하다. 이제까지처럼 소수의 전공자들이 헌신적으로 노력하는 것도 중요하다. 여기에 더하여, 한국어 공학의 중요성에 대한 일반적 인식이 확대되고 한국어 공학의 기반이 되는 한국어학에 대한 중요성이 부각될 필요가 있다.

　　—고창수(2000) 21세기의 한국어 공학, 〈월간 한글 새소식〉 10월호

사라졌던 언어가 다시 하나의 언어로 인정된 경우는 아직 없었다. 그런 점에서 코리아어가 공식적 언어로 인정된 것은 순전히 『우리말(KOREAN)』과 500년 전 사람들의 한국어 간명화 프로젝트 덕분이었다. 많은 언어 분석가들은 코리아어가 음운 구조도 간명하고 형태와 문법 구조도 간명하여 배우기 쉽기 때문에 앞으로 50년 내에 코리아어의 사용자가 폭발적으로 늘어 영어 사용자 수를 추월할 것이라는 전망을 내놓았다.

500년 전에도 이러한 전망 하에 코리아어의 간명화를 위해 노력했으며, 다른 한편으로는 코리아어의 전산화를 위해 노력했다는 기록을 찾을 수 있었다. 그러나 코리아어 공학의 발전을 가로막은 것은 영어 공용화 정책이었다.

2023년 영어 공용화 실시와 함께 코리아어의 정보처리를 위한 모든 시도들이 무의미해졌다. 영어와 코리아어를 선택할 수 있었지만, 사람들은 영어를 선택하였고 굳이 코리아어를 배우려는 사람은 없었다. 20세기 말부터 눈부시게 발전하던 코리아어 정보처리 산업은 2010년경부터 시장성이 떨어져 사양길에 접어들었고, 2023년 영어 공용화가 실시되면서 자취를 감추었다.

（一）布告 第一號

朝鮮人民에게告함

太平洋方面米國陸軍部隊總司令官으로서 左와如히布告함.

日本國政府의聯合國에對한無條件降伏은 右諸國間에오래繼續하여온 武力鬪爭을 太止하엿다. 日本天皇의命令에依하고 또그代表로써 日本國政府와 日本大本營이調印한降伏文書의 條件에依하여 余의指揮下에잇는 戰勝軍隊는 本日北緯三十八度以南의朝鮮領前土를占領한다.

朝鮮人民의 오랫동안의 奴隸狀態와 適當한時期에朝鮮을解放獨立시키려는 聯合國의心念을銘心하고 朝鮮人民은占領目的이降伏文書를履行하고 自己들과人間的宗敎的權利를 保護함에잇는것을 새로히 信賴하여함니다.

太平洋方面米國陸軍部隊總司令官인余의 附與된 權限에依하여 玆에 北緯三十八度以南의朝鮮과 朝鮮住民에게 軍政的統治을하고 다음과가튼占領의條件을發表한다.

第一條 北緯三十八度以南의朝鮮의土地와 朝鮮人民에對한 統治의全權限은 當分間余의權限下에서 施行한다.

第二條 政府의全公共及名譽職員과 그他人 又公共團體或公共事業에從事하는 其他모든사람 又는重要한公共事業機關에有給或은 無給職員 及從業員과 모든記錄과 財産을 別命令잇을때까지 그의正當한機能과義務를 履行하고 保存하여함니다.

第三條 모든사람은余가權限下에서 發한命令에服從하여함니다. 占領部隊에對한 모든反抗行爲或은 公共安全을 紊亂케하는 모든行爲에對하여는 嚴重한處罰이잇을것이다.

第四條 諸君의所有權利는 保障될것이다. 諸君은余가命令할때까지 諸君의正當한職業에從事하라.

第五條 軍政期間中에는 英語를公用語로한다. 英語原文과 朝鮮語或은日本語原文間에 解釋又는 定義가不明또는不同이生한때는 英語原文을 基準으로한다.

第六條 以下各布告·布令或公告·指令及法令은 余또는余의權限下에서 發出될것이므로 諸君에게所關되고 要求되는바를指定할것이다.

一九四五年九·九日

太平洋方面米國陸軍部隊總司令官 더글라스·맥아더

미 태평양 방면 총사령부 포고 제1호

조선 인민에게 고함
본인은 미 태평양 방면 총사령관으로서
조선 인민에게 다음과 같이 선언한다.

일본의 천황과 일본 정부의 이름으로, 또한 일본제국 총사령부의 명령 및 이름으로 서명된 항복문서가 규정하는 바에 의해 본인이 지휘하는 승전군은 오늘 북위 38도선 이남의 조선 영토를 점령한다. 본관은 태평양 방면 미 육군 총사령관으로서 본관에게 부여된 권한으로써 이에 북위 38도선 이남의 조선 및 조선 인민에 대한 군정을 펴면서 다음과 같은 점령에 관한 조건을 포고한다.

제1조 북위 38도선 이남의 조선 영토와 조선 인민에 대한 최고 통치권은 당분간 본관의 권한 하에 시행된다.

제2조 정부, 공공단체 및 기타의 명예직원과 고용인, 또는 공익사업, 공중위생을 포함한 전 공공사업 기관에 종사하는 유급 또는 무급 직원과 고용인 그리고 기타 제반 중요한 사업에 종사하는 자는 별도의 명령이 있을 때까지 종래의 정상기능과 업무를 수행할 것이며 모든 기록 및 재산을 보호 보존하여야 한다.

제3조 모든 주민은 본관 및 본관의 권한 하에서 발포한 일체의 명령에 즉각 복종하여야 한다.

점령군에 대한 반항행위 또는 공공의 안녕을 교란하는 행위를 감행하는 자에 대해서는 가차없이 엄벌에 처할 것이다.

제4조 주민의 재산권은 이를 존중한다. 주민은 본관의 별도 명령이 있을 때까지 일상의 직무에 종사한다.

제5조 군정기간에 있어서는 영어를 모든 목적에 사용하는 공용어로 한다. 영어 원문과 조선어 또는 일본어 원문에 해석 또는 정의가 불명하거나 일치하지 않을 때에는 영어 원문을 기본으로 한다.

제6조 앞으로 모든 포고, 법령, 규약, 고시, 지시 및 조례는 본관 또는 본관의 권한 하에 발포될 것이며, 주민이 이행해야 할 사항들을 명기하게 될 것이다.

일본 요코하마에서 1945년 9월 7일
태평양 방면 미육군 총사령관
육군대장 더글라스 맥아더

■참고문헌

경상대 인문학연구소 엮음(2003), 『세계화 시대의 국제어』, 동남기획

고창수(2000), "21세기의 한국어 공학", 〈월간 한글 새소식〉 10월호

공병호(2003), "영어 공용화를 생각한다", 〈파이낸셜뉴스〉 2003년 2월 23일자

국립국어연구원 편(2002), 『남북 언어 동질성 회복을 위한 제1차 국제학술회의
　　논문집』

국어학회 편(1993), 『세계의 언어정책』, 태학사

김민수(1974), 『국어정책론』, 고려대 출판부

김민수 외(1998), 『초등학교 영어교육과 민족어의 장래』, 고려대 출판부

김민수 외(2001), 『파니니 문법의 규범생성모형 연구』, 월인

김민수 외(2002), 『우리말의 규범생성문법 연구』, 월인

김민수 편(2002), 『남북한 언어 어떻게 통일할 것인가』, 국학자료원

김상태 편역(2001), 『윤치호 일기 1916~1943 – 한 지식인의 내면세계를 통해 본
　　식민지 시기』, 역사비평사

김여수(1997), 『언어와 문화』, 철학과현실사

김영명(2000가), 『나는 고발한다』, 한겨레신문사

김영명(2000나), "세계화와 언어 문제", 〈동아시아의 세계화와 언어제국주의〉,
　　한림대학교 아시아문화연구소 20회 국제학술대회 발표 논문

김영명(2002), 『우리 눈으로 본 세계화와 민족주의』, 오름

김영환(1998), "영어 공용화는 사회 발전의 피할 수 없는 요구이다", 〈시대정신〉
　　11·12월호

김영환(1999), "민족주의와 우리 언어의 미래 – 성낙주 씨 비판에 대한 비판",
　　〈시대정신〉 3·4월호

남영신(1998), "세계화 위해 민족 버리자고", 〈조선일보〉 7월 7일자

데이비드 크리스털(2002), 『왜 영어가 세계어인가』, 유영난 옮김, 들녘

마루야마 게이자부로(2002), 『존재와 언어』, 고동호 옮김, 민음사

맹주억(2000), "국제화와 중국의 언어 변화", 〈동아시아의 세계화와 언어제국주
의〉, 한림대학교 아시아문화연구소 20회 국제학술대회 발표 논문

모리스 버만(2002), 『미국문화의 몰락』, 심현식 옮김, 황금가지

민현식(2000), "공용어론과 언어정책", 〈이중언어학 · 17〉, 이중언어학회

바이스게르버(1993), 『모국어와 정신형성』, 문예출판사

박병수(2000), "영어의 열풍", 〈한글사랑 · 13〉, 한글사

박영배(2001), 『앵글로 색슨족의 역사와 언어』, 지식산업사

박영순(1997), 『이중 다중 언어 교육 – 세계의 언어교육과 한국의 언어정책 과
제』, 한신문화사

박영준 · 시정곤 · 정주리 · 최경봉(2002), 『우리말의 수수께끼』, 김영사

박용구(2000), "21세기 일본의 구상 – 일본 지식인들의 밀레니엄 비전", 〈국제 지
역 정보 · 4-2〉, 한국외국어대학교 외국학종합연구센터

박이문(1998), "탈민족주의에는 찬성 – 영어 공용어 시기상조", 〈조선일보〉 7월
18일자

백경숙(2000), "영어 공용화론에 대한 사회언어학적 소고", 〈사회언어학 · 8-1〉,
한국사회언어학회

복거일(1998), 『국제어시대의 민족어』, 문학과지성사

복거일(2000), "소위 민족주의자들이여! 당신네 자식이 선택하게 하라", 〈신동아〉
3월호

복거일(2003), 『영어를 공용어로 삼자』, 삼성경제연구소

성낙주(1999), "영어 공용화론은 민족의 생존을 담보로 한 환상이다", 〈시대정신〉
1·2월호

스티븐 핀커(1998), 『언어본능—정신은 어떻게 언어를 창조하는가』, 김한영 · 문
미선 · 신효식 옮김, 그린비

안정효(2000), "영어에 미친 나라", 〈한글사랑 · 13〉, 한글사

양오진(2000), "한국에서의 중국어 역관 양성에 대한 역사적 고찰", 〈中國言語
研究 · 11〉, 한국중국언어학회

에밀 벤베니스트(1999), 『인도 · 유럽사회의 제도 · 문화 어휘연구 1』, 아르케

올리비에 르불(1994), 『언어와 이데올로기』, 역사비평사

원윤수 엮음(2000), 『언어와 근대정신 – 16, 17세기 프랑스의 경우』, 서울대출판부

웨인 페터슨(2003), 『하와이 한인 이민1세 – 그들 삶의 애환과 승리 (1903~1973)』, 정대화 옮김, 들녘

윤혜준(2001) "'영어' 족쇄 왜 채우려 하나", 〈문화일보〉 5월 26일자

이대로(1999), "영어 공용화 찬반 방송 토론 때 다 못한 이야기", 인터넷신문 대자보, 1999년 12월 1일자

이민홍(2002), 『언어민족주의와 언어사대주의의 갈등』, 성균관대 출판부

이병혁(2000), "세계화와 남북한 언어 문제", 〈동아시아의 세계화와 언어제국주의〉, 한림대학교 아시아문화연구소 20회 국제학술대회 발표 논문

이석호(2000), "제국주의 시절의 영어정책과 영어 공용화에 부치는 몇 가지 단상들", 〈실천문학〉 2000년 가을호

이연숙(2000), "일본의 영어공용어화론", 〈동아시아의 세계화와 언어제국주의〉, 한림대학교 아시아문화연구소 20회 국제학술대회 발표 논문

이영돈(2003), 『미국 환상 깨기』, 지성사

이영석 외(2002), 『세계화시대의 국제어』, 동남기획

이재진(2000), "언어정책 이대로 좋은가", 〈한글사랑 · 13〉, 한글사

이정호(2001), "인도의 공용어와 힌디 – 현황과 전망", 〈커뮤니케이션학 연구 · 9〉, 한국커뮤니케이션학회

임지현(1999), 『민족주의는 반역이다』, 조합공동체 소나무

정과리(1998), "영어, '내것화'가 관건이다", 〈조선일보〉 7월 14일자

정상모(2002), 『신냉전 구도와 평화』, 월간 말

정시호(1998), "영어를 공용어로 할 것인가? – 복거일씨의 견해에 붙여서", 〈언어과학연구 · 15〉, 언어과학회

정시호(2000가), "영어 찬미주의자들에게 엄중 경고함", 〈신동아〉 4월호

정시호(2000나), 『21세기의 세계 언어전쟁 – 영어를 공용어로 할 것인가』, 경북대 출판부

조동일(2001), 『영어를 공용어로 하자는 망상』, 나남

조숙환 외(2000), 『인간은 언어를 어떻게 습득하는가』, 아카넷

진중권(1999), "복거일, 당신은 '멋진 신세계'를 꿈꾸는가", 〈월간 말〉 1999년 1월호

채희락(2000), "영어공용화 – 모국어화의 환상과 그 대안", 〈실천문학〉 2000년

가을호

최원식(1998), "영어공용화론, 서구 패권주의 연장", 〈조선일보〉7월 21일자

최은경(2000), 『세계 영어들의 정체성 - 그 신화와 실제』, 한국문화사

최인호(2000), "우리말글과 세계화", 〈한글사랑 · 13〉, 한글사

한국하이데거학회 편(1998), 『하이데거의 언어사상』, 철학과현실사

한영우(1998), "지구제국은 강대국 희망사항이다", 〈조선일보〉7월 10일자

한학성(2000), 『영어 공용어화 과연 가능한가』, 책세상

함재봉(1998), "영어 공용화는 반 민족주의 아니다", 〈조선일보〉7월 20일자

홍성민(2000), "우리 언어의 정체성과 탈식민주의", 〈동아시아의 세계화와 언어
제국주의〉, 한림대학교 아시아문화연구소 20회 국제학술대회 발표 논문

홍세화(1999), "불쌍한 한국어", 『쎄느강은 좌우를 나누고 한강은 남북을 가른
다』, 한겨레신문사

홍인표(1994), 『중국의 언어정책』, 고려원

후나바시 요이치(2001), 『나는 왜 영어 공용어론을 주장하는가』, 홍성민 옮김, 중
앙 M&B

Barry Tomalin et. al.(1993), *Cultural Awareness*, Oxford : Oxford University
Press

Baugh, Albert C. & Cable Thoms(1978), *A History of the English Language*
(3rd Edition), London : Prentice-Hall Inc

Bright, William ed.(1992), *International Encyclopedia of Linguistics*, New
York : Oxford Press

Crystal, David(1998), *English as a Global Language*, Cambridge University
Press

Denison, Norman(1977), "Language death or language suicide?",
International Journal of the Sociology of Language 12

Dixon, R. M. W.(1997), *The Rise and Fall of Language*, Cambridge University
Press

Dressler, Wolfgang(1977), "Language preservation and language death in
Brittany", *International Journal of the Sociology of Language* 12

Goldberg, D. Th.(1994), *Multiculturalism*, Blackwell

Grenoble, Lenore A. & Whaley, Lindsay J.(1998), *Endangered Languages*,

Cambridge University Press

Josiane F. Hamers(1995), 『2개 언어상용과 그 이론』, 이혜란 외 옮김, 한국문화사

Louis-Jean Calvet(2001), 『언어 전쟁』, 김윤경 · 김영서 옮김, 한국문화사

Mühlhäsler, P.(2000), *Linguistic ecology : Language change and linguistic imperialism in the Pacific region*, London : Routledge

Pennycook, A.(1994), *The Cultural politics of English as an international language*, London : Longman

Phillipson, R.(1992), *Linguistic Imperialism*, Oxford : Oxford University Press

Phillipson, R.(2000), "The Globalization of English" 〈동아시아의 세계화와 언어제국주의〉, 한림대학교 아시아문화연구소 20회 국제학술대회 발표논문

Smith, L. E.(ed.)(1983), *Readings in English as an international language*, Oxford : Pergamon Press

자료 1

청소년들 민족 자긍심 높다/초중고생 1600명 설문조사

"한국 세계서 최대강국 될 것" 62.2%/선호 외국인 1위는 호주인 … 일본인 가장 싫어해

우리나라 초중고생들은 '우리 문화가 다른 어느 나라의 문화보다 우수하다'고 믿는 등 민족과 문화에 대해 자긍심을 갖고 있는 것으로 조사됐다. 그러나 우리 국민의 도덕성과 시민의식에 대해서는 부정적인 것으로 나타났다. 학생들은 또 세계 여러 나라 사람들 가운데 호주인을 가장 좋아하는 반면 일본인을 가장 미워하는 것으로 드러났다.

이 같은 사실은 유네스코 한국위원회가 '국제이해교육 진흥사업'을 위해 한국교육개발원 김영화 부장(교육기초연구1부)에게 의뢰, 지난 10월 전국 초중고생 1천6백53명을 상대로 설문조사한 결과 밝혀졌다. 김 부장은 지난 7일 유네스코 한국위원회 주최로 외교안보연구원에서 개최된 '21세기를 향한 국제교육' 세미나에서 이 같은 조사 결과를 발표했다.

이에 따르면 응답자의 57.3%가 '우리나라 문화가 다른 나라의 것보다 우수하다', 62.2%가 '우리나라가 최대강국이 될 것'이라고 믿는 등 민족과 국가에 대한 자긍심이 비교적 높은 것으로 나타났다. 또 '우리 민족이 세계에서 가장 우수한 민족'(42.6%)이며 '한국어가 영어를 제치고 세계공용어가 될 수 있다'(49.6%)는 응답도 절반 가까이 됐다.

그러나 '자라나는 세대에게 우리나라(사람)의 장점과 문제점을 분명히 알려줘야 한다'는 생각도 85.1%나 돼 학생들이 맹목적인 애국심에 사로잡혀 있지 않

224

음을 보여줬다.

학생들은 우리나라 사람들의 도덕성과 시민정신에 대해 대체로 부정적이어서 물질만능주의적인 경향이 강하다거나 공중질서를 잘 안 지킨다(각 68.4%, 56.6%)고 느끼고 있다. 또 '정직하지 않다'(35.7%)고 생각하는 학생이 '정직하다'(21.6%)고 믿는 학생보다 많은 것으로 조사됐다.

한편 학생들의 '외국과 외국인에 대한 선호도' 조사 결과(선호도에 따라 5~1점으로 환산) 호주인(3.60)과 미국인(3.59)에 대한 평가가 가장 좋은 것으로 밝혀졌다. 다음으로는 이탈리아인(3.46) 독일인(3.27) 브라질인(3.2) 헝가리인(3.1) 케냐인(3.0) 중국인(3.0)의 순으로 나타났다.

—인터넷세계일보, 1995년 12월 12일

자료 2

美 영어 공용어화 여론 고조

미국에서 영어만을 공용어로 사용토록 해야 한다는 여론이 높아지고 있다.

최근 미국의 보수화와 반이민 물결을 타고 공화당 대선후보 밥 돌 상원원내총무와 패트릭 뷰캐넌이 연방차원에서 영어를 공용어로 정할 것을 촉구하고 나선 가운데 영어 공용화 상고건이 연방대법원의 심리에 부쳐지게 됐다.

애리조나州 시민단체는 과거 주민투표에서 통과됐으나 재판에서 패소한 영어 공용어화 법안을 대법원에 상고했으며 대법원은 이 법안의 효력정지 판결의 유효 여부에 대해 심리키로 했다.

관공서의 모든 서류와 공무원의 영어사용을 의무화한 애리조나주의 주민발의안은 지난 88년 주민투표 통과 직후 히스패닉계 공무원이 영어를 모르는 히스패닉계를 상대할 때 스페인어 사용이 불가피하다는 이유로 소송을 제기함에 따라 당시 1심에서 패소했다.

대법원 심리 결정은 애리조나州 시민단체가 지난해 말 항소했으나 다시 패배해 상고한 데 따른 것이다.

미국에서 영어 공용화를 채택한 주는 23개 주에 달하고 있으나 실제로 이행되지는 않고 있다.

로스앤젤레스 지역의 경우는 공립학교에서 이중언어 교육이 실시되고 있으며 학교나 관공서에서 스페인어나 심지어는 한국어까지 편의에 따라 부수적으로 사용되고 있다.

대법원에서는 지난 91년 연방의 지원을 받는 의료기관의 의사나 간호원이 임신부들에게 임신중절을 권유해서는 안 된다며 표현의 자유를 제약한 사례가 있고 애리조나주 출신인 2명의 보수주의 대법관이 주도하고 있어 항소심 판결이 번복될 가능성이 높다는 지적이다.

대법원에서 번복된다 해도 연방법 규정에 따라 학교에서 2중언어 교육이 계속 실시되는 등 큰 변화는 없을 것이지만 연방 차원에서의 영어 공용화법 제정 및 반이민 분위기 조성 등 상징적인 영향은 클 것이라는 전망이다.

—인터넷연합뉴스, 1996년 3월 27일

자료 3

공무원 '영어 사용 의무화' 위헌논란
대법원, 애리조나주 헌법 심의키로 결정

미 대법원은 25일 공무원들이 직장에서 영어가 아닌 언어를 사용하는 것을 금지한 애리조나주의 주헌법 수정조항이 연방헌법에 위반되는지 여부를 앞으로 심의하기로 결정했다. 영어를 미국의 공용어로 지정하기 위한 운동이 각지에서 활발해지고 있는 것과 관련, 대법원이 이 문제와 관련해 어떤 판결을 내릴지 주목된다.

지난 88년 애리조나주에서는 주정부 공무원들이 공식업무와 관련해 스페인어나 인디언들의 고유언어를 사용하는 행위를 금지하는 내용의 헌법수정안이 주민투표에 부쳐졌으며, 찬성 50.5%로 승인됐다.

그런데 주민투표가 실시된 이틀 뒤에 마리아 켈리 예니게스라는 한 히스패닉계 공무원이 "본인의 모국어인 스페인어를 직장에서 사용하지 못하도록 한 주헌법 수정조항은 연방헌법에서 보장하는 표현의 자유를 위반하는 것"이라며 법정에 소송을 제기했다. 이에 대해 제9구 연방항소법원은 예니게스의 주장을 인정, 수정조항을 폐기하고 주정부는 원고에게 1달러(약 8백원)의 보상금을 지불하라는 판결을 내렸다.

이 사건의 특이성은 주정부 관계자들이 항소법원의 판결을 연방대법원에 상소하기를 거부한 것이다. 이유는 주헌법 수정조항이 순수 시민운동으로 이뤄진 것이고, 주정부 관계자들은 당초부터 이에 반대하는 입장이었기 때문이다.

—인터넷세계일보, 1996년 3월 30일

자료 4

美 '영어公用化' 논쟁 재연

관청이나 학교에서 英語만을 공용어로 사용할 것이냐를 둘러싼 해묵은 논쟁이 4일 美대법원의 심리착수를 계기로 다시 주목되기 시작했다.

이민으로 이뤄진 나라인 미국에서는 그동안 여러 나라 언어가 통용돼 왔으나 이로 인한 불편과 낭비가 심하기 때문에 "영어를 유일한 공용어로 지정해야 한다"는 주장이 끊이질 않았다.

이와 관련, 현재 미국 내 23개州가 州헌법 개정 등을 통해 영어를 공용어로 지정해 놓고 있다.

앨라배마를 비롯, 아칸소, 애리조나, 캘리포니아, 콜로라도, 플로리다, 조지아, 하와이, 일리노이, 인디애나, 켄터키, 루이지애나, 미시시피, 몬태나, 네브래스카, 뉴햄프셔, 노스 캐롤라이나, 노스 다코타, 사우스 캐롤라이나, 사우스 다코타, 테네시, 버지니아, 와이오밍州 등.

그러나 애리조나州의 경우 지난 88년 주민들이 州헌법을 개정, 영어를 공용어로 지정했지만 美연방법원은 "정보의 자유로운 흐름을 저해하고 일부 시민들의 권리에 부정적인 효과를 가져온다"는 이유로 이를 무효화했다.

특히 애리조나州가 헌법 개정안을 채택하자 저소득층에 대한 의료지원을 담당하고 있는 州정부의 한 직원이 "업무수행상 스페인語를 사용할 수밖에 없다"고 즉각 제소하는 바람에 많은 논란을 불러일으킨 바 있다.

이처럼 연방법원이 州헌법 개정을 무효화하자 영어만을 사용해야 한다는 주장을 해온 일부 주민들은 '영어 공용화를 위한 애리조나 주민모임'이라는 단체를 결성, 美대법원에 재심을 요청했다.

이에 따라 美대법원은 내년 7월까지 판결을 내리기에 앞서 이날 이 사건에 대한 심리를 벌였으나 '애리조나 주민모임'이란 단체가 재심을 요청할 수 있는지 등 주로 절차상의 문제만을 검토하는 데 그쳤다.

이와 관련, 스페인계나 아시아계 등 영어 이외의 언어를 사용하는 미국인들은 영어 공용화 조치가 채택될 경우 많은 불이익이 따르기 때문에 이 사건에 대한 대법원의 판결이 어떻게 나올지에 촉각을 곤두세우고 있다.

특히 미 의회도 현재 "연방정부가 업무를 수행할 때 일부 예외적인 경우를 제외하고는 영어만을 공용어로 사용해야 한다"는 내용의 법안 입법을 추진 중이어서 이번 판결 결과는 더욱 관심을 모으고 있다.

이 같은 내용의 법안은 금년 초 하원을 통과했으나 상원에서는 보류된 바 있는데 내년 1월 개원되는 차기 1백5차 美의회에서는 영어 공용화 법안이 다시 재론될 것으로 보인다.   —인터넷연합뉴스, 1996년 12월 5일

자료 5

한국의 20세기는 민족주의 시대였다. 일제 식민지와 분단이라는 시대 상황을 넘어 부국강병을 지향하는 근대사 전개과정에서 민족주의는 국민적 자신감 회복과 에네르기의 결집에 가장 유효한 도구였다. 그러나 이 세기말, '지구 제국'의 시대에 민족주의는 더 이상 우리 사회를 이끄는 이념이 될 수 없다는 주장들이 조심스럽게 대두되고 있다. 그 대표적 논객 중 하나인 소설가 복거일 씨. 그가 내놓은 『국제어시대의 민족어』(문학과지성사간)는 모국어 문제를 중심으로 아직도 우리 사회의 가장 강력한 정서적 공감대인 민족주의를 비판한 드문 지적 모험이다.

"한국 사회처럼 민족주의가 모든 사회문제들에 대한 시민들의 판단을 뒤틀리게 하는 경우는 드물다."

흔히 '자유주의 지식인'이란 레테르가 따라다니는 복씨의 이 같은 진술은 '민족'이란 말만 붙으면 일단 가치있는 것으로 여기는 시기를 살았던 이들에겐 상당한 거부감으로 다가온다. 그러나 그는 여기서 그치지 않는다. 복씨에 따르면 언어생활에서 쓸모있는 말들을 특정 외국어에서 나왔다는 이유만으로 몰아낸다면 시민들에게 언어의 편식을 강요하는 일이다. 그런 의미에서 '쓰리 네다바이 나와바리 와이로 히야카시'처럼 그에 딱 들어맞는 한국어가 없는 어휘들은 설령 일본어라도 과감히 도입해야 한다는 것이다. 심지어 그는 한국어와 함께 영어를 공용어로 하자는 주장으로까지 발전한다. 영어는 이제 단지 앵글로색슨족만의 언어가 아니라 '지구 제국'의 언어다. 국제어인 영어를 쓰지 않음으로 해서 우리가 보는 손해나 비용은 너무 커서 이대로 가다간 다른 나라에 뒤떨어지는 게 필연이라는 것이다.

복씨는 자신의 지향점이 '열린 민족주의'라고 밝힌다. 그러나 그 '개방'도 어디까지나 '주체'를 전제로 해야 한다는 입장이 여전히 유효한 이상, 그의 주장은 새로운 세기를 앞둔 한국 사회의 뜨거운 쟁점으로 남을 수밖에 없다.

—디지틀조선일보, 1998년 7월 1일

자료 6

남영신 씨, 복거일 씨의 '국제화' 비판

남영신(『국어 천년의 실패와 성공』저자)

세계화 위해 민족 버리자니… 천박한 과잉 세계주의

한국 사회에서 민족주의의 역할은 이제 끝난 것인가. 세기말, 세계화 열풍 속에서 민족주의의 유효성에 대한 회의가 지식인 사회 일각에서 싹트고 있다. IMF 사태의 근본 원인이 따지고 보면 상대를 도외시한 채 자기 세계에만 빠져 있던 맹목적 민족주의 사고에 있었다는 지적도 나온다.

민족주의 비판이 최근 가장 감성적이고 극적으로 나타난 케이스가 소설가 복거일 씨의 저서 『국제어시대의 민족어』(문학과지성사간)이다.

그는 "우리 사회의 시급한 과제 중 하나가 민족주의를 제어하는 것"이라며 심지어 영어를 공용어로 할 것까지 주장했다. 20세기 한국을 이끈 가장 중요한 이데올로기 중 하나인 민족주의는 어느 정도 심각한 위험상황인가. 복씨의 주장이 조선일보 7월3일자 책 소개를 통해 보도되자 인문과학자들 사이엔 격렬한 논쟁이 일 조짐이다. 이번엔 복씨의 논거에 대한 반박이다. (편집자)

요즘 사회가 민주화되면서 우리의 의식 구조도 상당히 다양해져 예전에는 생각지도 못했던 주장들이 제기되는 경우를 많이 본다. 그러나 최근 간행된 소설가 복거일 씨의 『국제어시대의 민족어』에 실려 있는 주장들은 그런 부류의 하나로 보고 그냥 넘기기에는 너무 심각한 독이 들어 있다.

이 책은 크게 두 부분으로 되어 있다. 첫번째 부분에서는 '민족주의를 버릴 것'을 주장하고 있고, 두번째 부분에서는 '민족어를 버릴 것'을 주장하고 있다. '지구 제국' 시대에는 민족주의나 민족어는 불필요하다는 생각에서인 것 같다. 그의 말대로 이는 대단히 '용감한 주장'이라고 할 수 있다.

먼저 그는 독도 영유권 분쟁이나 동해 표기 등의 문제가 터졌을 때 우리 사회에 나타났던 여러 부정적인 민족주의 행태를 지적하면서 이제는 민족주의를 버릴 때가 되었다고 충고하고 있다.

"…일본과의 관계만 따진다 하더라도 둘 사이에서 약한 나라는, 그래서 둘 사이의 분쟁에서 훨씬 손해를 크게 입을 나라는 우리다. 아쉬운 쪽은 일본이 아니다…."

그가 우리 사회에 민족주의를 버릴 것을 요구하는 이유는 우리가 상대적으로 약소국이기 때문이라는 점을 쉽게 짐작케 하는 대목이다. 그렇다면 강대국의 민족주의에 대항할 수 있는 약소국의 대응전략은 무엇인가. 국제 사회에 호소하고 국제 기구에 하소연하는 것인가? 그가 주장한 우리 사회의 감정적인 민족주의의 위험성에 일면 동의하면서도 그의 경제적 이익을 얻기 위한 '민족주의 죽이기'에 동의할 수 없는 이유가 여기에 있다.

그의 두번째 주장은 '민족어를 버리고 영어를 모국어로 삼자'는 것이다. 그가 영어를 모국어로 삼자고 주장하는 근거는 놀랍게도 단순하다. 지금은 미국을 지도국으로 하는 '지구 제국' 시대이고 이 시대에는 영어가 국제어로 자리잡고 있으므로 우리가 '지구 제국' 중심부에 들어가기 위해서는 영어를 잘 구사할 수 있어야 한다. 그러려면 영어를 처음부터 모국어로 배우는 것이 가장 낫다는 것이다. 다만 지금 당장은 민족주의자들의 맹렬한 반대로 그렇게 할 수 없으니 영어를 공용어로 채택하여 국어와 함께 사용하게 하자는 것이 그의 주장이다.

'지구 제국'이 어떤 나라인지 그가 밝히지 않았으니 알 수는 없으나 공용어인 영어만 잘하면 그 나라의 중심부에 들어갈 수 있다는 생각도 천박할 뿐만 아니라 영어를 공용어로 채택하면 모든 일이 술술 풀릴 것으로 보는 생각도 단순하고 위험하기는 그가 배척하고 있는 민족주의자들보다 더욱 심각한 수준이라고 해야 할 것이다.

한편 영어를 국제어로 보고 국어까지 내버릴 준비가 되어 있는 그가 어떻게 하여 국어 속에 들어와 있는 '쓰리, 와이로, 히야카시' 같은 일본어 찌꺼기를 되살려 쓰자고 주장하게 되었는지 궁금하기 짝이 없다. 일본어는 영어와 같은 반열에 있다고 생각해서 그랬을까, 아니면 국어는 아무렇게나 의사소통을 쉽게 하는 방향으로 사용하면 되는 하급언어라고 생각해서 그랬을까. 1천 년 전에 자기 정체성을 잃고 국어를 중국어의 하위 언어로 전락시켜 우리 문화와 민족의 자주성을 송두리째 짓뭉개 버렸던 신라의 지식인이 21세기를 앞두고 환생한 것이 아닌지 착각하게 한다.　　　　　　　　　　　　　　—디지틀조선일보, 1998년 7월 6일

자료 7

열린 민족주의를 찾아서

복거일

한국은 민족주의 과잉… 영어 공용어는 현실

이 글은 졸저 『국제어시대의 민족어』를 비판한 남영신 씨의 '세계화 위해 민족 버리자고?'에 답하는 글이다. 남씨의 글을 읽으니, '민족주의와 민족어는 너무 예민한 주제들이어서 논의가 차분히 진행되기 어렵다는 사정'을 새삼 절감하게 된다.

민족주의와 민족어에 관한 내 생각은 지금 인류 사회들이 느슨하게나마 하나의 제국을 이루고 있다는 사실에 바탕을 두었다. 이제 이 세상에서 국경 안에서

끝나는 일은 드물다. 정치든, 경제든, 문화든, 또는 환경 문제 등. 이번 외환 위기가 우리에게 아프게 일러준 것이 바로 그것이다. 그리고 그런 사정을 반영해서, 영어가 실질적 국제어로 자리잡았다.

놀랍지 않게도, 이제 민족주의는 점점 현실에서 유리되고 비적응적으로 되어간다. 특히 다른 민족들과 민족국가들의 권리를 존중하고 함께 살기를 거부하는 '닫힌 민족주의'를 지닌 사람들은 둘레에 괴로움을 끼칠 뿐 아니라 스스로에게도 해를 입힌다.

민족주의적 열정은 불이다. 그것을 잘 다스리면, 사회에 활력이 넘치지만, 잘못 다스리면, 많은 것들을 잃는다. 우리는 민족주의적 열정을 잘 다스려서 '열린 민족주의'로 다듬어내야 할 것이다. 남씨의 주장과는 달리, 나는 '민족주의를 버릴 때가 되었다'고 한 적이 없다. 그렇게 버릴 수 있는 것이라면, 민족주의에 대해 무슨 걱정을 할 필요가 있겠는가? 나의 논지는, 민족주의를 추구함에 있어서, 우리가 이해득실을 냉정하게 계산해야 한다는 것이다. 몇 해 전 일본의 순시선이 독도 근해에 나타났을 때, 우리 대통령이 군함을 보내 시위한 일이 있었다. 그것은 분명히 국내 정치를 겨냥한 과잉 대응이었다. 그래서 우리는 외교적으로 큰 손해를 보았다. 우리가 외환 위기를 맞자, 바로 그 대통령은 서둘러 경제 부총리를 일본에 보내 원조를 요청했다. 그나마 돈도 빌리지 못했다. 나는 이런 공허한 민족주의를 경계하는 것이다.

국제어와 민족어에 관한 내 주장을 '민족어를 버리고 영어를 모국어로 삼자'로 요약한 것은 지나친 단순화다. 국제어로 자리잡은 영어를 모국어로 배우지 않은 사람들이 입는 손해가 이미 너무 크고 앞으로는 더욱 커질 터이므로, 경제논리는 사람들이 영어를 모국어로 삼도록 만든다는 것이 내 주장의 바탕이다. 우리 사회에서도 이미 많은 사람들에게 영어는 생존에 결정적인 기술이 되었고, 모두 영어를 배우는 데 큰 투자를 하고 있다. 아직 모국어도 배우지 못한 아이를 영어 학원에 보내는 부모들부터 이어폰을 끼고 영어 회화를 배우는 중년들에 이르기까지. 안타깝게도, 그런 투자는 효율이 아주 낮다. 그래서 나는 일단 영어를 우리 말과 함께 공용어로 삼을 것을 제안한 것이다.

나는 독자들에게 물었다. '만일 막 태어난 당신의 자식에게 영어와 조선어 가운데 하나를 모국어로 고를 기회가 주어진다면, 당신은 어느 것을 권하겠는가?

한쪽엔 영어를 자연스럽게 써서 세상 사람들과 쉽게 어울리고 일상과 직장에서 아무런 불이익을 보지 않고 영어로 구체화된 많은 문화적 유산들과 첨단 정보들을 쉽게 얻는 삶이 있다. 다른 쪽엔 조상들이 써온 조선어를 계속 쓰는 즐거움을 누리지만, 영어를 쓰는 것이 힘들어서 다른 나라 사람들과 어울리는 것을 피하고 평생 갖가지 불이익을 보고 분초를 다투는 정보들을 뒤늦게 오역이 많은 번역으로 얻어서, 그것도 이용 가능한 정보들의 몇십만 분의 일이나 몇백만 분의 일만 얻어서, 세상 사람들과 경쟁해야 하는 삶이 있다. 당신은 과연 어떤 삶을 자식에게 권하겠는가? 아예 그에게서 선택권을 앗겠는가?'

—디지틀조선일보, 1998년 7월 7일

자료 8

복거일 씨의 '탈민족주의' 비판 – "지구 제국"은 강대국 희망사항이다……

한영우

민족주의 논쟁이 뜨겁게 이어지고 있다. 서울대 국사학과 한영우 교수가 소설가 복거일 씨의 저서 『국제어시대의 민족어』(문학과지성사 간행)를 비판하는 글을 기고했다. 복씨는 이 책에서 작금의 경제위기도 따지고 보면 우리 사회의 거친 민족주의 탓이 크다며, '영어 공용어'론까지 제기하며 탈민족주의의 필요성을 주장한 바 있다. 그의 이 같은 주장에 대해 국어연구가 남영신 씨가 '과잉 세계주의의 천박성'이라고 비판하자, 복씨는 다시 이를 반박하는 글을 발표했었다. (편집자)

강자와 약자가 서로 맞섰다고 가정할 때, 약자가 싸우지 않고 항복해 버리는 것은 일단 합리적인 선택이다. 질 것이 뻔한 싸움을 왜 하는가. 그러나 지고 나서 계속 강자만 섬긴다면 이미 노예다. 경제논리로 본다면 노예처럼 안정된 삶도 없다. 강한 주인을 만났으니 최소한의 삶은 보장된다. 또 주인을 흉내내다 보면 자기발전도 있다.

인간의 삶은 기본적으로 두 가지다. 노예로서 편안하게 사느냐, 경제적으로 어렵더라도 주인노릇을 하면서 제멋으로 사느냐이다. 역사를 보면, 대다수의 인간은 후자의 길을 선택하면서 살아왔다. 그래서 사람은 합리적으로만 사는 것도 아니고, 빵으로만 사는 것도 아니라고 했는지 모른다.

우리 역사에서 경제논리와 극단적 합리주의가 나라를 망친 사례가 바로 대한제국의 멸망이다. 사실 친일파들은 스스로 매국노라고 생각해 본 일이 없다. 경제와 기술을 발전시키려면 강하고 앞선 나라와 하나가 되는 것이 가장 빠른 지름길이라고 믿었다. 이보다 합리적인 판단이 어디에 있는가. 문제는 대다수 사람들이 그것을 원하지 않은 데 있다. 그리고 합리를 모르는, 어리석게 보이는 사람들이 목숨을 걸고 싸워서 광복에 이바지하였다. 그 덕에 오늘 우리가 있다.

요즘 IMF시대가 되면서 경제논리와 경제적 합리주의가 우리 사회의 지표가 된 듯한 느낌이다. 경제와 관련이 없는 분야까지도 경제논리와 경제적 합리주의가 우리 사회의 지표가 된 듯한 느낌이다. 경제와 관련이 없는 분야까지도 경제논리로 촌탁하고, 그 기준에 맞춰 시비가 결정되고 있다. 사실, 시장경제 원리보다 합리적인 것은 없다. 우수한 자만이 살아남는 사회가 되어야 발전이 있다.

하지만 인간사회는 발전만이 능사가 아니고, 합리주의만이 행복을 보장하는 것도 아니다. 합리주의와 관계없는 문학, 예술, 종교 따위는 왜 필요한가. 오히려 합리주의가 극단으로 가면 사회가 위태롭다는 것도 기억해 두어야 한다. 적자생존을 신봉하는 경쟁원리가 제국주의를 낳았고, 그것이 세계평화를 깨지 않았던가. 개체의 발전이 반드시 더 큰 공동체의 안정을 보장하는 것은 아니기 때문이다.

시장경제는 무수한 약자의 희생을 전제로 한다. 여기에 문화전통이 다른 강자의 시장원리가 적용될 때에는 정서적 불안이 공동체를 급속도로 파괴할 수 있다.

지금 세계가 하나로 통일되고, '지구 제국'이 올 것 같은 예언을 하는 것은 환상이다. 그것은 몇몇 강대국이 가진 희망사항일 뿐이다. 역사를 거시적으로 보면, 그렇게 되지도 않을 것이며, 또 그렇게 되는 것을 환영할 일도 아니다.

소설가 복거일 씨의 책 『국제어시대의 민족어』는 각론 부분에서는 경청할 만한 대목이 많다. 지나친 배타적 민족주의를 비판하고 합리주의를 강조한 것도 기본적으로 옳다. 그러나 모든 사물을 경제논리로 보고, 인간이란 무엇인가, 한국인이란 무엇인가에 대한 성찰이 없는 것이 유감이다. 경제와 거리를 두어야 할 문학인의 시각이 그렇다는 것이 더욱 놀랍다.

영어를 공용어로 해야 한다는 주장도 국민을 향해서 할 이야기는 아니다. 영어가 짧아서 우리 사회의 위기가 온 것은 아니다. 오히려 자기 정체성도 모르고, 분수없이 세계를 향해서 뛰다가 당한 것이다.

지금 우리 사회의 위기는 총체적이다. 따라서 그 진단과 처방도 총체적이어야 한다. 지엽을 가지고 본질인 것처럼 과대 포장하면, 교각살우의 우를 범할 수 있다. 비단 복거일 씨의 경우만이 아니다. 지금 두려운 것은 IMF 그 자체가 아니다. 오히려 이 체제의 단기적 처방에만 급급하고, 인류의 미래를 문명사적인 관점에서 거시적으로 설계하는 안목의 부족이 가장 두렵다.

—디지틀조선일보, 1998년 7월 9일

자료 9

'지구 제국'은 실제로 존재한다

복거일

국경 없는 경제시대… IMF‑인터넷 등 초국가적 질서 생겨

이것은 졸저 『국제어시대의 민족어』를 비판한 한영우 교수의 글(10일자 17면)에 답하는 글이다. 한 교수께서 지적한 사항들은 여럿이지만, 중요한 것들은 둘이다. 하나는 경제논리에 한계가 있다는 것이고, 다른 하나는 지구 제국은 환상이라는 것이다.

경제학은 일반적으로 물자와 돈을 다루는 학문으로 여겨진다. 틀린 생각은 아니다. 그러나 경제학은 본질적으로 사람들이 행동하는 모습을, 특히 그들이 시간이나 돈과 같은 자원을 여러 목적들에 나누어 쓰는 모습을 연구한다. 그래서 그것은 너른 뜻에서의 심리학의 한 분야다. 자연히 사람들의 활동들은 모두 경제적으로 접근할 수 있다. 결혼, 출산, 선거, 또는 범죄처럼 일반적으로 경제적 활동

부록 235

으로 여겨지지 않는 행동들도 경제학은 잘 설명하고 예측한다.

물론 경제적 접근엔 한계가 있다. 아마도 가장 심각한 한계는 경제학이 사람들의 심리상태를 주어진 조건으로 여긴다는 사실일 것이다. 그래서 경제학은 사람들의 가치 판단에 대해 별다른 얘기를 하지 않는다. 경제학의 틀을 따르면서, 나는 사람들의 가치 판단에 대해 직접 평가를 하는 일을 되도록 피했다. '한국인이란 무엇인가'에 대한 성찰이 없다'는 한 교수의 지적은 어쩌면 그런 점과 관련이 있을 것이다.

졸저에서 '지구 제국'이란 말은 다분히 상징적으로 쓰였다. 그 말은 근년에 세계가 하나로 통합되어 가면서 제국의 성격을 지닌 질서가 나타났음을 가리킨다. 그 말을 엄격하게 해석할 경우, 한 교수께서 내놓은 비판이 강력해진다는 것을 나는 선선히 인정한다. 현대판 로마 제국이 나타나리라고 믿는 사람은 드물 것이다.

반면에 지금 세계는 단순한 민족국가들의 조합은 아니며 주권국가들을 넘어서는 초국가적 질서가 자리잡았다는 사실을 부인할 사람도 드물 터이다. 정치적으로는 '국제연합'을 비롯한 국제 기구들이 나름의 몫을 하고 있다. 경제적으로는 우리가 이번에 아프게 경험한 것처럼, 국경은 상당히 낮고 성기어졌으며, '세계무역기구'나 '국제통화기금'과 같은 국제기구들이 중앙정부 노릇을 어느 정도 하고 있다. 과학, 기술, 예술, 종교와 같은 분야들에선 국적은 이미 큰 고려 사항이 아니다. 그리고 인터넷과 같은 통신수단들이 세계를 하나의 유기체로 묶는 신경노릇을 하고 있다.

물론 '지구 제국'이 이상적 사회는 아니다. 다른 사회들과 마찬가지로, 그것은 중심부와 주변부로 나뉘고, 그것의 운영은 중심부의 강대국들이 주도한다. 그러나 강대국들만이 그것에서 이득을 보는 것은 아니다. 실은 약소국들이 상대적으로 더 큰 이득을 본다. 국제적 질서는 비록 공평한 것이 아닐지라도, 약소국에 이롭다.

여기서 주목할 것은 '지구 제국'이 정복을 통해서 나온 것이 아니라 경제 활동을 통해서 나왔다는 사실이다. 경제논리는 사람들로 하여금 국경을 넘어 활동하도록 만든다. 그리고 그런 활동은 묵은 질서를 바탕부터 허문다. 따라서 한 교수께서 전쟁과 노예-자유민을 대비한 것은 적절한 틀이 되기 어렵다.

위에서 살핀 것처럼 '지구 제국'은 이미 새로운 질서로 자리잡고 우리 삶의 모든 부면들에 영향을 미치고 있다. 그 사실은 우리의 판단과 행동이 새 환경에 맞게 조절돼야 함을 뜻한다. 거친 민족주의적 행동을 삼가고 실질적 국제어인 영어를 호의적으로 대해야 한다는 주장은 바로 그런 논거에서 나왔다.

—디지틀조선일보, 1998년 7월 10일

자료 10

"선택하라면 국어다", '영어 공용어' 론 비판

이윤기(소설가 · 번역가)

'셰익스피어를 잃지 않고도 세르반테스를 얻는 방법'

두 꼭지의 뜻있는 글을 최근 읽었다. 어느 일간지가 번역, 게재한 미국 듀크 대학 교수이자 극작가 아리엘 도르프만의 '미국은 이중언어 교육을 실시해야 한다'와 도정일 교수가 잡지에 쓴 '아이자이어 버얼린의 선택'이란 글이다. 도르프만의 글 요지를 인용하면 다음과 같다.

"…나는 영어로 자서전을 쓰고 스페인어로 희곡을 쓰는 혼성 인간이다. 나처럼 언어의 양손잡이로 크는 것은 흔한 일일 수 없다. …미국인들은 모든 나라들이 영어를 '당대의 언어'로 다투듯이 받아들이고 있는데 왜 다른 나라 말을 배워야 하느냐고 할 것이다. …(하지만) 그건 단견이다. 언어 교육 정책을 바꾸지 않으면 미국은 백 년이 못 되어 멋진 다언어 세계에서 단일언어 국가로 처질 것이다. …(영어권 어린이가 스페인어를 배우면) 셰익스피어를 잃는 것이 아니라 오히려 세르반테스를 얻게 될 것이다."

도정일 교수가 쓴 글의 요지는 이렇다.

"유럽 지성사 연구에 탁월한 업적을 남긴 버얼린은 유태인이다. (그가) 친구에게 이런 테스트를 건 적이 있다. '알라딘 램프를 문지르면 기적을 일으킬 수 있네. …램프를 문질러 전 세계 유태인들을 한순간 스칸디나비아인으로 만들 수도 있어. 그렇게 되면 유태인은 역사의 기억, 오랜 고통, 유태인을 유태인이게 하는 모든 것들을 몽땅 잃겠지만 대신 행복한 백성이 될 수 있겠지. 문지를 텐가?' …

그는 유태인이기를 포기한 일이 없다. 그가 선택한 것은 '문지르지 않는다'였던 셈이다.

세계화주의자들이 모르는 것이 있다. 인간의 가장 자연스런 감정, 그가 가진 인간적 가능성의 만개를 위한 조건, 그의 존재에 의미를 주고 그를 가장 편안하게 하며 그를 가장 인간답게 하는 것은 추상적인 세계성이 아니라 집, 고향, 동네, 친구들 같은 구체적이고 특수한 '국지성'이며 국지적 관계이다. 이 국지성은 세계성과 반드시 상치 대립하는 관계에 있지 않고 세계성 때문에 희생되어야 하는 것도 아니다. 오히려 세계성은 국지성 '때문에', 그것을 근거로 해서 가능하다."

중학 1학년 때 나와 함께 미국으로 간 아들은 8년째 미국에서 공부하고 있다. 그는 지난 겨울, 영어를 자유자재로 쓸 수 있게 되었고, 영어라는 무기의 확보가 무한 경쟁 시대의 유리한 고지 선점이 될 수 있는 만큼, 일찍이 영어 학습환경을 만들어준 부모에게 무척 고마워한다고 말했다. 효율의 측면만 본다면 맞다. 아들은 도르프만의 길을 가고 있다.

하지만 딸은 버얼린의 길을 갈 모양이다. 초등학교 5학년 때 도미한 딸의 영어는, 한국어 발음 습관의 잔재가 묻어 있는 아들의 영어와는 달리 현지인 영어와 조금도 다르지 않다. 그런데도 딸은 재작년, 입시 지옥을 알면서도 귀국을 고집했다. 딸은 너무 늦기 전에 한국어를 완벽하게 구사할 수 있도록 공부하고 싶다고 했고, 하고 있다.

아들의 경우 어휘가 풍부하고 표현이 세련될 수는 있을지언정 현지인 발음은 불가능에 가까울 것이라는 뜻에서, 나는 영어 조기 교육을 강화해야 한다는 주장에 찬동한다. 그러나 영어 조기 교육이 민족어 교육에 지장이 될 정도로 강화되는 것에는 절대로 찬성하지 않는다. 영어가 판치는 세상이 올 것이라는 주장은 부정하지 않지만, 민족어 교육에 앞세워야 한다는 주장이나 민족어가 사멸하게 될 것이라는 전망에는 동의하지 않는 것이다. 복거일 씨의 전망이 얼마나 조심스러운 것이고 그의 대안 제시가 얼마나 고뇌에 찬 것인지 나는 짐작한다. 어머니가 문둥이라고 할지라도 클레오파트라와 바꾸지는 않을 것이라던, 유태인 아이 자이어 버얼린 같은 조선인 김소운 선생이 그리워지곤 한다.

—디지틀조선일보, 1998년 7월 12일

영어 '내것화'가 관건이다

정과리(충남대 교수 · 불문학)

복거일 씨의 '영어 공용화론' 옹호

　복거일 씨의 책『국제어시대의 민족어』(문학과지성사간)가 불씨가 되어, 남영신, 한영우, 이윤기 제씨가 잇달아 지핀 논쟁은 민족주의와 세계주의의 대립으로 이해되고 있으나, 실제로는 아니다. 복거일 씨는 '영어를 모국어로 삼자'고 '주장'하지도 않았고, '지구 제국'이라는 말을 단순히 강대국의 세계 지배라는 뜻으로 사용하지도 않았다. 만일 비판자들이 그의 책을 꼼꼼히 읽었다면, 그 안에는 진단과 처방 사이에 미묘한 길항이 있으며, 진단은 세계 질서의 현재적 흐름에 대한 지나칠 정도로 투명한 분석인 반면, 그 처방은 역설적이게도 뜨거운 민족주의적 열정을 담고 있다는 것을 알 수 있었을 것이다. 엄격히 보자면, 이 논쟁의 대립은 민족주의와 세계주의의 대립이 아니라 원리 민족주의와 실용적 민족주의의 대립이다.

　그러나 이 대립이 이렇게 첨예하게 부각되는 것은 단순히 오해로 인한 것만은 아닌 듯하다. 실로 이 둘 사이에는 도저히 소통을 불가능하게 하는 빗장이 질러져 있으니, 그 빗장이란 '세계화'라는 세 음절 안에 집약되어 있다. 세계화란 무엇인가? 일차적으로 그것은 냉전체제의 붕괴, 경제망의 확산, 그리고 무엇보다도 전자문명의 발달에 힘입어 세계가 점차로 하나의 생활권을 형성하게 되는 현상을 뜻한다. 원론적인 관점에서 보면, 세계화는 민족국가의 운명과는 아무런 상관이 없다. 그러나 지금 지구상에서 벌어지고 있는 세계화는 전혀 별개의 또 다른 양상을 보여주고 있다. 유럽의 지식인들이 자조적으로, 그러나 정확하게 지적하고 있듯이 지금의 세계화는 곧 미국화와 동의어라는 것이 그것이다. 실로 현실 사회주의 몰락 이후 정치와 경제뿐만이 아니라, 학문 문화 기술 언어 등 삶의 모든 부문들이 미국의 영향력 안에 놓이고 미국적 방식으로 재편성되고 있는 것은 부인할 수 없는 현실이며, 바로 이것이 민족주의의 심장부를 치명적인 바늘처럼 파고들어 한 패권국에 의해 여타 민족국가들이 노예의 운명으로 전락할지도 모른다는 공포를 주입하는 것이다.

복거일 씨의 문제 제기는 그러나 팍스 아메리카나의 수락이 아니다.

씨가 촉구하는 것은 세계화의 이중적 상황에서 한국인에게 요구되는 불가피한 생존조건에 대한 성찰일 뿐이다. 복거일 씨는 원리 민족주의자에게 바늘이 되었던 것을 내시경으로 바꾸자고 말하고 있는 것이다. 그 내시경으로 비추어볼 때, 세계화는 역전될 수 없는 추세이고, 그것의 기본 도구들을 미국이 선점했으며, 그러나 그 도구들을 기민하게 받아들여 우리의 자산으로 제것화한다면 세계체제 내의 능동적 참여자로서 새로운 역사를 시작할 수 있으며, 그래야 한다는 것이 복거일 씨 주장의 요체이다.

그 주장의 실천적 항목의 하나로 복거일 씨가 들고 나온 것이 세상을 들끓게 하고 있는 영어 공용화론이다. 우선, 이것이 영어의 모국어화와는 다른 착상임을 지적하기로 하자. 다음, 영어가 사실상의 국제어가 되었다는 것을 인정할 수밖에 없다면, 그것을 다음 세대들이 자유롭게 쓸 수 있도록 노력을 하는 것은 앞세대 한국인들의 피할 수 없는 의무이다. 토론은 그 의무를 전제하고서 진행되어야 한다.

영어가 국제어가 된 오늘의 언어환경은 단순히 영어권 국가의 영향력이 커졌다는 것을 의미하는 것이 아니라, 영어가 인류 전체의 자산이 될 가능성의 폭이 그만큼 넓어졌다는 것을 뜻하기도 한다. 그러니까 중요한 문제는 타인의 도구를 활용하면서 어떻게 자신의 역사적 경험과 문화적 유산을 거기에 새겨 넣어 실질적인 제것화를 달성하느냐이지, 무엇을 선택할 것인가의 문제가 아니다. 이것은 결국 한글과 영어의 공존의 방식에 대한 토론으로 이어지게 되는데, 그러기 위해서는 영어에 대한 준비와 아울러 한글의 세련화를 서로 떼어 놓을 수 없는 이중적 과제로 떠맡아야만 한다.　　　　　　　　　　　—디지틀조선일보, 1998년 7월 13일

자료 12

지식사회 강타한 '민족주의 논쟁'

민족주의는 역시 우리 사회 지적 흐름에 내재된 폭발성 강한 뇌관이었다. 한 중견 소설가가 "우리 사회가 맞은 가장 중요하고 어려운 문제가 민족주의를 제어

하는 일"이라고 주장하며 건드린 이 뇌관은 무서운 힘으로 지식사회를 강타, 찬반 논쟁으로 발전했다.

복거일 씨의 저서 『국제어시대의 민족어』(문학과지성사간)를 계기로 조선일보에 탈민족주의와 영어 공용어화 논쟁이 불붙기 시작한 지 일주일. 이 논쟁에 참가, "지구 제국은 강대국 희망사항일 뿐이다"며 복거일 씨의 탈민족주의 주장을 질타했던 중진 한국사학자 한영우(서울대) 교수는 "글이 조선일보에 게재된 날(10일), 지금까지 신문에 글을 쓴 이래 가장 많은 전화를 하룻동안 받았다"고 말했다. 서울 중앙병원이 자체적으로 영어 공용어화에 대한 찬반 의견을 묻는 여론 조사를 실시했고, 부산방송 FM라디오는 14일 저녁 6시 '헤이 러시아워' 프로그램에서 복거일-남영신 씨의 논쟁을 내보냈다. 조선일보와 인터넷 조선일보에는 이 문제에 대한 저마다의 주장을 담은 원고가 40편 넘게 쏟아져 들어왔다.

민족사관, 민족문학, 민족적 민주주의, 민족주체성, 반민족적…. '민족'이란 말만 들어가면 권위와 신성함을 인정받던 시대가 있었다. 이번 논쟁은 적어도 민족주의의 이 같은 권위에는 적신호가 걸렸다는 것을 분명히 보여주었다. 복씨의 영어 공용어화 주장을 비판한 사람들일지라도 '거친 민족주의를 다스려야 한다'는 입장에는 동의하는 분위기의 글들이 적지 않았다.

다만 거친 민족주의를 다스리는 구체적 실천적 방법이 무엇이냐라는 문제는 앞으로 논쟁의 숙제로 남을 수밖에 없다.

'영어 공용어화' 문제가 워낙 민감한 쟁점으로 떠오르다 보니 40여 편의 기고들은 자연히 복씨에 대해 비판적 진영에 선 것이 대부분이었다.

실제로 이중언어 생활의 효용과 갈등을 체험하고 있는 외국 거주 한국인들이 인터넷 조선일보를 보고 기고한 글들도 여럿 있어 눈길을 끌었다. 미시간 주립대에서 교통공학을 전공하고 있는 이정택 씨는 "세계화 시대에 영어가 필수적으로 중요하다고는 생각하지만, 그렇다고 국민 모두가 영어를 해야 한다고는 보지 않는다. 필리핀, 파키스탄, 인도가 영어를 공용어로 택하지 않아 못사는 것이고, 일본이 영어를 공용어로 택해 잘사는 것인가. 영어는 그걸 필요로 하는 전문인이 능숙하게 하면 되는 것이다"라는 의견을 보냈다.

반면 11살에 미국에 가 뉴욕에서 내과의사를 하는 제임스 전 씨는 "한국이 다른 세계로부터 얼마나 고립돼 있는지 깜짝 놀랄 때가 많다. 다른 문화에 대한 한국 사회의 개방성을 보장해주는 게 숙달된 영어다. 이중언어를 쓴다고 반드시 주체성이 결여되는 건 아니다"라고 복씨를 두둔했다.

논쟁의 전개과정에서 양쪽의 대립을 지양하려는 시도가 나온 것도 자연스런 일이었다. 민족주의와 세계화는 함께 가는 것이라는 주장(강기준, 이애란 씨)이다. 민족주의 논쟁이 세계화의 태풍 속, 새로운 세기 한국의 진로를 좌우하는 문제인 만큼 쉽게 해결될 수는 없다. 그러나 이 논쟁에 참여하는 열기가 뜨겁고, 인식수준이 성숙할수록 우리 사회의 진로는 밝을 수밖에 없다.

—디지틀조선일보, 1998년 7월 15일

자료 13

21세기에 한국인이 살아남기 위해서는

이애란(주부)

복거일 씨의 『국제어시대의 민족어』를 둘러싼 최근의 논쟁은 민족주의 대 세계화의 양자택일적인 극단의 논점을 취하고 있으며, 영어의 공용어화 문제에 논의를 집착하고 있는 느낌이 든다. 한국인으로서 21세기에 잘 살아가기 위해서는 과연 어떻게 해야 할까? 함께 고민하는 심정으로 이 글을 쓴다.

소련 공산주의 몰락 이후 미국은 실질적인 세계 최강국이 되었다. 미국 중심의 경제질서에 반대하는 유럽연합의 보호주의 무역 제창에 대해 UR에 이은 WTO 구도, 즉 자유무역을 세계적인 경제질서로 구축하여 놓았다.

미국 주도의 세계적 질서의 존재와 함께 뚜렷이 나타나는 현상 중 하나가 바로 민족주의이다. 소련 공산주의의 몰락 이후 등장한 수많은 민족 단위의 국가들과 캐나다, 이탈리아, 스페인 등에서 나타나는 민족 단위의 독립 움직임 등은 영토확장에 주안점을 둔 18~19세기 민족주의의 개념과는 분명 다른 20세기적인 현상이다. 미국 위주의 세계적인 질서와 민족주의의 동시적인 발현은 정보화시대라는 새로운 패러다임에 대한 이해 위에서 논의되어야 한다.

과학기술의 발전은 개인의 정보접근을 용이하게 하였고 국가적인 정보 통제권을 약화시켰다. 인터넷을 이용하고 있는 오늘날 세계는 하나이다. 정보화시대는 그것을 가능하게 하였으며, 이러한 과학 기술적인 매개체를 이용하여 우리가 접하는 정보의 내용 그 자체는 서구적인 가치를 근간으로 한 것들일 수밖에 없다. 그것은 현실이다. 적자생존의 사회에서 생존하기 위해서는 정보에 접근할 수 있는 언어 능력이 반드시 필요하다. 어찌 영어뿐이겠는가! …우리와 경쟁관계에 있는 나라들이 우리보다 언어 능력에서 앞서 가고 있다면 그것은 곧 전문지식에서도 앞서 있을 공산이 큰 것이다.

몇 해 전 만난 싱가포르의 한 초등학생은 중국인으로 집에서는 중국어를, 학교에서는 영어와 말레이시아어를 배워서 3개 국어를 능숙하게 구사하고 있었다. 우리가 대학 때까지 언어문제로 고민하고 있을 바로 그 시기에 그들은 전공에 할애할 수 있는 시간을 중등, 고등, 대학 기간까지 버는 셈이다. 언어 능력을 가짐으로써 향유할 수 있는 개인의 풍요롭고 자유로움을 넘어서서 이것은 한 국가의 경쟁력과 관련되는 것이다. 강대국인 미국 · 유럽 · 일본, 우리와 경쟁국인 싱가포르 · 홍콩 · 대만, 떠오르는 시장인 중국 · 인도 · 브라질 등과의 피할 수 없는 접근을 위해서는 영어는 물론이고 그들의 언어로 마주할 수 있어야 하는 것이다. 영어에 있어서 우리가 이들 나라보다 경쟁력을 키우고자 하는 것은 생존과 관계되기 때문이다. 이를 위해서는 위 나라들의 영어 교육 정책을 비교하여 보는 것도 우리의 영어 교육의 방향과 속도를 조절함에 있어 중요한 시사점이 되리라고 본다.

그러나 영어를 비롯한 언어 능력의 겸비는 우리의 전문지식이 있을 때 그 빛을 발하는 것이다. 그런 의미에서 전문지식에 비해 상대적으로 영어에 대한 논의가 가중된 것은 논의의 균형감각을 잃은 것이라고 생각한다. 민족적인 정체성을 갖지 못한 언어 능력은 국제적 미아를 양산할 뿐이다. 민족적인 정체성의 기본은 언어와 음식이라고 생각한다. 이러한 시각에서 볼 때 세계화 시대에 있어서의 국어와 국사 및 전통 문화 예술에 대한 교육은 더욱 강조되어야 할 주제로 여겨진다.

지금 세계는 세계화와 민족주의가 공존하고 있으며, 정보화는 피할 수 없는 대세이다. 정보화 사회는 세계적인 추세를 회피할 수 없게 하고 있으며, 동시에 세계무대에 민족적인 정체성을 가지고 살아가는 것을 필요로 하고 있다. 민족주의와 세계화는 더 이상 양자택일적인 것이 아닌 것이다. 21세기의 한민족의 생존을 위하여, 우리 능력의 지평을 넓히기 위하여, 민족적인 정체성과 함께 개방적인 태도로 세계적인 추세를 직시할 필요가 있는 것이다.

—디지틀조선일보, 1998년 7월 15일

자료 14

국어를 박물관 언어로 만들자니

박광민(한국어문교육연구회 연구위원)

복거일(卜鉅一) 씨의 『국제어시대의 민족어』를 비판한 남영신 씨 글과 이에 답한 복거일 씨 글을 읽었다. 결론적 느낌부터 말한다면, '영어를 사용하는 강대국도 드러내 놓고는 입에 담지 않을, 황당한 영어 공용어화 주장에 경악을 금할 수 없다'는 것이다.

복거일 씨는 '지금 인류 사회들이 느슨하게나마 하나의 제국을 이루고 있다는 사실에 바탕을 두었다'고 했는데 복거일 씨가 말한 '하나의 제국'은 하나의 언어, 하나의 문화만 지선(至善)이 되는 조지 오웰의 'Big brother'가 지배하는 일국(一國) 체제인가. 복씨는 또 '민족주의는 점점 현실에서 유리(遊離)되고 비적응적으로 되어 간다'고 했는데 우리가 민족주의를 버리면 서구인도 유색인종에 대한 우월감이나 민족주의를 포기할 것이라고 생각할 수 있는가.

영어는 분명 국제적 공용어(共用語)요, 영어를 공부해 국제 사회의 일원이 되는 것을 나무랄 일도 아니다. 현재 세계의 언어별 사용 인구는 영어권 4억9천7백만, 스페인어권 4억9백만, 프랑스어권 1억2천7백만, 독일어권 1억2천6백만, 포르투갈어권 1억8천7백만(THE WORLD ALMANAC 1998) 정도이고, 한자(漢字) 사용권은 중국을 포함 17억 정도라고 한다. 복거일 씨가 자존심 강한 프랑스나 독일, 세계의 광범위한 지역에서 사용되는 스페인어권을 제쳐 두고 무슨 근거로 '영어의 공용어화(公用語化)'가 대세라고 했는지 모르겠으나, 대세가 기울면 옳은 일이든 옳지 않은 일이든 무조건 따라야만 하는가.

대한민국 어린이에게 영어를 잘 가르치는 방법이 하나 있다. 복씨 말대로, '열린 민족주의'라는 교언(巧言)으로 국민을 속이고 민족 언어를 복거일 씨가 조어(造語)해낸 '박물관 언어'로 팔아먹은 후 영어를 사용하는 강대국의 '한 주(州)'가 되는 것이다. 일제(日帝)의 압제 속에서도 조상들이 독립운동을 할 수 있었던 것은 우리 언어를 잃지 않았기 때문이다. 영어가 공용어가 되고 국어가 '박물관 언어'로 남은 후에는 영어를 사용하는 강대국은 힘 하나 들이지 않고 대한민국을 자치주(自治州) 정도로 병탄(倂呑)할 수도 있을 게다.

필자는 복거일 씨의, "당신은 과연 어떤 삶을 자식에게 권하겠는가? 아예 그에게서 선택권을 앗겠는가"라는 질문에 대한 대답으로 졸고를 끝맺이 하고자 한다. "국어를 지키는 것이 조금 불편하고 손해 보는 일이라도 옳은 길을 갈 것이며, 그런 연후에 영어든 프랑스어든 스페인어든 자유롭게 배울 것이며, 복거일 씨의 영어 공용어화론이나 국어의 박물관 언어화라는 패역(悖逆)스런 논리에는 귀기울이지 말라.　　　　　　　　　　　　　　—디지틀조선일보, 1998년 7월 15일

자료 15

민족주의는 세계화의 안티테제 아니다

서길수(고구려연구회장)

'영어를 공식언어로 해야 한다.'

'영어를 공식언어로 해서는 안 된다.'

이것은 한국이 아니라 미국에서 내려온 해묵은 논쟁이다. 만일 모든 관공서나 공식적 석상에서 영어만 사용할 경우 큰 혼란이 일어나기 때문이다. 미국 시민들 가운데는 그만큼 영어를 못하는 사람이 많다는 것을 뜻한다. 각 주마다 사정이 다르지만 뉴욕의 선거철에는 모든 뉴욕 시민들이 영어, 중국어, 스페인어로 된 후보자 약력을 받는다. 만일 텍사스나 캘리포니아에서 스페인어를 없애고 영어만 공식어로 채택하자고 주장하는 후보는 절대로 주지사에 당선될 수 없다.

그런데 난데없이 미국의 식민지도 아닌 한국에서 영어를 공용어로 사용하고 궁극적으로는 모국어로 쓰자는 주장이 있어 논쟁이 계속되고 있다. "영어(미국어)를 생활화하고, 매년 막강한 예산을 투입하는 미국에서도 영어를 미국 전 국

민의 모국어로 만들지 못하는데 한국에서 어떻게 영어를 공용어로 한단 말인가?"『국제어시대의 민족어』저자는 이런 실질적이고 현실적인 논의를 속 편하게 무시하고 있다.

세계에서 가장 많은 시간을 할애해서 전 국민이 영어를 배우고 있는 나라 한국, 그러나 그 영어를 일생 동안 거의 써먹지 않는 한국인, 이것이 우리의 가장 비경제적인 현실이다.

만일 정말 경제원리에 따라 외국어를 공부한다면, 학생들이 가장 많은 시간과 돈과 정력을 쏟고 있는 영어 시간을 절반 또는 절반의 절반으로 줄이고, 그 시간에 창조적이고 폭넓은 지식을 흡수하는 것이 경쟁력을 높이는 지름길이다.

한편 거기서 절약되는 돈과 힘으로 학생수의 100분의 1을 미국에 4~5년씩 유학시키거나 아예 미국식 학교를 한국에 세우면 된다. 그 정도 인원이면 국제사회에서 우리 경제가 언어적으로 최상의 경쟁력을 갖추는 데 충분한 인원이 되고, 나머지 국민은 간단한 회화나 상품명을 읽을 수 있을 정도면 된다.

'미국의 한 주가 되었으면 좋겠다'는 주장이 있을 정도로 영어를 잘하고, 대학에서 영어로 강의를 하는 필리핀, 영어를 14개 공용어 가운데 하나로 쓰는 인도, 그러나 이런 나라들은 영어를 훨씬 못하는 일본이나 한국보다 경제적으로 우수하지도, 생활이 국제적이지도, 국민생활이 행복하지도 않다. 싱가포르가 앞서 가는 것은 모든 제도가 선진적이어서 그렇지 그 이유가 영어 사용에 있는 것이 아니다. 홍콩은 사실상 영국이었기 때문에 영어가 국어였다는 특수상황이었다.

세계는 지구촌이 되고 있다. 그것은 부정할 수 없는 사실이다. 그러나 영어는 국제어가 될 수 없다. 한때 로마어는 국제어였다. 그 뒤를 이어 포르투갈, 스페인어가, 그리고 프랑스어가 그 정치적 입지에 따라 국제어 역할을 하였다. 영어가 그 위치를 차지한 것은 2차대전 이후 반세기 정도에 지나지 않는다.

앞으로 21세기에는 어떤 말이 국제어가 될 것인가. 영어는 절대로 국제어가 되지 못한다. 로마 때 로마가 로마어의 무용론을 상상하고 주장하는 사람이 있었겠는가? 아마 현실적인 측면을 강조한 저자라면 중국어를 미래의 국제어로 예측하고 중국어를 공용어로 하자고 주장하는 것이 더 타당성이 있을 것이다 (현재 지구상에서 가장 많이 쓰이는 언어는 중국어이며, 그 중국어가 힘을 얻기 시작했다).

민족주의는 국수주의와 구별되어야 한다. 민족주의는 세계화의 안티테제가 아니다. 자신의 가정에 충실한 사람이 국가에 충성하듯, 자기 나라, 자기 풍습, 자기 말을 사랑하는 민족주의가 진정한 세계주의자가 되며 그때만이 다양하고 올바른 지구 가족이 될 수 있다. 왜냐하면 자기 것을 사랑하지 않고, 자기 것에 대한 자긍심이 없는 사람은 열등의식 때문에 진정으로 남을 인정할 수 없기 때문이다.

지구가 하나가 된다는 것은 모든 것을 하나로 만드는 것이 아니라 다양한 것을 조화시키는 것이다. 지구를 하나로 만드는 것이 중요한 것이 아니라 어떻게 만드느냐 하는 것이 더 중요하다. 그렇다면 어떻게 만들 것인가? 바로 이 점이 오늘날 사상, 철학, 역사, 문학 등 모든 학문의 과제인 것이다.

그러나 하나 분명한 것은 미래를 마치 다수결 원칙처럼 현재 가장 많은 것을 좇아가는 것이 최선이 될 수는 없다는 것은 분명하다. 미래학이란 미래를 예측하는 것이 아니다. '어떤 것이 가장 바람직한 인류의 미래인가'를 연구하여 그 방향으로 모든 인류가 노력하는 것이라는 것을 잊어서는 안 된다.

복거일 씨의 책은 지구미래학, 민족주의론, 국제어론에 대한 깊은 지식을 가지고 학문적으로 논의한 것은 아니다. 그런 의미에서 이런 피상적 논의가 오히려 제국주의를 합리화하는 방향으로 흐를까 우려가 되며, 그 책이 갖는 가치 이상으로 한 작가를 스타로 만들어 앞으로 이런 논의가 비정상적으로 확산될까 걱정이 된다.   —디지틀조선일보. 1998년 7월 15일

자료 16

탈민족주의에는 찬성(영어 공용어는 시기상조)

박이문

지난 반세기 민족주의는 아무도 감히 건드릴 수 없는 절대적 권위를 갖게 되었다. 이러한 터부에 정면으로 도전한 복거일의 용기는 대담하다. 한 사람의 언어는 곧 그 사람과 구별될 수 없으며, 한 민족의 언어는 그 민족어와 분리될 수

없다. 그럼에도 영어 공용어화를 계획해야 한다는 그의 논지는 혁신적이며 이를 전개하는 방식은 통쾌하다.

세계화는 가속화하고 있고 그것은 돌이킬 수 없는 추세이다. 세계화는 다양한 문명권들이 '세계 제국'으로 부를 수 있는 하나의 인류 문명권으로의 통합과정이며 세계 제국은 서구, 특히 미국을 축으로 추진되고 있다. 이러한 현실에 싫건 좋건 참여하지 않고서는 어떤 민족이나 국가도 고립화, 주변화, 퇴화, 그리고 화석화를 면할 수 없다. 세계화에의 참여는 국내적 혹은 지역적 경계를 넘어서 국제적 차원에서의 밀접하고 신속한 정보 교환을 전제로 하며, 이러한 정보유통은 모든 민족과 사회가 공유할 수 있는 공동의 언어, 즉 국제어를 필요로 한다. 싫건 좋건, 부당하건 정당하건 상관없이 앞으로 몇 세대 아니 몇 세기 더 전개될 인류 공통 '모국어'가 영어가 될 것은 자명한 사실이다. 이런 상황에서 영어는 누구에게나 필수적인 생존조건의 하나이며, 영어의 능숙도는 세계화 속에서의 번영과 쇠퇴 정도를 상대적으로 가름하는 필수조건의 하나이다.

세계사의 흐름, 그리고 그러한 맥락 속에서 한국의 위상에 대한 냉철한 인식, 새로운 인류문명을 창조하는 '세계 제국'에의 적극적 참여, 그리고 그러한 참여를 위한 필수적 조건으로서의 영어 문제 등에 대해 우리는 가정적으로가 아니라 이성적으로, 냉정하게, 그리고 대담하게 혁명적으로 대처해야 한다. 그러나 우리의 폐쇄적이며 배타적인 민족주의가 우리를 감정의 게토 속에 가두어 놓아 객관적 현실을 왜곡시키고, 새로운 인류 문명에 세계인으로서, 인간으로서의 동참의 길목들을 막아 놓고 있다는 것이다. 복거일의 폐쇄적 민족주의 비판은 민족주의가 산을 못 보게 하는 나무와 같다는 데 있다. 그의 민족주의 비판은 투명하고 옳다. 그러나 세계화의 구체적 그리고 기본적 방법을 위한 영어 공용어론이 한국어보다는 영어를 더 기본적 의사소통 매체로 삼자는 것을 의미한다면, 그의 영어 공용어론은 그의 민족주의 비판만큼은 설득력이 없다.

중세 유럽 지식인들이 학문과 문명화를 위해 지방어를 버리고 '라틴어'를 공용어로 택한 것은 현명한 일이며 또한 그들은 그런 선택을 할 수밖에 없었다. 그러나 우리 사정은 그와 똑같지 않다. 설사 공용어화가 바람직하다 해도 그것은 몇 세기 후 영어가 널리 자연적으로 보급된 상황에서만 가능하다. 더구나 그러한 공용어화가 가능해서라도 7천만이 반만 년 동안 물려온 정신적 유산을 담은 민족어를 생판 외국어로 대치하는 것이 합리적 선택인가는 심각히 더 논의될 문제이다. 저자가 전제하고 있는 것처럼 언어는 도구만으로 존재하지 않는다. 복거일은 우리 주위에서 보기 드물게 합리적이다. 그러나 그의 영어 공용론의 합리성은 의심스럽다. —디지틀조선일보, 1998년 7월 17일

자료 17

"영어 능동적 도입해야" - '공용어 주장' 동조

함재봉(연세대 정치외교학과 교수)

배타적 민족주의는 열등의식의 발로이다. 만일 우리 민족의 문화와 전통이 올바른 것, 즉 보편 타당한 것이라면 꼭 지켜야 한다. 그러나 아무리 '내 것'이라 하더라도 그것이 보편 타당한 것이라는 자신이 없으면 과감히 버려야 한다. 다시 말해서 문화교류에 있어서도 궁극적인 기준은 객관적인 옳고 그름일 수밖에 없다. 물론 국제사회에서의 보편성이란 곧 '강자의 것'이라는 냉소적인 주장도 많다. 그러나 이러한 주장은 강대국이나 할 수 있다.

강대국에 둘러싸여 있는 약소 민족국가가 생존하는 유일한 방법은 보편적인 가치와 원칙을 받아들이고 지키는 것뿐이다.

실제로 한민족은 이러한 원칙을 철저하게 지킴으로써 생존과 번영을 기약해 왔다. 우리는 예로부터 내려오면서 보편적인 사상과 철학, 제도를 받아들이는 것을 주저하지 않았다. 삼국시대에서 고려에 이르기까지는 불교를, 조선조에서는 유교를, 근세에 들어와서는 자유민주주의를 받아들임으로써 당시 세계를 지배하던 가장 보편적이고 수준 높은 문명을 적극 수용하였다.

그러나 동시에 모든 사상과 제도는 특정 민족과 사회에 전파되는 과정에서 토착화 과정을 거치면서 굴절되고 재해석될 수밖에 없다. 그렇기에 우리는 외래문명과 문자를 받아들임으로써 우리의 문화를 살찌웠다는 역설 아닌 역설이 성립된다. 불교와 유교는 '외래' 문명이지만 우리 특유의 모습으로 일구어 왔다. 팔만대장경과 조선왕조실록은 모두 한문, 즉 중국 글자로 되어 있지만 지극히 한국적인 보물들이다. 그러면서도 한문이라는 국제어로 쓰여졌기에 보편성도 확보하고

있다.

민족문화는 결코 불변의 고정태가 아니다. 늘 바뀌고 변화하고 진화한다.

그러나 이러한 얘기는 결코 무국적의 보편주의자나 자유주의자만이 하는 것이 아니다. 이 역시 '우리의 문화', '우리 민족'의 번영과 미래를 기약해 보고자 하는 민족주의적 얘기들이다. 복거일 씨의 말대로 '사람은 누구나 민족주의자'이다.

현재 우리가 당면하고 있는 과제는 자유민주주의와 시장경제를 어떻게 우리에게 맞게 수용하는가이다. 복거일 씨는 영어를 국어와 함께 공용어로 채택하는 것이 새로운 사상과 체제를 보다 빠르고 올바르게 수용할 수 있는 방법이라고 주장한다. 민족주의를 보다 잘하기 위해서 영어를 공용어로 채택하자는 것이다. 여기에 그의 역설이 있고 동시에 한국의 지식인들에게 던지는 철학적, 사상적 도전이 있다.

그렇다면 영어를 국어와 함께 우리의 공용어로 채택하는 것이 올바른 길인가? 그것이 진정 한민족의 번영을 보장하는 방법이라면 충분히 고려될 수 있다. 우리의 조상들이 과거에 한자를 도입하였듯이 영어를 능동적으로, 주체적으로 도입한다면 그 결과 생겨나는 새로운 문화의 변형은 역시 한국의 것일 수밖에 없다. 한국어와 한글, 한자와의 지속적이고 균형 잡힌 사용과 발전을 전제로 한 영어의 도입은 한국인의 인식의 지평을 다시 한번 세계적인 차원으로 넓혀주는 기폭제의 역할을 할 수 있을 것이다.

그리고 영어로 표현된 한국 문화는 그만큼 보편화될 수 있다. 우리의 찬란한 문화와 전통, 고유의 사상과 미풍양속을 전 세계에 알리는 일은 현실적으로 볼 때 영어라는 국제어의 매개를 통해서만 가능하다. 영어 공용어 채택 여부는 철저하게 민족과 국가의 실익 차원에서 따져야 할 문제이지 반민족주의적인 발상으로 매도되어서는 안 될 것이다.　　　　　　　　　　—디지털조선일보, 1998년 7월 19일

자료 18

영어 공용화론 서구 패권주의 연장

최원식(인하대 교수 · 국문학)

솔직히 말해서 복거일 씨의 영어 공용어론에 대해 이처럼 여러 사람이 나서서 토론을 벌일 필요가 있는 것인지 약간의 회의가 없지는 않다. 그러나 반대론 못지않게 찬성론도 만만치 않은 세를 얻어가고 있는 것을 보노라면, 격세지감이 없지 않다. 그동안 물밑에서 은밀히 떠돌던 것이 특히 IMF사태를 계기로 복거일 씨를 대변인으로 삼아 수면 위로 부상했다고 보아도 좋다.

그는 영어를 공용어로 채택하자고 과감히 제안한다. 물론 일정기간 영어와 '조선어'를 함께 공용어로 삼자고는 하고 있지만, 이는 어디까지나 현실을 감안한 제스처일 뿐이다. 영어가 국제어로서 지구촌을 석권하는 과정에서 '조선어'를 비롯한 각 민족어들의 운명이 사멸의 길을 걸으리라는 그의 관측에 의하건대, '조선어'의 자연 폐기는 시간문제로 된다.

이 제안에는 국제조류에 둔감한 채 IMF사태를 초래한 김영삼 정부의 무능에 대한 비판과 반성이 함축되어 있다. 또한 박정희 시대 이후 강력한 정치적 동원력을 행사해 온 우리 사회의 '닫힌' 민족주의를 제어하고자 하는 제안자의 원망이 내장되어 있기도 하다. 사실 한 나라의 언어만큼 그 문화의 완강한 독자성, 또는 침투 불가능성을 표상하는 것이 없기 때문에 영어 공용어론은 한국 민족주의를 해체하고자 하는 그에게 일종의 전략적 요충 구실을 하고 있는 셈이다. 하여튼 IMF사태 이후 우리 사회를 규율해 온 발전모델에 대한 근본적 성찰이 요구된다는 점에서 그의 제안에 일리가 없지 않다. 어떤 점에서는 우국적 충정도 얼비치고 있어서 이 제안을 간단히 왕년의 친일과 다루듯 봉쇄해서도 아니 될 것이다.

나는 그의 제안을 검토하면서 일본의 메이지(명치) 초기 녹명관(1883년 개관) 시대를 연상했다. 일본의 서구 추종이 절정에 달한 이 시기에 서구인과의 결혼을 통한 인종개량론과 함께 나타난 것이 가나(가명)를 폐기하고 알파벳을 채택하자는 운동이다. 그런데 이후 일본 사회는 녹명관 시대를 한때의 철부지 에피소드로 돌리고 서구주의로부터 국수주의로 급회전한다. 나는 복거일 씨의 제안이 오히려 '닫힌' 민족주의 또는 국수주의의 부활을 가져올까 우려한다. 기실 서구주의와 국수주의는 단순한 대립물이 아니라 일종의 동전의 양면과 같다. 서양을 모방하여 서양을 따라잡겠다는 서구주의의 뒤집어진 형태가 국수주의니, 그것은 서양 패권주의의 전화라고 할 수도 있다.

그의 영어론은 지금까지 우리 사회를 규율해 왔던, 민족주의적 동력에 근거한 국가주의를 해체하고 서구, 특히 미국의 시장주의를 한국에 이식하고자 하는 것이 핵심이다. 그런데 시장주의는 국가주의만큼 독재적, 독점적이라는 점에 주목할 필요가 있다. 시장에 대한 한국 사회의 일방적 적응만을 강조하는 그의 서구주의는 민족주의의 매우 특이한 변종일지도 모른다.

그러나 지금 우리에게 절실히 요구되는 것은 국가의 우상과 시장의 우상을 함께 넘어서는 새로운 모델의 탐색이다. 아마도 그것은 영어보다는, 김수영이 노래하고 있듯이 "전통은 아무리 더러운 전통이라도 좋다"의 그 전통, 즉 '놋주발보다도 더 쨍쨍 울리는 추억'에서 솟아오를 것이다.

—디지틀조선일보, 1998년 7월 19일

자료 19

영어 공용어화 여론조사 찬성 44 – 반대 55%

소설가 복거일 씨가 저서 『국제어시대의 민족어』(문학과지성사간)에서 제기한 '영어 공용어화' 주장을 둘러싸고 조선일보 문화면에서 전개되고 있는 민족주의 논쟁과 관련, 서울 중앙병원은 10일 의사와 직원 1백14명을 대상으로 영어 공용어화에 대한 원내 여론 조사를 실시했다.

이에 따르면 응답자의 44.7%인 51명이 영어 공용어화에 찬성했으며, 55.3%인 63명이 반대한 것으로 나타났다. 응답자들은 찬성 이유로 세계화-국제화에 필수, 세계공용어, 영어 생활화, 세계 변화에의 적응, 국제 경쟁력 제고, 세계화된 생활과 세계화된 문화도 만끽하는 삶 영위, 국제 미아화 우려, 우리 언어 우리 문화에 대한 올바른 비판에 따른 진정한 발전 기대, 우리 것에 대한 우물 안 개구리식 판단 지양 등을 들었다. 또 반대 이유로는 민족주체성 상실, 언어와 문화의 식민지

화, 한글 퇴조 우려, 고유문자 말살, 문화 사대주의, 영어를 하는 자와 못하는 자
간의 단절, 국력 낭비, 필요하지만 시기상조 등을 들었다.

조사를 진행한 서울중앙병원 강복희 과장은 "영어 공용화에 반대하는 사람들
도 조기교육에는 대부분 찬성한 것으로 나타나는 등 다양한 언어 능력을 갖춰야
한다는 욕구가 매우 높다는 사실을 확인할 수 있었다"고 말했다.

—디지틀조선일보, 1998년 7월 10일

자료 20

영어 공용화론의 망상

박노자(경희대 교수)

한때 수그러졌던 영어 공용화론이 최근 다시 머리를 들었다. 필자가 보기에는
영어를 국가 차원에서 '제2국어'로 만들자는 말 그 자체가 논박할 가치가 없는 망
상일 뿐이다. 그러나 최근 발표된 여론조사 결과를 그대로 믿는다면 대학생의 상
당수가 이 '영어 국어화론'을 지지한다는 것이다. 그리하여 말할 가치도 없는 문
제지만 몇가지 원론적인 이야기를 해야 할 것 같다.

현대의 자유민주 사회에서는 언어는 이념 · 종교 · 대중문화 등의 정신적 사회
현상들과 마찬가지로 일종의 시장성을 가지지 않을 수 없다. 곧 언어는 그 원산
지(또는 사용지역)인 특정 국가의 사회 · 경제적인 위치에 따라서 그 시장적 가치
가 저절로 매겨진다. 한반도에 대한 영어권의 제반 영향이 많아짐에 따라 국내에
서 영어 공부 열풍은 일어나지 않을 수 없었다.

그러므로 이런 경향은 순수한 시장 논리에 속함으로써 국가는 영어나 중국어
를 공용화할 하등의 필요성도 없다. 보이지 않는 '시장의 손'은 국가 개입 없이도
수요가 있는 만큼 외국어의 습득 기회를 충분히 마련해준다.

영어 공용화론자들은 "영어 구사력이 바로 국력"이라고 주장하면서도 거꾸로
국민의 애국심을 이용하려고 한다. 그러나 사실 언어란 영어 구사 수준과 관계없
이 오히려 한 나라의 국력 향상과 정비례하여 그 나라의 언어가 세계적으로 유포
되는 것이 원칙이다.

영어 공용화론자들은 보통 한국의 '선진화'와 '영어화'를 동일시하려고 한다. 서구의 비영어권 국가 국민들이 영어 구사력 분야에서 표준적으로 한국인들을 어느 정도 능가한다는 것은 부정할 수 없는 사실이다. 그러나 이 점에서 영어 공용화론자들이 원인과 결과를 혼동한다. 유럽인들의 영어 실력은 높은 경제적 수준에 따른 심화된 외국어 교육의 산물이지, 경제적 발전의 원인이나 원동력은 전혀 아니었다. 서유럽의 복지국가에서처럼 여기에서도 교사가 국비로 정기적으로 현지 언어 연수를 다녀올 수 있거나 한 반의 학생 수도 15~20명에 불과하면, 영어의 공용화 없이도 졸업자의 외국어 실력은 당연히 지금보다 나을 것이다. 국가적 차원에서 대부분의 서유럽 국가들은 영어의 실제적 확산을 고려해 오히려 프랑스처럼 자국 언어·문화 보호책을 적극적으로 쓸 뿐이다. '영어 공용화'는 전혀 꿈꾸지 않는다.

결론적으로 국민 각자가 경제적인 차원에서 결정해야 할 외국어 습득 문제까지 국가가 '영어 공용화 정책'으로 결정한다면, 이는 '선진화'가 아니라 중세적인 부역제도의 일종일 것으로 보인다.

이 영어 공화국의 망상은 실천에 옮겨질 것 같지 않지만, 일단 옮겨진다면 몇 가지 심각한 결과를 분명히 낳을 것이다. 첫째, 통일을 앞두고 있는 시점에서 영어를 배울 형편이 안 되는 북한 주민들과 '국제화된' 남한인들 사이의 이질성은 더 심화될 것이다. 실제적인 남북 간의 소외도 그렇지만, 사회심리상으로도, 북한 주민이 보기에는 주체사상의 '미제 식민지 남한론'이 증명될 것이다. 결국 역설적으로도 영어 공용화론을 주장하는 남한의 친미파는 북한 주체사상의 들러리 구실을 하게 될 것이다. 둘째, 국내인들마저 한글을 등지면 해외 한인들의 현지 동화과정이 더 촉진될 것이고, 세계 한인 공동체의 이상은 완전히 파괴될 것이다. 해외 한인 동질성 유지는 한글 교육 장려를 통해서만 가능한데 영어 공용화론자들은 이를 무시한다. 셋째, 한국 공교육의 현주소를 고려하면 영어의 '국어화'로 고비용의 영어 학원 사교육과 현지 영어 연수는 모든 젊은이들에게 사실상 의무화될 것이다. 한국 학원가와 미국 대학가는 대호황이겠지만, 이 고비용을 부담치 못할 빈곤층은 삼류시민으로 전락하게 될 것이다.

북한 사람과 빈민을 소외시키고 모국과 해외동포 사이를 멀어지게 하는 '영어 공용화'는 대체 누구를 위한 것인가? 한국 사회를 주름잡고 있는 영어권 유학파가 이러한 방법으로 그 특권적인 위치를 확인·영구화하려는 것인가? 어쨌든 이런 차원의 논쟁은 한국 지배층의 의식 상태를 잘 보여준다고 하겠다.

—인터넷한겨레, 1999년 11월 29일

자료 21

"영어를 제2공용어로 지정해야"

전국경제인연합회 부설 자유기업센터와 한국소설가협회가 공동으로 주최한 '작가포럼'이 2일 오후 서울 스위스그랜드호텔에서 열렸다.

문화계 인사 1백여 명이 참석한 이날 포럼에서는 정을병 한국소설가협회 회장이 '21세기와 제2공용어'라는 주제발표를 통해 영어를 제2공용어로 지정해야 한다고 주장했으며 중앙대 신상웅 교수, 소설가인 이경자 씨와 백시종 씨 등이 찬반 토론을 벌였다.

정 회장은 "한국은 전통적으로 정보 부족, 외교 부재의 나라이며 이는 외국어에 대한 소질이 없는 민족으로서 겪는 고통과 관련이 있다"고 주장하고 "영어를 제2공용어로 지정해 국어와 함께 사용하는 싱가포르의 모델을 배울 필요가 있다"고 말했다.

그는 향후 3년 안에 영어를 사내 의사소통 언어로 사용키로 한 SK㈜의 예를 들면서 "국내 재벌의 판도도 영어를 공용화하느냐 마느냐에 따라 달라질 것"이라고 말하고 "영어의 공용화는 빠르면 빠를수록 좋다"고 말했다.

그는 "영어를 제2공용어로 하자는 말이 생경하게 들릴 수 있지만 과거 한글 창제 이후에도 한문을 써온 적이 있으며 유럽 각국에서도 영어 사용이 급속히 확산되고 있는 만큼 거부감을 가질 필요는 없을 것"이라고 덧붙였다.

백시종 씨는 "우리 손으로 자동차를 만들어 수출하듯 언젠가 우리 소설도 대량수출하는 그날이 와야 한다고 믿는다"면서 "이를 위해서는 작가들이 직접 영어로 우리 이야기를 쓸 수 있어야 하며 이를 위해 모국어처럼 영어를 쓸 수 있게 하는 정책적 결단이 필요하다"고 말해 정 회장의 주장을 지지했다.

이에 대해 신 교수는 "정 회장이 우리 민족이 외국어에 대한 소질이 없는 민족이라고 표현한 부문은 근거 제시가 어려운 무리한 주장"이라고 지적하고 "영어를 공용어로 쓰고 있는 싱가포르의 국가생성 과정과 우리의 경우는 다르기 때문에 싱가포르를 모델로 삼기는 어렵다"고 말했다.

이경자 씨는 "언어는 민족의 고유한 특성이며 자연풍토의 산물이기 때문에 강제적인 조치를 취할 성격이 아니다"라면서 "영어의 중요성을 인정하되 대학이나 기업에서 영어를 상용화하고 많은 청소년이나 기업체 직원을 해외로 유학 보내 영어를 배우게 하는 대안을 찾는 게 바람직할 것"이라고 주장했다.

이날 포럼은 영어의 공용어 지정 운동을 벌이고 있는 자유기업센터가 운동의 확산을 위해 마련한 것이다. ──인터넷연합뉴스, 1999년 11월 2일

자료 22

일본이 영어를 공용어로 삼겠다는데…

영어 콤플렉스로 말한다면 아마도 세계에서 으뜸일 일본에서 또다시 영어를 공용어로 채택해야 한다는 주장이 강력하게 제기되고 있다. 일본의 영어 공용어 채택 논쟁은 영어 문제에 관한 한 일본 못지않게 골머리를 앓아 온 우리에게도 비상한 관심 대상이 된다. 만약 일본이 이 방향으로 간다면, 또 그 같은 방향이 경쟁력 강화에 확실히 기여한다면 우리도 그 뒤를 따라야 할 것인지, 아니면 우리식의 해결방법을 찾아야 할 것인지, 현명한 선택이 필요하게 될 것이다.

일본에서 영어 공용어 논쟁이 인 것은 이번이 처음이 아니다. 그러나 이번 경우 '21세기 일본의 구상'이라는 이름의 총리자문기관이 총리에게 제출한 보고서에서 이를 건의했다는 점에서 가볍게 볼 일은 아닌 것 같다. 이 보고서는 인터넷 등을 통한 국제화와 정보화로 영어가 국제 공통어가 됐다면서 영어를 국민의 실용어로 채택하는 것이 전략적으로 필요하다고 강조하고 있다. 일본이 모든 분야에서 강력한 경쟁력을 갖고 있음에도 불구하고 영어를 잘하지 못하기 때문에 그 강점을 백분 발휘하지 못한다고 안타까워해 온 것은 모두가 잘 알고있는 일이다. 일본인의 형편없는 영어 실력을 '세계 7대불가사의'로 과장되게 표현하는 학자도 있을 정도다. 일본의 영어 실력 부족이 나라를 망친다는 망국론이 상당한 설

득력을 지녀 온 이상 영어를 공용어까지 승격시켜 전 국민의 영어 실력을 향상시키겠다는 구상은 그 성공 여부는 차치하고 비장한 각오를 느끼게 한다. 미국 말의 위력은 전통적인 문화대국을 자처한 프랑스인들의 자존심도 꺾어 버릴 정도가 돼 있으며 이제 바야흐로 영어의 세계 제패가 눈앞에 다가온 것은 부인할 수 없다.

그러나 우리의 경우, 비록 영어 문제에 관한 한 일본과 유사한 고민을 겪고 있는 것은 사실이지만 그 고민 해결 방법마저 유사한 것을 채택해야 하는지 그것은 또 다른 문제다. 우리 역시 과거 여러 번 영어 공용어 채택에 관한 논쟁을 참관한 바 있다. 영어 공용어 채택론의 기수인 소설가 복거일은 영어의 공용어화를 대세라고 주장하면서 이에 반대하는 사람들을 닫힌 민족주의자들이라고 비판했다. 그는 더 나아가 닫힌 민족주의를 지닌 사람들은 둘레에 괴로움을 끼칠 뿐이라고 공격했다. 복씨의 경쟁력 강화 이론은 결코 외롭지 않은 것이어서 한 재벌회사는 앞으로 3년 이내에 결재회의 등 사내의 모든 공식적인 의사소통을 영어로 하기로 결정했으며 어떤 .대학은 영어 실력이 모자란다는 이유로 졸업생의 학위수여를 거부하기도 했다.

이에 반해 반대파들은 필리핀, 인도 등의 예를 들어 영어 공용어 채택이 번영의 지름길이 아니라고 지적한다. 반대파들은 더 본질적인 문제에 접근, 영어 상용이 우리 정신의 미국화를 가져올 것이며 궁극적으로 국어의 상실은 민족 정체성의 상실을 가져올 것이라고 경고한다. 이른바 국경 없는 세계에서 편협한 민족주의가 경쟁의 장애가 될 것이라는 주장에 동의하더라도 과연 영어의 공용화까지 받아들여야 할지, 아니면 기술적 수단으로서, 외국어 교육의 강화를 통해 경쟁력 확보를 도모해야 하는지 잘 생각해 보아야 할 문제다.

—인터넷연합뉴스, 2000년 1월 19일

자료 23

美 유타주 영어 공용화 찬반투표

2002년 동계 올림픽을 개최하는 미국 유타주가 오는 11월 7일 영어 공용화 안을 두고 찬반 투표를 한다.

태미 로완 주의원(공화)이 발의한 이 영어 공용화 안은 주정부와 지방 기관들이 몇몇 예외적인 경우를 제외하고 영어 이외의 언어로 사무를 처리하거나 문건을 인쇄할 수 없도록 하는 내용을 담고 있다. 현재까지의 여론조사 결과에 따르면 이 안은 통과가 유력시된다.

미국에서는 최소한 20개주가 영어를 정부의 공식언어로 채택하고 있지만 이는 어디까지나 상징적인 조치로 정부가 다른 언어를 사용하는 것을 금지하지는 않고 있다. 반대론자들은 유타주의 영어 공용화 안이 통과될 경우 새로운 이민자들은 상당수의 업무를 수행하기가 불가능해질 것이라고 주장하고 있다.

유타주는 경제활황에 힘입어 최근 이민자들의 유입이 크게 늘고 있다. 신규 이민자들 가운데는 스페인어 사용자와 아시아, 태평양 도서지역 출신자들이 다수 포함돼 있다.

로완 의원은 지난 3년 간 영어 공용화법을 여러 차례 발의했으나 주의회에 의해 거부당하자 이번에는 직접 주민투표에 올리게 됐다. 로완 의원은 이 조치가 이민자들에게 영어를 배우도록 하는 자극제 역할을 하게 될 것이라고 지적했다.

그는 "이민자들에게 영어를 배우도록 하기 위해 우리가 지금 할 수 있는 모든 노력을 기울이지 않으면 우리는 캐나다와 같은 처지가 되거나 아니면 상황이 더욱 나빠질 것"이라고 주장했다. 캐나다는 광범위한 종류의 문서와 행정서비스, 간판, 심지어 식품의 라벨에 이르기까지 불어와 영어의 동시 사용을 법제화하고 있다.

워싱턴에 본부를 두고 있는 영어 공용화 지지단체 '유에스 잉글리시(U.S. English)'는 로완 의원의 제안을 주민투표에 올리는 데 필요한 자금을 제공했으며 투표일까지 홍보 캠페인 비용도 댈 예정이다.

로완 의원의 제안에는 예외적으로 영어 이외의 언어를 사용할 수 있는 경우도 규정돼 있다. 여기에는 통역이 필요한 재판, 공공보건 및 안전에 관한 사항, 2002년 동계 올림픽을 비롯한 관광 진흥에 필요한 경우 등이 해당된다.

—인터넷연합뉴스, 2000년 10월 5일

자료 24

MBC 설문조사, '제주 영어 공용' 반대 많아

제주도를 국제자유도시로 육성하면서 영어를 제주의 제2공용어로 만들어야 하는지에 대한 MBC 설문조사에서 찬성이 36.8%, 반대가 63.2%로 반대의견이 높은 것으로 나타났다.

25일 MBC에 따르면 자사 홈페이지(imbc.com) 초기화면에서 벌어지는 설문조사에서 이날 오후 5시 현재 응답자 2천998명 가운데 ▲국제자유도시로서 경제활성화에 도움이 된다와 ▲세계적 흐름에 따른 자연스런 정책이라고 응답한 사람은 각각 672명(22.4%)과 432명(14.4%)에 불과했다.

이에 반해 ▲비현실적인 사대주의적 발상이라거나 ▲영어보다 물류, 교통, 금융 등 제반 인프라가 선행되어야 한다는 응답은 각각 473명(15.8%)과 1천421명(47.4%)이었다.

제주도 영어 제2공용화 논란은 지난 14일 일부 언론이 당정이 제주도 내에서 영어를 제2공용어로 지정하고 내국인 관광객의 면세점 이용 허용을 추진키로 했다고 보도하면서 시작돼 당과 제주도가 "연구 용역 결과의 하나일 뿐"이라고 밝혔음에도 불구하고 각계 전문가들의 찬반 논란이 가열되고 있다.

— 인터넷연합뉴스, 2001년 5월 25일

자료 25

'영어' 족쇄 왜 채우려 하나

윤혜준(외국어대 교수 · 영어학)

모 재벌 전 총수의 말대로, 세계는 넓고 할 일은 많다. 그렇다. 세계는 분명히 넓다. 하지만 이 나라는 좁다. 그러니 이 좁은 나라에서 살려면 할 일이 보통 많지가 않다. 땅은 좁고 사람은 많으니, 이 많은 사람이 부지런히 일을 할 때 그나마 우리는 넓은 세계에 붙어서 입에 풀칠을 할 수 있다. 이러한 논리는 5·16 쿠데타로 정권을 잡은 후, '세계'에서 일감을 따와서 동포를 먹여살린 개발독재 세력의 기본 철학이었다.

그런데 현 정권은 세계는 넓고 나라가 좁으니 나라를 아예 세계에 열어 버리자는 철학을 편다. 물론 현 민주당 정부가 적절하게 외국 자본을 끌어들여 외환 위기를 극복한 공로는 적지 않다. 또한 분명히 세계는 우리나라로 와야 하고, 우리는 세계로 나아가야 한다. 하지만 영토의 한쪽을, 아름다운 제주를 '세계'에 내놓을 이유는 없다.

서울 표준어를 배우느라 토착 방언을 숨겨야 했던 제주 사람들에게 이제는 미국말을 강요해서 미국말을 '제2의 공용어'로 만들자는 발상을 했다고 한다. 일본군과 일본어가 제 나라로 돌아간 지 반세기가 넘었건만, 여전히 외국 군대가 국토 사방에서 미국말 간판을 내건 채 치외법권을 만끽하는 '세계화'도 부족해서, 이제는 제주도를 통째로 '세계'를 향해 열어 놓자는 놀라운 구상을, 당내 의견 차원이라지만, 집권당에서 내놓고 있는 것이다.

물론 '세계'는 우리에게 와야 하고, 우리는 '세계'로 나아가야 한다. 그런데 '세계'가 왜 제주로 오는가. '세계'가 직접 장사나 생산을 해서 돈벌이를 하려면 이미 이 방면으로 훨씬 앞서 있는 국제도시들, 홍콩, 싱가포르, 또는 서울로 올 것이다. 설사 홍콩 수준의 오염되고 더러운 '국제자유도시'로 제주를 키우려는 야심이 있다고 해도 그런 계획이 성공하는 것은 요원한 일이다. 굳이 제주에 '세계'가 올 때는 돈을 벌러 온다기보다는 아름다운 제주를 구경하며 돈을 쓰러 온다.

'세계'가 제주에 왔을 때, '세계'를 영접하는 사람들은 외국어를 잘해야 한다. 그런데 외국 손님과 직접 말을 해야 하는 사람들은 제주도 전체 인구의 일부분에 불과하다. 손님을 접대하려면, 누군가는 음식을 장만해야 하고, 손님이 잘 방을 청소해야 한다. 이런 일을 하는 사람들이 외국어에 능통해야 할 필요는 없다. 게다가 손님들이 먹을 물고기를 잡고, 귤을 재배하고, 또는 타고 다닐 자동차를 수리하는 이들에게까지 영어를 강요하는 것은 황당한 발상이다.

더욱이 제주를 찾는 '세계인' 중에서 미국말을 쓰는 사람들은 큰 비중을 차지하지 않는다. 오히려 제주로 오는 '세계'의 내용을 감안할 때, 일본어와 중국어를 잘하는 일이 더 시급한 과제일 것이다. 능숙한 중국어로 제주를 중국인들에게 안내하는 것이 미국 영어를 그럴듯하게 모방하는 것보다 더 '돈이 되는' 일이 아닐까.

분명히 우리는 세계로 나아가야 하고, 그러기 위해서는 영어를 잘해야 한다. 하지만 강원도 산골에서 마라도까지, 남녀노소를 불문하고 직업의 성격을 무시한 채, 전 국민이 영어의 족쇄를 차고, 영어의 채찍을 맞으며 평생을 살아가야 할 이유는 전혀 없다. 영어를 직업상 전문적으로 해야 할 사람들, 예컨대 필자가 가르치는 영어전공 학생들은 완벽하게 영어를 구사해야 한다. 하지만 이 땅에는 분명히 고유한 문자와 말이 있고, 게다가 이 문자와 말은 우리가 그렇게도 값지게 여기는 '세계'가 인정한 세계적인 문화유산인 것이다.

영어를 잘하는 사람들이 많이 있어야 한다. 또한 영어 외에 다른 외국어도 능통하게 하는 사람들이 필요하다. 하지만 대한민국 영토의 일부에서 영어를 강제로 '공용어'로 만드는 일은 전혀 가당치 않다. 그렇지 않아도 강압적인 영어 교육의 제단에다 이 땅에 태어난 어린아이들을 제물로 바치는 형국도 처참한데, 그리고 각종 영어 시험의 칼날 앞에서 공포에 떨며 학창생활을 보내고 직장생활을 하는 한국인들의 처지도 가련하기 짝이 없는데, 또한 외국인 한 사람 타고 있지 않은 서울 지하철에서 지겹도록 영어 안내방송을 매일 들어야 하는 형편도 우스꽝스러운데, 이제는 제주에 영어를 강요하겠다니.

제주에서 출발한 이 영어 바람이 육지를 뒤덮고 급기야 전 국토에 '원어민 수준'의 미국말이 우렁차게 울려퍼지는 그 끔찍한 날만은 제발 오지 않기를 기도할 따름이다.   —인터넷문화일보, 2001년 5월 26일

자료 26

제주도 영어 공용화는 생존전략…반대 이해 안 가

김한욱(행자부 제주4·3사건처리지원단장)

정부에서는 천혜의 아름다운 섬 제주를 21세기 동북아의 중심지로 만들기 위하여 사람과 돈, 그리고 물건의 자유로운 이동을 보장하는 관광 중심의 국제자유도시 기본계획을 수립하였으며 중국 상하이(上海) 푸둥(浦東)지역, 말레이시아 라부안 등 새롭게 조성 중인 지역과 홍콩, 싱가포르 등 기존 국제자유도시 실태

를 분석, 경쟁력 있는 다양한 프로젝트를 제시하고 있다. 국제자유도시 건설에 대한 여론조사에서 도민 73.4%가 찬성하는 것을 보면 제주인들의 생각을 알 수 있을 것이다.

그런데 최근 국제자유도시와 관련하여 영어의 공용화 문제에 대해 많은 의견을 제시하고 있다. 아마 제주를 사랑하고 걱정하는 마음에서일 것이다. 그러나 그 반대의 논리에 있어 도민들에게 영어의 족쇄를 채우려 한다는 표현은 지나친 것이 아닌가. 자동차 수리공, 감귤을 재배하는 농민도 영어를 배웠으며, 국제 시장의 변화에 대응하고 새로운 기술을 배우려면 영어를 계속 공부하는 것이 바람직하다.

또 사대주의를 거론하는데 영어를 공용어로 하는 게 왜 사대사상이 되는지 이해가 되지 않는다. 영어의 공용화 추진 논의는 국경 없는 지구촌 시대에 살아남기 위한 생존 전략일 뿐이다.

이제는 피해의식을 버리고 당당히 나가야 한다. 영어를 바탕으로 미국 정보시장을 장악한 인도인들, 그러나 그들의 인도 문화가 영어 때문에 파괴됐다는 얘기는 듣지 못했다. 정보화 시대에 살아남기 위하여 자존심 강한 프랑스·독일인들이 영어를 공부하는 것은 또한 어떻게 설명해야 될 것인지. 그 답이 있어야 할 것이다.

—인터넷문화일보, 2001년 5월 30일

자료 27

'영어 제2공용어화' 제주도민 첫 토론회

'제주도 영어 제2공용어화' 논쟁과 관련된 첫 도민 공개 토론회가 13일 제주시 중소기업지원센터에서 열렸다.

제주 주민자치연대(대표 김상근)가 주최한 이날 토론회는 민주당 제주국제자유도시추진 정책기획단의 정책 검토과정에서 불거진 '영어 공용어화' 내용이 제대로 알려지지 않은 상태여서 막연히 실익을 기대하거나 부작용을 우려하는 추측들만 무성한 등 혼란이 가중됐다.

찬성측 발제자인 제주대 변종민(영어교육학과) 교수는 "국가경쟁력, 제주의 국제자유도시 건설의 성공을 제고하기 위해 영어 공용어화가 절실하다"며 "민족적, 가정적, 감정적 논리가 아닌 으로 대처하는 지혜가 요구된다"고 말했다.

그는 공용화의 실천 전략으로 ▲영어 교육 환경 개선 ▲언론매체 한글 · 영어 병용 ▲각종 법령 · 문서 · 양식 등의 한글 · 영어 병기 ▲사회 제반 인프라의 친영어적 환경 조성 등을 제안했다.

반대측 발제자인 제주대 허남춘(국어국문학과) 교수는 "영어 공용어화는 제주민의 삶의 파괴, 극심한 경제적 · 심리적 고통, 제주 문화와 정체성 실종, 교육의 종속과 같은 엄청난 폐해를 가져온다"고 말했다.

그는 이어 "민족의 언어를 버리고 영어를 공용어로 쓰겠다는 발상은 언어 식민지화를 자초하는 일이기 때문에 영어 공용화론은 결코 찬반의 대상이 아니다"고 일축했다.

토론에 나선 전교조 제주지부 이병진 정책실장은 "자본은 이윤을 좇지 언어를 좇지 않는다"고 말했고, 제주대 윤용택(철학과) 교수는 "외국의 혼과 정신까지 이식받겠다는 것이나 다름없으며, 외자 유치 등에 영어 공용화가 이점으로 작용할 것이라는 기대는 패배주의이고 근거없는 낙관주의에 불과하다"고 지적했다.

동인어학원 김동인 원장은 "영어 공용화를 국어와의 갈등이 아닌 상호 보완관계로 봐야 한다"고 말했으며, 제주대 양우진(영어영문학) 교수는 "공용화에 대해 도민들이 너무 과민반응을 보이고 있다"며 "외국인에 대한 공식문서와 지명 등을 영어로 표기하는 법적 절차로 봐야 한다"고 주장했다.

―인터넷연합뉴스, 2001년 6월 13일

자료 28

제주도 '영어 공용화' 설득력 없다

김형조(마스터커뮤니케이션 대표)

세계화가 계속 진전되면 국적이 다른 외국인들과도 공유하는 부분이 많아져서 가깝게 지낼 수 있을 것이라고 한다. 이때 외국인들과 의사소통의 수단으로는 단연 영어가 가장 많이 이용될 것이다.

필자는 유년시절부터 어른이 될 때까지 20여 년을 제주도 서귀포에서 살았다. 당시에는 몰랐던 제주도의 아름다움과 소중함을 고향을 떠난 지금은 절실히 느끼고 있다. 따라서 제주도에 대해 어느 정도 낭만적인 기분을 가질 수밖에 없음을 고백한다.

그렇다고 해도 요즘 진행되고 있는 제주도 영어 공용화 논의는 도저히 이해할 수 없다. 국제적 관광지가 되려면 영어를 공용화해야 한다는 주장은 도대체 어디에 근거한 것인지 모르겠다. 굳이 따진다면 영어를 공용화해야 할 곳은 서울이다. 정책 입안자들의 주장대로라면 서울이야말로 영어 공용화가 너무나 필요한 지역이기 때문이다.

싱가포르와 홍콩은 영어를 공용어로 쓰지만 정체성을 잃지 않았다는 영어 공용화론자들의 주장을 옮기고 싶지는 않다. 그렇다면 영어를 잘하는 필리핀은 왜 못살고 영어 못하기로 유명한 일본은 어떻게 경제대국이 됐느냐고 묻고 싶지도 않다. 제주도 주민이 영어를 잘하고 국제적인 감각을 가지면 제주도가 저절로 홍콩이나 싱가포르 같은 국제도시가 되고 많은 관광객을 유치할 수 있단 말인가. 여기에 대한 정책 입안자들의 대답을 듣고 싶다.

제주지역의 영어 공용화 주장은 제주도의 발전을 위해 검토하는 방안 중 하나일 것이다. 그러나 정책 담당자들이 제주도의 발전을 위해 할 수 있는 일은 따로 있다. 관광객이 많이 몰리는 서귀포 천지연의 뱀장어들은 폐수 때문에 죽지 않았는지, 정방폭포에서 떨어지는 물은 냄새가 안 나는지부터 점검해 볼 일이다.

영어가 통하면 유명한 관광지가 되고 통하지 않으면 외국인이 방문하지 않는다는 주장은 근거 없는 것이다. 또한 제주도는 국제상업도시가 아니다. 관광지일 뿐이다. 초등학교부터 대학까지, 그리고 TV 등 각종 매체를 통해 이뤄지는 영어 교육이면 충분하다.

어쩌면 마지막 청정지역으로 남아 있는 제주도를 이대로 놔두자. 그냥 놔두고 제대로 보존하는 것만이 제주도가 발전하고 영원히 살 길이다.

—인터넷동아일보, 2001년 7월 3일

포항공대, 2005년 '영어 공용' 완료

포항공대가 2005년부터 한국어와 영어가 동시에 통용되는 '국제화 캠퍼스'로 바뀔 전망이다.

22일 포항공대의 '국제화를 통한 교육·연구의 우수성 추구' 방안에 따르면 학내 모든 분야에서 영어를 공용으로 쓰는 '영어 공용 캠퍼스' 계획을 '제3차 장기발전계획(2002~2005년)'에 포함시켜 추진하기로 했다.

'영어 공용 캠퍼스' 추진은 국내에서 포항공대가 처음이다.

이 계획에 따르면 교수와 학생, 캠퍼스의 국제화를 위해 대학에서 시행하거나 발표하는 공지 사항이나 정보를 한국어와 함께 반드시 영어로 표기한다.

현재도 학교 내 외국인들을 위해 단수·단전이나 문화행사와 같은 정보사항, 건물과 도로 등 안내판에 국어와 영어로 병용 표기하고 있다.

또 영어로 진행하는 대학원 강의도 현재 18%에서 2003년 100%로 끌어올리고 대학원 정원의 20%, 학부는 15%를 외국인 학생으로 채울 방침이다.

박사학위 논문은 반드시 영어로 작성해 국제학술지에 게재하도록 의무화해 시행 중이다.

이와 함께 교수·학생뿐 아니라 행정직원도 토익점수를 730점 이상 받도록 해 승진·인사에 반영하고 있고 신입직원 지원 자격도 아예 이 점수로 정하는 등 영어 공용 계획을 적극 펴기로 했다.

국제학술 활동에 참가하는 외국인 석학 및 교수들을 위해 최첨단 영상회의실과 숙박시설을 갖춘 국제관도 2005년까지 지을 방침이다.

포항공대 관계자는 "'영어 공용 캠퍼스' 계획 가운데 많은 부분이 현재 진행 중"이라며 "교육·연구·행정 등 모든 분야에서 영어 공용이 이뤄지면 세계적인 대학으로 충분히 인정받을 것"이라고 말했다.

—인터넷연합뉴스, 2001년 7월 22일

여 제주자유도시안 주요내용

민주당 제주국제자유도시 정책기획단이 26일 내놓은 제주국제자유도시 추진 계획안은 외국인 관광객 유치를 위한 무사증 대상 확대, 중국인 관광객의 무사증 입국시 체류기간 확대 및 관세자유지역 지정을 통한 각종 특혜 부여 등이 골자다.

기획단은 영어 공용화 논란과 관련, 일단 행정기관의 영어 서비스 기능 강화 등을 통해 영어로 공문서를 접수, 처리, 답변하는 방안을 강구키로 의견을 모았다. (중략)

▲영어 공용화 = 외국인 투자자, 관광객 편의를 위해 이들의 요청시 영어로 공문서를 접수 · 처리 · 답변하는 등 행정기관의 영어 서비스 기능이 강화된다. (하략)　　　　　　　　　　　　　　　—인터넷연합뉴스, 2001년 7월 26일

대만, '영어 제2공용어' 방안 검토〈中國時報〉

대만 정부는 국제화 시대를 맞아 국민들의 영어 능력을 향상시키기 위해 영어를 제2의 공용어로 선포하는 내용 등의 국가 건설 6개년 계획을 마련 중인 것으로 알려졌다.

대만 일간 중국시보(中國時報)는 15일 황룽춘(黃榮村) 교육부장(장관)의 말을 인용, 국제화 시대에 부응하는 인재 양성 계획의 일환으로 정부가 외국 국적을 지닌 외국인의 영어교사 임용 허용 등 영어교사 자격 기준 제한 폐지 등 '영어 공용화' 방안을 연구 중이라고 보도했다.

대만대 심리학과 교수 출신인 황 부장은 올해 1월 1일부로 세계무역기구(WTO)에 가입, 무한 경쟁시대에 접어들게 됨에 따라 영어 구사 능력이 우수한 전문 인력들의 육성이 절실해졌다고 강조했다.

황 부장은 이를 위해 학교의 영어 수업 시간을 늘리고, 영어권 교사들을 대거

교사로 채용하며 여름, 겨울방학 동안 공공 · 민영기관의 영어 학습 강좌 개설 등 기초교육 강화에도 힘쓸 것이라고 밝혔다.

교육부는 또 영어 교육 강화 바람으로 국 · 공립학교들이 개별적으로 외국 국적의 교사들을 초빙할 경우 문제가 많은 점을 감안, 교육부가 직접 영어권 교사를 초빙해 각급 학교에 배정하는 방안을 검토하고 있다.

—인터넷연합뉴스, 2002년 4월 17일

자료 32

'영어 공용화' 문제 있어

류병균(서울 마포구 성산1동)

17일자 A6면 동아광장 '영어가 계급이다'를 읽고 쓴다. 개인적인 경험과 견해에 기초하여 '영어 공용화'라는 결론을 내놓은 것은 문제가 있다고 본다. 21세기 국제사회에서 앞서 가는 선진 강국이 되는 길은 지식강국, 문화강국이 되는 길이다. 우리가 영어로 영어를 사용하는 선진 강대국을 앞서 갈 수는 없다. 잘 해야 뒤쫓아가는 정도밖에 안 될 것이다. 선진 문화강국은 우리 고유의 사고와 가치체계로 새롭고 독창적인 지식을 창출해낼 때 가능할 것이다. 그것은 영어가 아니라 바로 우리말과 글로 이뤄질 수 있는 것이다. 과거 대영제국의 식민지가 되어 자신들의 언어를 버리고 영어를 사용하고 있는 국가들이 과연 미국이나 영국에 버금가는 선진 강국이 되어 있는가. 우리의 한글은 다른 나라의 언어학자들까지도 세계에서 가장 과학적이며 거의 완벽한 문자라고 극찬하고 있는 우수한 문자다.

지금부터라도 우리 정부와 국민은 오히려 세계인들에게 우리의 말과 글을 알리고 보급하는 정책을 펴나가야 한다.

—인터넷동아일보, 2002년 9월 23일

대만 '영어 공용어' 추진

대만 정부가 국제 경쟁력 강화를 위해 중국어 외에 영어를 적극적으로 보급, 10년 내에 공용어로 지정하는 계획을 추진하고 있다고 홍콩의 최고 권위지 둥팡르바오(東方日報)가 6일 보도했다.

신문은 유시쿤(游錫坤) 행정원장이 5일 타이베이(臺北)시 인근 중허(中和)시의 한 유치원을 방문, 이 같은 입장을 밝혔다고 전하고 이르면 6년, 늦어도 10년 내에 이를 확실하게 실현할 방침임을 강조했다고 덧붙였다.

신문은 이어 대만의 최고위급 관리가 영어의 공용어화를 공식 천명한 것은 이번이 처음이라고 밝히면서 유 행정원장이 이를 위해 영어 전문 TV방송국을 곧 설립하겠다는 정부 방침을 밝혔다고 전했다.

대만은 최근 영어 교육 강화를 위해 영어를 모국어로 하는 영어 교사 3000명을 확보한다는 원칙을 확정, 이를 적극 실행에 옮기는 것으로 알려지고 있다.

—인터넷문화일보, 2003년 2월 6일

高大 어윤대 총장 취임 "교내 영어 공용화 추진"

학교법인 고려중앙학원(이사장 김병관)은 20일 오전 11시 서울 성북구 안암동 고려대 인촌기념관 강당에서 법인 및 학교관계자, 외부인사 등 700여 명이 참석한 가운데 제15대 어윤대(魚允大) 총장 취임식을 가졌다. (중략)

신임 어 총장은 취임사에서 "교내 영어 공용화를 추진하고 제도, 조직, 운영시스템의 국제화를 이뤄낼 것"이라며 "자연과학 분야에 대한 과감한 투자로 노벨상 수상자를 배출하고 인문과학은 물론 경제, 법, 의학 등 모든 학문을 한국적 가치관으로 재해석해 한국학의 세계화를 추진하겠다"고 말했다. (하략)

—인터넷동아일보, 2003년 2월 20일

어윤대(신임 고려대 총장)

"고려대와 서울대, 연세대 등 3개 대학이 보조를 맞춰 교육개혁을 추진해 나가겠습니다"

20일 고려대 제15대 총장으로 취임한 어윤대(58) 신임 총장은 취임 일성으로 '교육개혁'을 위한 소위 '3개 명문대'의 공조 방침을 밝혔다. (중략)

어 총장은 이와 함께 오는 2005년 개교 100주년을 맞아 국제 경쟁력 강화를 위해 올해부터 '교내 영어 공용화'를 추진하겠다고 밝혔다.

다음은 어 총장과의 일문일답. (중략)

— 취임사에서 밝힌 '교내 영어 공용어' 안(案)의 의미는.

▲국제 경쟁력 강화를 위해 현재 전체 강의의 10%대인 영어 강의 비율을 재임 기간에 30% 수준까지로 올리겠다는 것이다. 특히 앞으로 신규 임용하게 되는 매년 60여 명 규모의 신임 교수들은 연구 분야에서의 학술적 성취도 외에 영어 강의 능력을 반드시 검증받게 된다. (하략)

—인터넷연합뉴스, 2003년 2월 20일

민족 고려대의 영어 공용화 선언

"우리 고려대학교에서는 더 이상 영어가 외국어가 아닌 우리말과 똑같은 언어로 사용될 것입니다." 지난 20일 취임한 어윤대 고려대 총장이 취임사에서 밝힌 영어 공용화 선언이다.

우리는 스스로 '민족의 대학'임을 자부하는 고려대가 이처럼 대학 내 영어 공용화를 선도하고 나선 것을 매우 용기있는 일로 평가한다.

어 총장은 "영어 공용화는 앵글로색슨 문화에 대한 굴종"이 아니라 "우리가 사는 세계가 어차피 영어로 움직이고 있다는 엄연한 현실을 적극적으로 수용하고 발전시킴으로써 오히려 세계 문화를 주도하자"는 것이라고 취지를 설명했다. 어

총장은 이를 '고려대 민족주의의 자신감'을 표출하는 것이라고도 말했다.

사실 영어 공용화는 적지 않은 사람들이 그 필요성을 인정해 왔음에도 불구하고 '민족의 정체성'을 내세우는 반론에 부딪혀 공론화되지 못했다.

매일경제도 97년 '매경 부즈앨런 한국보고서' 발표 이후 영어 공용화에 찬성하는 입장을 유지해 왔다. 보고서는 영어는 단순한 외국어가 아니라 지식을 전달하는 '지식언어'라고 규정하고 한국민에게 영어에 능통할 것을 권유했다.

보고서는 특히 한국과 선진국 간 지식격차를 해소하기 위해서는 외국인 투자의 적극적인 유치가 필수적이라며 이를 위한 환경을 조성하기 위해서라도 전 국민의 영어 구사 능력 제고가 필요하다고 강조했다. 98년 '두뇌강국 실천전략 보고서'도 인터넷과 네트워크 세계의 공용어는 영어라며 조기 영어 교육을 권고했다.

2001년 발표한 '지식수출강국보고서'는 영어를 제2공용어로 쓰는 나라와 그렇지 않은 나라의 국가 이미지 조사 결과를 제시했다. 영어를 공용화한 싱가포르와 홍콩은 국가 대외 이미지가 각각 9.0(10점 만점)과 7.8로 높은 반면 그렇지 않은 나라는 중국이 7.0, 대만 6.5, 한국 5.1로 낮았다.

보고서는 단계적 실천방안으로 정부 부처가 먼저 영어를 사용하고 영어전용학교를 확대하며 기업에는 영어 공용화를 권장하도록 제시했다. 결과적으로 고려대의 영어 공용화는 지식수출강국보고서가 제시한 2단계 실천방안을 자발적으로 시행하는 의미가 있다.

개방된 글로벌 사회에서 승리하는 민족주의는 세계의 중심으로 나아가 민족의 자존을 세우는 것이지 '내 것'을 고집하고 그 틀 속에서 고사하는 것이 결코 아님을 우리는 명심해야 한다. 이런 뜻에서 우리는 어윤대 총장의 결단을 환영한다.

　　　　　　　　　　　　　　　　　　　　　—인터넷매일경제, 2003년 2월 23일

자료 37

이창동 장관 "영어 공용화는 시기상조"

국어정책 주무장관인 이창동 문화관광부 장관은 2일 '국어기본법' 제정 추진과 관련한 브리핑에서 일각에서 제기하고 있는 영어 공용화에 반대한다고 말했다.

이 장관은 "영어 공용화를 주장하는 분들의 논리가 일견 타당하기는 하다"고 인정하면서도 "하지만 국민적 동의를 얻기 어려워 시기상조라고 생각하며, 영어 공용론에 반대한다"고 말했다. (하략)

—인터넷연합뉴스, 2003년 4월 2일

자료 38

제주자유도시 '영어마을' 조성 제안

제주국제자유도시 개발을 성공적으로 추진하기 위해서는 영어의 공용어 채택 여부가 선결 과제이고 영어 구사 문제를 해결하기 위해 '영어마을' 조성, 외국인 공무원 채용, 영어 전문 위원단 구성 등이 필요하다는 의견이 학계에서 제시됐다.

제주대 영문과 이기석 교수는 26일 제주언어학회 주최로 제주도 여성교육문화센터에서 열린 '제주국제자유도시 외국어 상용화와 국어교육의 강화 및 향후 과제' 학술발표회에서 '제주에서의 영어 사용 확대 방안' 발표를 통해 이 같이 제안했다.

이 교수는 "제주국제자유도시 개발에 있어 언어정책은 가장 핵심적인 사안"이라면서 "특별법은 언어정책과 관련해 '영어 공용화' 대신에 '외국어 서비스 제공'이라는 표현으로 넘어갔으나 실제는 제주도 내에서의 영어 공용화 선언과 다름없다"고 말했다.

이 교수는 "외국인 투자자 편의를 위해 영어 서비스가 필요하고 이에 따라 영어를 자유로이 구사할 수 있는 친화적 환경조성이 필요하다"면서 그 방안의 하나로 제주대학교를 '영어마을'로 조성하는 방안을 제시했다.

그는 한국자격검정개발원이 2004년 7월까지 400억 원을 투입, 영어마을을 조성할 계획인 것으로 알려졌으나 '영어마을'은 영어만 사용하는 실제 삶의 현장이 돼야 하는 만큼 인위적으로 조성된 마을은 사람과 유리되기 쉬워 성과를 거두기 어렵다면서 제주대학교를 '영어마을'로 조성하는 게 바람직하다고 말했다.

　이 교수는 또 영어의 실질적 사용을 위해 각 기관의 부서에 외국인이 근무할 수 있도록 하는 방안과 현재 활동하고 있는 영어 전문가들을 총망라한 '영어 전문위원단' 구성 등을 제안했다.　　　　　　　　—인터넷연합뉴스. 2003년 4월 26일